刘一明与兴隆山

丁述学／编著

华夏出版社
HUAXIA PUBLISHING HOUSE

图书在版编目（CIP）数据

刘一明与兴隆山 / 丁述学编著. --北京：华夏出版社，2018.1
ISBN 978-7-5080-9335-2

Ⅰ.①刘… Ⅱ.①丁… Ⅲ.①刘一明（1734-1821）－人物研究
Ⅳ.①B959.92

中国版本图书馆 CIP 数据核字（2017）第 247466 号

刘一明与兴隆山

编　著	丁述学
责任编辑	梅　子　阿　修
封面设计	小　鱼
责任印制	顾瑞清

出版发行	华夏出版社
经　销	新华书店
印　刷	三河市少明印务有限公司
装　订	三河市少明印务有限公司
版　次	2018 年 1 月北京第 1 版
	2018 年 1 月北京第 1 次印刷
开　本	720×1030　1/16 开
印　张	21
插　页	18
字　数	356 千字
定　价	76.00 元

华夏出版社　地址：北京市东直门外香河园北里 4 号　邮编：100028
网址：www.hxph.com.cn　电话：（010）64663331（转）
若发现本版图书有印装质量问题，请与我社营销中心联系调换。

编委会

赵学俭　吕信道　单进仓　孙永乐　金耀东　马隆平

岳信清　王诚德　丁国琛　刘正云　李永欣　冯康喜

蒋婷霞　杨发胜　王廷盼　吕贵平　梁卫忠　杨桃花

罗诚一　刘崇真

兴隆山简介

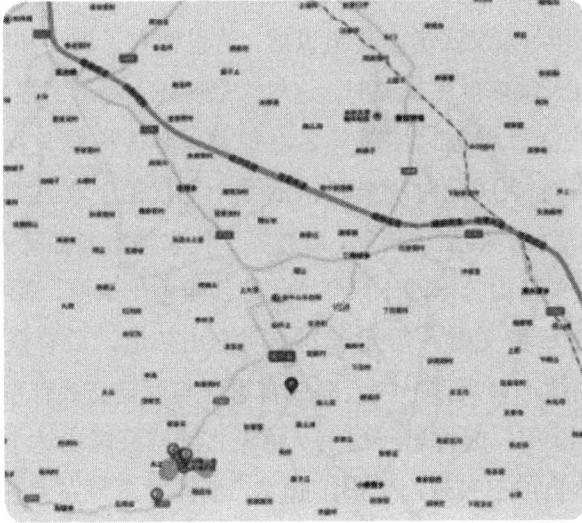

　　兴隆山国家级自然保护区位于兰州市东南45公里的榆中县境内，距榆中县城5公里，总面积29583.6公顷，海拔介于1800-3670米之间，年平均气温4.1℃，年降雨量621毫米。1988年被国务院命名为国家级自然保护区，2002年被国家旅游局评定为国家AAAA级旅游景区，2013年被国家旅游局、环保部联合评定为国家生态旅游示范区，2016年甘肃省旅游发展委员会批准成立兴隆山旅游大景区。

　　兴隆山两峰耸峙，一水中流，历史上誉其高峻，称"栖云山"。清康熙年间，出于"败而复兴"之意，改为"兴隆山"。乾隆年间，又出"龙生云而云从龙"之意，称东峰为"兴龙山"西峰为"栖云山"，现在统称为"兴隆山"。兴隆山境内奇峰叠翠，飞泉流湍，林木苍郁，风光旖旎，动植物资源丰富，其中野生植物有1022种，属国家重点保护的珍稀濒危植物有星叶草、桃儿七、膜荚黄芪三种；野生动物160种，国家一级保护动物有马麝、金雕等。现已开发兴龙山、栖云山、官滩沟、马啣山、二龙山五大景区。著名景点有：云龙桥、成吉思汗文物陈列馆、太白泉、朱德纪念亭、蒋介石行宫、驰名中外的自在窝等五十余处。

兴隆山以历史悠久、人杰地灵、山青水秀名闻天下，更是一座道教名山。据《神仙纲鉴》记载：公元前1120年，西周时就有人在此修行。公元156年，东汉张道陵传道以后，这里便有了道士和简陋的建筑。公元627年唐太宗李世民执政时，这里大兴土木，建造了很多庙宇。《栖云笔记》记载："唐宋时神殿甚多，香火兴旺，称洞天福地焉。"到1195年，南宋宁宗庆元时，全真正乙派十七代弟子秦致通、李致亨二仙在此修道。清代乾隆嘉庆年间，道教界一代宗师山西曲沃人刘一明（道号悟元子）住兴隆山苦修四十余年，起造建筑七十余座，著书三十余部，为后人留下了珍贵文献。悟元子刘一明开山传道，后有众仙客踵迹而来，使兴隆山败而复兴。一代天骄成吉思汗与西夏交兵曾屯兵兴隆山，1939年至1949年，成吉思汗棂棺从内蒙古迁陈兴隆山达十年之久。明崇祯二年，李自成于兴隆山下揭竿起义。清陕甘总督左宗棠、魏光焘，民国时期蒋介石、于右任、张治中、邓宝珊等人也曾来山观光。党和国家领导人朱德、陈毅、叶剑英、赵紫阳、杨静仁、郝建秀、王兆国、周铁农、朱穆之等都曾留下足迹。

榆中县简介

榆中县位于甘肃省中部，地处兰州东郊，县城距兰州市区 38 公里。全县辖 23 个乡镇 268 个村 4 个社区居委会，总人口 44.19 万人，其中农业人口 39.27 万人。县域南北长 92 公里，东西宽 54 公里，总面积 3301.64 平方公里，耕地 105.74 万亩。全县海拔在 1480—3670 米之间，属温带半干旱气候，年均气温 6.7℃，降水量 400 毫米，无霜期 120 天。按照自然特点，全县分为南部高寒二阴山区、北部干旱山区和中部川塬河谷区三类地区。

榆中县历史悠久，文化灿烂，因地处榆塞之中而得名，建置始于秦始皇三十三年（公元前 214 年）。县内名胜古迹众多，有陇上屋脊马㘭山、马家山新石器文化遗址、东晋十六国时期西秦国都"勇士城"建都苑川、国家级重点文物保护单位俗称小十三陵的明代肃王墓、国家历史文化名镇青城古镇、金崖古镇等历史文化古迹，国家 AAAA 级旅游风景区、国家级森林公园"陇右名山"兴隆山闻名中外。

县内基础设施完善。巉柳高速公路、312、309 国道和宝兰、陇海铁路纵横贯通，省级公路有 2 条 81 公里，县乡道路有 22 条 414 公里，金川大道、钢城大道、兴隆大道、环城西路等城镇主干道 10 条 57 公里，村道 492 条 1600 公里，通车总里程达 2516 公里。

产业布局趋于合理。农业形成了无公害蔬菜、畜牧养殖和中药材等一大批特色优势产业，是全国无公害蔬菜生产示范基地和全省冷凉型蔬菜出口创汇基地，也是西北最大的蔬菜交易集散中心和兰州设施农业生产县。工业经济发展迅速，工业企业达到 337 家，其中规模以上29家，基本形成了以新型钢铁、有色金属新材料、生物医药、新型建材、塑编制造、乳制品加工为主的工业体系。第三产业蓬勃发展，商贸、物流、现代服务、旅游经济多业并举，特别是毅德商贸城、瑞鑫商业城等一批大型商贸物流项目正在加快推进，现代商贸物流业呈现出欣欣向荣的良好发展态势。

县内教育资源丰富。有各类学校329所，其中省级示范性中学1所，普通中学34所，在校学生5.9万人。兰州大学、西北民族大学、甘肃省医科大学、兰州商学院、交通大学博文学院等7所高等院校入驻榆中。文化底蕴厚重，民间音乐、舞蹈、传统戏剧、手工艺及民俗文化丰富多彩，太符灯舞、宛川七月官神、青城水烟、青城道台狮子、马寒山秧歌等列为省级非物质文化遗产保护项目。

县内已形成了以道教名山兴隆山为主题的兴隆文化，历史名镇青城古镇水烟古建民俗为主题的青城文化，以肃王墓、苑川水烟、金崖古建为主题的苑川文化，以新石器古遗址"石堡子"和延川湖"马寒宝山平西龙王庙"仿古建筑群为主题的延川湖文化，以北山窑洞农耕为主题的北山农耕文化五大文化板块。榆中县在甘肃省86个县区占有天时、地利、人和以及强劲的区位发展优势，为推动当地经济发展、造福榆中人民而不懈努力。

一代宗师

著名书法家榆中乡友桑作楷为本书题词

道冠群英

甘肃省道教协会会长袁宗善为本书题词

序 一

刘一明真人（1734-1821），为道教全真龙门派第十一代传人，道号悟元子，原籍山西平阳府曲沃县，是清代乾嘉年间著名的道教内丹修炼家、易学家、医学家、书画家。他在青年时因病入道，先后拜民间异人龛谷老人、仙留丈人为师，得授丹道修炼全法全诀，自四十六岁始，开坛演教于甘肃省榆中县栖云山、兴龙山（今统称兴隆山）四十余年，医病济人，著书立说，修造宫观，普化一方，为弘扬道教文化和复兴名胜古迹做出了巨大贡献。

甘肃榆中县栖云山、兴龙山，幽岩深谷，钟灵毓秀，自古以来就是出尘高士的隐修之地。直到清代悟元子刘一明入主于兹，他作为具有真知灼见的内丹修炼证悟者和笃行者，怀抱救世度人的圣贤之心，不满足于一己之小成，立志普惠苍生，以其高尚德行感召有缘，凝聚善信，披荆斩棘，开辟道场，令兴隆山地区道教文化达到鼎盛，一跃而升为西北地区的道教重地。

悟元子的一生、事业都与栖云山、兴龙山紧密相连，他兢兢业业兴复名山的艰辛历程，在其弟子张阳志撰写的《悟元老师刘先生本末》中有着详细记载。每当我辈阅及铁木山、开龙山、龛谷峡、仙留镇等等饱含神秘感的地名，念及梁仙翁、余丈人、龛谷老人、仙留丈人诸仙真的奇闻异事，感动于唯我华夏大地上才会发生的神圣授受传奇，更对栖云、兴龙二山油然而生一种"白云帝乡"般的向往之情。

自悟元子而后，世事变迁，名山久历风雨，宫观几经兴废，如今的兴隆山已经是国家级自然保护区，其自然风貌、历史古迹、人文价值已日益受到重视和保护。而悟元子著作等身，生平著述可考者达三十四种，尤以名著《道书十二种》为代表的文化典籍所开启的栖云仙学更是誉满道林，历久弥香。其人其书其山，已成为道教史上别具一格的文化符号，这正是中华文化道脉传承的恒久生命力之所在。

我有幸承担过《刘一明修道文集》的整理出版工作，收录悟元子著作二十七种。在此过程中，最感欠缺的就是所用底本大多是晚近的刻本，只有《栖云笔记》、《孔易注略》、《道德经要义》、《道德经会义》、《心经解蕴》、《金刚经解目》等六种著作采用了最为精良的自在窝初刻本。除此六种而外，在经过百余年历史风波淘洗之后，世间尚有沧海遗珍否？即使有，也非我等普通学人所能触及。而且限于各种主客观条件，我未能亲履甘肃榆中县作实地调查，无法获得更深入的客观资料，所有的引经据典都仅限于纸上谈兵，不免留下了诸多遗憾。显然，这些涉及面更深更广的事功，非榆中本地专业学者不能承当，非其中有大力者不能承当。

直到后来，经由宁波蒋门马先生的引见，我有幸拜识榆中前辈丁述学先生，并蒙丁先生惠示他的《刘一明与兴隆山》书稿。拜读之下，顿觉资料珍稀，满目琳琅，珠玑灿然，方知丁老先生早已完成了我无法企及的工作，真所谓"先得我心之所同然"者也。

丁先生是土生土长的榆中人，是榆中县的老干部，曾历任县文化馆、博物馆、图书馆的三馆之长。今虽退居林下，本可悠游岁月，不问世事，然而在无官一身轻之后，他选择回归乡下老家，变得更加忙碌，修桥铺路，矜孤恤寡，敬老怀幼，扶贫助学，成了一位闲不住的退休"老兵"。更重要的是，数十年从事文化建设与管理的工作经历，令他敏锐地意识到：兴隆山是刘一明文化的发祥地，拥有无数的刘一明文化遗存，虽有前辈贤德对有关资料做了很多抢救工作，但因历史的局限，加之一些有识之士渐渐老去，刘一明文化的传承和保护工作仍面临严峻挑战。于是他毅然肩负起了传承刘一明文化的历史使命，在2014年成立了榆中县刘一明文化研究会，并筹划建立刘一明文化博物馆。随后数赴栖云山、兴龙山实地考察，深入挖掘刘一明在兴隆山地区的丰功伟绩和文化遗存，这部《刘一明与兴隆山》就是他辛勤田野考察研究的成果汇编。

《刘一明与兴隆山》一书的选材重点放在悟元子著作之外的补充资料上，且大部分都是令人耳目一新的独一无二的珍贵材料。据我看来，如下几点尤具价值：

一、文献珍稀。书中收录了悟元俗家弟子、著名画家唐琏绘制的《悟元恩师云游记》彩色画传三十六幅，这部画传可谓是此前学界闻所未闻的珍贵资料，幸赖数位老前辈几经周折精心护持，如今方得重见天日。凭此一件，丁先生弘扬国粹之功大矣！此外，如《悟元大炼师刘老先生之塔》、《恩师刘老夫子号悟元之塔》、《刘老夫子赞并塔铭》、《兴隆山道教戒条碑文》等等碑文，以及兴隆山地区道教传承谱系、近代宫观修缮记录等都是研究兴隆山文化不可多得的第一手资料。书末所收吕信道老人撰写的《刘一明创建兴隆山原貌回忆录》，犹如一位饱经沧桑的历史老人，伫立栖云山顶，面对莽莽群山、茫茫林海，遗世独立，从容不迫，如数家珍地诉说着那一幕幕苍茫往事，山水名物、掌故民俗、历史沿革，纤毫毕现，时空于焉倒转。

二、图文并茂。书中大量呈现了栖云山、兴龙山旧貌黑白照片、新颜彩色照片、悟元子石刻碑刻真迹以及其他实物照片，并配以简洁的说明。其中的老照片记录着栖云山、兴龙山未遭破坏时的苍颜古貌，极具历史文献价值；悟元子亲书"寄调四边静"碑刻字迹清晰，如行云流水，益证悟元子这位书画大家确实名不虚传；还有照片上已被乡民截为三段的刘真人碑，令人不禁想起古人"拂拭残碑，依稀堪读"之句，沧海桑田，感慨何限！书页轻轻翻动，图片瞬息览遍，但对于不明就里的普通研究者而言，想面面俱到地获得如许货真价实的材料绝对是无法完成的任务。

三、古籍重辉。悟元子著作的自在窝初刻本极为精良，但因年代久远，外界极少流传，甚至有绝响之虞。然而根据丁先生书中所提供的古籍书影，可知在榆中地区文化部门仍顽强地收藏着多部自在窝刻本，其数目至少可达十七种：《沙胀全书》、《眼科启蒙》、《瘟疫统治》、《杂疫症治》、《经验杂方》、《经验奇方》、《悟真直指》、《参同直指》、《周易阐真》、《会心集》、《孔易注略》、《道德经会义》、《道德经要义》、《西游原旨》、《栖云笔记》、《心经解蕴》、《金刚经解目》。自在窝初刻本，经过刘一明亲自核正，文字罕有失误，而后人的各种翻刻本，就难免各种差错。因此，这些自在窝古本是毫无疑问的重量级善本、珍本甚至孤本。据我所知，至今为止有关悟元子的林林总总的影印出版物中，尚无一家真正采用过自在窝刊本。丁先生的发现，令学界继续发掘自在窝刻本重获信心，我们热切企盼着将这些珍本早日集齐影印发行的那一天。

　　电子时代，文化繁荣，信息发达，此为天时之机；丁先生身在榆中县，自然占据地利之便；而他的任职背景，又助他在搜集珍稀资料方面稳居人和之利。天时、地利、人和，丁先生兼有之，于是《刘一明与兴隆山》之书应运而生。而丁先生老当益壮、造福当代、利益后人的善行义举，则又隐约投射出悟元子当年不辞劳苦孜孜弘道的身影。世事机缘契合，巧妙安排若此！

　　可以确信，不远的将来，在丁先生的努力下，会有来自兴隆山的更多可喜的消息，为我们研究刘一明真人提供更本土本真的文化支撑。

滕树军

谨序于天津

2016/10/30

序 二

道贯天地源流长　析理弘道有来人

清代乾隆、嘉庆年间，西北地区有一位著名的全真道道士，即长期活动于甘宁青地区，后来于兴隆山修炼的龙门派第十一代徒裔刘一明。清《金县志》如下记述："刘一明，号悟元子，又号素朴子、被褐散人。……博学工书，尤其精于医。……乾隆间，访龛谷老人，啸咏于兴隆山中，一时士夫乐与之游，每教人以养身之术，两山梵宇募化重修，凡四十余年……年八十八而殁。"

1996年四川人民出版社出版的《中国道教史》中称刘为清中叶的"高道"，誉其"邃玄教，精易理，擅养身，长医术，是当时著名的内丹家、医学家，撰著了大量有关易学、内丹学和医学的著作"。

刘一明的著作大约三十余种，早年其门人弟子木刻印刷，在道教界广泛传播。嘉庆年间，"常郡护国庵"又将上述书籍再行结集为一书，取名《道书十二种》；光绪年间上海翼化堂铜板重新印刷发行；1990年7月，中国中医药出版社根据古版本修订精装本出版；1992年8月，巴蜀书社编纂出版《藏外道书》时，将该书收载于第八册。近年，刘一明的不少著作还大量以单行本出版发行。最让人赞赏的是《西游原旨》一书。在此书里，刘一明以儒、释、道理论剖析西游，鞭辟入里，丝丝入扣。他认为，书中以取经故事发《金刚》《法华》之秘，以九九归真，阐参同、悟真之幽，以唐僧师徒西天取经演河洛、周易之义。因此，他指出，西游一书即《阴符》，即《参同》，即《周易》，是修炼性命之书。

刘一明的著作博大精深，为世人瞩目，赢得了专家、学者的高度评价。道教学者李养正先生在《明清道教识略》中赞："在清代最引人瞩目的道教内丹炼师和学者是乾隆、嘉庆年间的刘一明。"佛学大师南怀瑾先生在《禅海蠡测》一书中论述丹道发展状况时，有如下评价："清代学者颇多，而以乾嘉道学著者刘悟元、朱云阳二人为其翘楚，尤其以刘悟元之说理修炼，纯主清静，力排方士诸说，参合佛理要旨，于丹道法中，又别创一格。"清代著名高道闵一得更是夸赞刘一明"不愧为全真派一代宗师也"，"余学问较之悟元子，岂仅小巫大巫已哉"。1979年在瑞士举行的第三次道教研究的国际会议上，日本学者宫川尚志的论文《刘一明的哲学——道教精神修炼之研究》对刘一明的学术著作作了全面论述。《中国道教史》对刘一明的思想予以高度概括：（一）以先天真一之气为道生万物之中介的宇宙观；（二）以道心制人心，五德代五贼的人性论；（三）先命后性、循序渐进的内丹说；（四）三教融合的修道论。……

由此可见，刘一明的哲学思想、道学思想、内丹学说影响之大、范围之广、层次之高。这不是随便哪个人说了就算数的，这是历史的定论，是刘一明一生苦苦追求中思想升华、"九转还丹"的结晶物，是他人格的魅力和感召，是他求道途中每个艰难脚印铸成的轨迹……

如今，我们面对他那些等身的著作，除了无法理解他是如何在那"自在窝"中一盏孤灯奋笔疾书，无法深钻细研他为后世留下的经典，无法像他那样几十年如一日孜孜以求他终极的目标。相比之下更为当代人在横流的物欲诱惑下，难以自控、难以抵制而表现出的迷茫、浮躁、空虚、无奈、奢靡以致堕落而感到遗憾和悲哀。由此也深感刘一明在《通关文》、《修真九要》、《神室八法》中为后学者界定的"关口"和为加强自我修养所要达到的基本要求及入门捷径的重要。这不仅仅是那些深山老林、千年古刹的修炼者的"戒律"和方法，也是给我们滚滚红尘中凡夫俗子做人的警示。

近年，有自然道人吕空净者，护守刘一明仙迹，苦履刘一明遗踪，春夏秋冬，不避寒暑，远离红尘，孤苦伶仃，以山水为依，青松作伴，云霞为友，麋鹿比邻，"静坐恍惚逍遥游，动陪鱼鼓唱仙歌"。他与一般道士不同之处在于，以弘扬刘一明学说为己任，搜寻残碑散卷，展示文物典籍，联络四方道友以结知音。他手抄、整理散失的刘悟元篇章，接待全国各地寻访自在窝仙迹的客人，广结研究刘一明学说的专家、学者，惨淡经营，始终如一，乐此不疲。他经受了常人无法忍受的磨难，请看他除夕之夜的感受："戊寅除夕立绝顶，俯视金川灯火明。烟花爆竹满太空，万民辞旧迎新春"，"香烟随风贯山林，磬声送旧又迎新"，"俯视兴隆各庙灯"、"仰观太虚更有兴"，"群星眨眼逗我乐，北斗运转指航程"，"莫道孤身只影人，原来仙祖候洞中"。在万家灯火、合家团聚的喜庆时刻，站在栖云山顶，恍若隔世，常人是何感受？吕空净先生却是乐在其中，别有天地。得益于这种心境，才有了他心中苦苦追求的事业，才有了他的十数年如一日的成果。《悟元老师本末》就是在这种精神状态下日夜不息抄录的结果，其意在于让众人了解刘一明自幼年起一心慕道，苦苦追求一生的历程，以便更全面领悟、系统了解他学说的真谛，懂得求道的艰难，明白人生一世何为大事，何为小事，不至于糊涂一生，空度岁月，枉活百岁。

马啣山下土生土长的丁述学，早岁即对刘一明事迹耳濡目染，成人后日渐通晓其中道理。大学毕业后，丁君即从事文化教育工作数十载，其间，搜集地方民歌小曲、轶闻掌故，尤其被刘一明在兴隆山四十多年修葺道观庙宇、振兴两山以及阐述道家经典的事迹所打动，虽然冗事缠身，而研究弘扬刘一明著述、精神之心常念念于心，从未间断，厚积薄发，时有感悟，钻研、了解更为广泛、深入，欲潜心研究而公务繁忙，难以静心，中道时时间断，未能绳绳相系。

庭前花未开，梧桐叶已落。倏忽之间，述学已入"耳顺"之年，早岁之念萌动——弘扬道家学说，传承素朴精神，流传道长根脉。毅然扬起大旗，张挂"刘一明研究会"大牌，入农家柴扉草屋，或进学府深院，拜道友，寻知音，喜得百年前木刻残版断碑，收录兴隆山道脉传承历史资料，复制唐琏手绘恩师刘一明本末画卷，整理、校注刘一明经典著述。丁君不辞劳累，奔走于草野乡间、高山大林、寻常巷陌，追根溯源，深挖细寻刘一明遗踪，得一线而穷追，觅一物而不舍，终成洋洋大观之收藏……

道之不传也久矣。时下，人心不古，学风难正，传统文化日渐衰落，有志之士大声疾呼，或办学以传，或演讲报告，不一而足。丁述学君以一己之力如昔年素朴散人求道之诚意，东奔西走，挑灯夜研，孜孜不倦，以结善缘，为承继一代道祖刘一明文化遗产，弘扬道脉，实属难得。道贯天地，源远流长，后继有人，但愿此书出版发行如虎添翼，让更多有志者了解、接受、发扬刘一明修葺、振兴两山的精神，传布养生以及道教文化，无疑对提升兴隆山旅游资源的文化内涵，梳理、深化道家传统养生理论，打造兰州近郊休闲养生基地造福一方，有着不可估量的作用！

金耀东

2016 年秋于栖云山下

目录

刘一明简历及著述

导　语

　　悟元子刘一明，山西曲沃县人。19 岁时至甘肃金县（榆中）龛谷峡，拜龛谷老人为师，结缘榆中。自清乾隆四十四年46 岁时，住榆中县栖云山长达 42 个春秋，住世 88 年羽化登真，墓葬在兴龙山新庄沟。所著 34 余部著述由其弟子和善士助力在栖云山自在窝均刊刻行世。金县是刘一明文化的发祥地，自在窝藏有刘一明著述的经书刻板、刻板印书等文化遗存。笔者经查阅有关资料，并参考吕信道、单进仓、孙永乐、赵学俭、金耀东、张文玲等老先生提供的文献资料考证，整理了刘一明生平史话。

　　刘一明（1734—1821），清代著名道士。山西平阳曲沃县人，号悟元子，别号素朴散人，全真教龙门派第十一代宗师。是清代乾隆、嘉庆年间全真龙门派在西北地区最有影响的人物之一。

　　关于他的生平，在其《会心内集》卷下"穷理说"自述云：

悟元自十三四岁，即知世间有此一大事因缘。可恨自己福缘浅薄，未得早遇高人。乱学乱问，装了满肚皮估董杂货。十七岁，身得重病，百药不效。次年，赴甘省南安养病，愈医愈重，当年所学，百无一用，直至卧床不起。幸喜真人赐方，沉疴尽除，死里逃生，如在轮回走了一遭，可惧可怕。十九岁，外游访道，自发誓愿：若不究明大事，决不干休。二十二岁，榆中遇吾师龛谷老人，劈破傍门，口授心印，从前狐疑，冰消瓦散。后奉师命，暂尽人事，参看丹经，疑信各半，不能彻底通晓。盖以离师太早，未聆细微，故有室碍。因为此事，京都住居四年，河南二年，尧都一年，西秦三年，来往不定者四年。经十三年之久，三教经书无不细玩，丝毫理路无不搜求，未尝一日有忘，然究于疑难处，总未释然。壬辰，复游汉上，又遇仙留丈人，挖出造化根苗，揭示天地心窝。当下从万丈深沟，提上千峰顶上，山河大地，如在掌上，黄芽白雪，即在眼前。逆顺是道，左右逢原，举步跳过苦海，展手扭转斗稍。十三年疑团，到此一棒打为粉碎矣。

悟元子后半生一直隐居甘肃金县栖云山、兴龙山（现榆中县兴隆山）修道，建庙修观，设坛传教，著书立说，成为晋、陕、甘、宁一带颇具影响之全真龙门派一代宗师，是中国道教史上的著名内丹修炼家。刘一明弟子张阳志曾撰有《素朴师云游记》一书，详细记载了其师求道、修道、弘道的一生事迹（详见后文《刘一明本末》）。

刘一明精通内丹、易学，兼通医理，著有《周易阐真》、《孔易阐真》、《修真辨难》、《参同直指》、《悟真直指》等，以发挥内丹之道，后被辑为《道书十二种》，流传颇广。此外还著有《三易注略》、《周易参断》、《道德经会要》、《心经解蕴》、《栖云笔记》以及医学著作若干种，全部著作至今可考见者凡33种。

其著作大体分为三类：

一为自撰。包括《修真辨难》、《修真九要》、《神室八法》、《通关文》、《象言破疑》、《会心集》、《西游原旨》、《悟道录》、《栖云笔记》等九种。

二为注释。有《周易阐真》、《孔易阐真》、《羲易注略》、《周易注略》、《孔易注略》、《周易参断》、《阴符经注》、《参同直指》、《悟真直指》、《黄庭经解》、《百字碑注》、《敲爻歌直解》、《金丹四百字解》、《无根树解》、《道德经会义》、《道德经要义》、《金刚经解目》、《心经解蕴》等共十八种。

三为整理。有《眼科启蒙》、《沙胀全书》、《经验杂方》、《经验奇方》、《杂疫症治》、《瘟疫统治》等六种。

序 一

自羲皇画卦，文王系辞，而后教天下，后世无非以修身保全性命为本也。故宣圣云："昔者圣人之作《易》也，将以顺性命之理。"至宋，程子《易·序》云："六十四卦，三百八十四爻，皆所以顺性命之理。"后之了性命之道者，俱遵古圣之脉，作天下希有之事，成无上至真之道。岂知天下希有之事即天下至难之事乎？故古人云："学道者如牛毛，成道者如麟角。"以其难而懈之，比比皆然。我素朴师，幼时因大病后，看破一切虚假，惟性命是真，遂弃世离俗，访求细微。遂云游至甘肃、宁夏，假疯癫，无分昼夜，苦人所不能苦，受人之所不能受，如是者年余。离宁夏，游秦川一带，复至甘肃岷州二郎山，昏迷七日，忽来道童，问系故人。噫，此等事迹，古之成真者不敢明道，我师说破，其度世之心切矣。何以见之？自三十六岁三清台下苦之后，至岷州昏迷七日，时年三十九岁，前后三年，死中得活，假里藏真，所谓道童者，少阳也，真水也，大药王也，当年失去之故人也。此岂非大泄天机以觉方来乎？

自二郎山得朋，天关在手，地轴由心，毫不费力。至榆中栖云山，开坛演教，惊俗度迷者四十余年。去岁嘉庆二十五年夏，曾示人曰："我死期在来春。"今道光元年（1821）正月初二日立春，初六日亥时，师忽入墓洞而坐，呼集众门人，嘱以"性命为重，功行为先"，言毕，脱然而逝。所有真履实践事迹，俱著《云游记》中，同学友人刊刻附于《会心集》内，缘是聊赘数语以开其端云。

大清道光元年春二月从学弟子唐琏敬题

序 二

闻之，"俞扁之门不拒病夫，绳墨之侧不拒庸才"，是以古之明哲者，因才教人，归于正道，不因病庸而轻弃之。夫人自有生以后，内而七情伤，外而六淫惑，内外感伤，耗散气血，所以百病横生，精竭神枯，虽欲不死，得乎？是所望于教之者，顾孰是不教而知惜性命者也！古人不拒而教之者，正为此尔。予生也晚，幼习儒业，未能成立，因碌碌于风尘之中，东奔西驰，以苦为乐，耗散精神，实不自觉。前数年由公事旅寄金城，目疾复发，延医调理，百药不效。闻栖云山素朴老人善医，遂往求治，未半载，旧疾痊愈，且朝夕聆老人教，以保身之言指示予，予即虔诚下拜，奉以为师。蒙授《指南三书》并《修真辩难》等若干卷，谨受辞归。又蒙示一纸贴，上写"静以修身，俭以养德，入则笃行，出则友贤"十六字之训。归后，杜门谢客，朝暮先读《通关文》五十条。久之，如梦惊醒，始知在虚假中作生活，件件具是沉疴，般般皆入骨髓。我师随病用药，按穴下针，善导善诱，引我速出苦海，早登道岸，不忍以庸才病夫听其沉水入火自取灭亡也。今道光元年春，我师羽化，遗《云游记》一卷，前后细阅，盖吾师自幼时，因大病后，看破万状，

5

放下千般，访求名师，证明大道，以故年至耄耋，履尽辛苦，始终不苟，卒归于阴阳混化，与天为一矣。

　　　　道光元年季月三日宛平弟子任阳固谨序于兴龙山后抱一亭

悟元老师刘先生本末

（又名《素朴师云游记》，自在窝原始木刻版本）

　　师姓刘，法名一明，号悟元子，又号素朴子，又号被褐散人。原籍山西平阳府曲沃县人。生于雍正十二年甲寅九月十九寅时。方圆面，黑黄色，微须，中等身材，约长五尺余。自幼习儒，志图功名，尤好技艺。医卜星相，地理字画，俱皆留心。百家之书，凡所见者，亦必略观大意。

　　年方一十七岁，一日闲看《吕祖传》，至"黄粱"故事，自叹曰："人生在世，富贵荣华，百年岁月，瞬息间耳！古往今来，谁人打破？昔祖师因梦大觉，出尘超凡，得证天仙，至今一千余年，普度群生，隐显莫测，不知熬煞多少世路英雄，真乃出乎其类，拔乎其萃者。我求功名，将欲何之？"遂有物外之思焉。因素日功苦，有伤劳之症，久治不愈。自思严君贸易甘肃巩昌，数年未归，一则赴西省亲，二则寻觅良医，调治沉疴，遂辞母赴西，时年一十九岁矣。

　　路过泾阳换脚，闲游关帝庙，见廊下坐一道者，蓬头垢面，目如朗星，声如洪钟，问师曰："子有疾乎？"又问曰："伤劳之症乎？"师曰："然。"道者曰："吾有灵应膏一方，能治子病，今传于子，然能治病，不能治命，世有金丹大道，聚气凝神，延年益寿，子急访之。"师叩拜受方而回寓。其方：生姜四两，茯神三两，神曲二两，朱砂一两，晋枣肉调和为膏，随饮食任意服之。

　　师至巩昌省亲后，服灵应膏月余，旧病顿去，精神如故。三月后，复染瘟疫，卧床不起。一日昏迷不醒，止有微息，神已离室。恍惚游至深山，步入一谷，见有庵观，顺路而进，行至山门，一道童迎之曰："尔何氏子，来此何为？"师道姓名，求引一游，道童许之。引入一院，松柏荫浓，花卉艳丽，鹳鹤和鸣，清雅异常，知是仙府洞天，非人间俗地。正赏玩间，忽庵后一老人出曰："尔得来此地，系是有缘。"即赐食赐茶，其味清香，与凡品大异。少顷拜辞。曳取画一轴授之曰："此画赠子。"师展视之，乃画紫竹一科，其叶交错，隐隐有"清静"二字。师拜受出门，忽然惊觉，乃是一梦。浑身汗珠滚滚，疾病全消，四肢爽快。暗思："神仙如此清闲快乐，我何必恋世情，自寻死地？一时三寸气断，枉来世间一回，有何实济！"又忆泾阳道者之语，定非虚谬。于是一心慕道，访求高明。朝王暮李，东询西问，所遇缁黄，皆野狐葛藤之语，依教乞食之辈，并未有一人稍知正理者。因看《悟真篇》，方知大道幽深，有夺天地造化之秘，非等闲寻常之人可知。遂思远遁，暗置道服，昏夜出城。单身只影，数日至会宁铁木山，风雪交加，四顾无人，脱去俗衣，改换道服，隐姓埋名，寻师访友，时年二十岁矣。

由会宁过靖远，至黄家凹大山之峡，遇群狼截路，师左右支持，正在危极，忽山坡一牧童奔来，并力驱逐，方得脱难。过大山，至开龙山潮音寺挂单。其寺有神，灵验不爽，自号"法王菩萨"。瞻其塑像，乃齐天大圣孙行者也。主持僧细述平日感应事甚异，师闻而笑其怪诞不经。僧惊曰："谨言，勿谤菩萨。"是夜，梦走山路，正当悬崖狭窄之处，有一猴持棒挡路，师以净铲击之，忽然惊觉。明日，会众上山，神前请事，有神提伴当者，即平日代神传言之人，自寺院西廊一筋斗平空翻至东殿，约四五丈之遥，瓦屋震动，众皆悚然。忽大叫："北方童子近前！"众皆不知呼唤何人。复叫师俗名，师始异之，即进前叩问："何所示？"神问："群狼挡道有否？"师曰："有。"又问："梦中见猴阻路有否？"师曰："有。"神曰："此皆吾也。"复问曰："吾神保唐僧西天取经，有此事否？"师曰："并无此事，乃丘祖借三藏取经之事演道耳。"神曰："正是！正是！"遂述古歌曰："金丹有，金丹有，不断辛荤不忌酒。说下手，于中丑，教君大笑不合口。太乙炉中含日月，昆仑顶上擒星斗。

原来止是这些儿，教君往往天下走。踏破铁鞋无觅处，得来全不费功夫。汝细参可也。"又嘱曰："尔目前凶多吉少，前途有阻，可暂居吾山，待时而行。"又吩咐会众住持："将僧房改静室，好好留住，不可轻慢！"师闻之悚然，遂奉命住山。自三月至六月，适逢观音会期。十九日神至，开消会事已毕，叫师曰："吉星来临，尔可行矣。速往西方寻师，必遇高人。异日得志，莫忘今日。"师感谢再拜下山。

离开龙，过靖远，闻金城多有高人，遂往访之。到省数月，并不遇缘。后闻金县小龛峪峡有龛谷老人者，原籍广东，俗姓樊，云游至此，时而儒服，时而道冠，行迹异常，人莫能测。即往叩谒。细观老人，一动一静，一言一语，俱有道理，虽不知其事业深浅，确识其是高人也。遂皈依门下，听其教训。居住日久，老人问曰："生平所得者何事？"师即陈禀历来所学之事，老人皆劈其妄。师又陈禀昔年曾遇四川彭道人，授以静功之诀，行之日久，隐隐知数日吉凶。老人曰："此乃静养后天识神之事，专心致志，久而亦开狂慧，但于性命大道，两不相涉。若一认真，异日纵明正理，反碍大事，不能行矣。"又问生平所看何书，师即陈禀平日所看书籍。老人指其何书为真，何书为假，独称道光所注《参同契》、三子所注《悟真篇》、丘祖所著《西游记》为修真之指南，乃丹经中千真之理窟，可细玩之。其余书籍，真假相混，邪正相杂，如王邦叔托紫阳之名作《玉清金笥录》，无名氏借尹真人之名作《性命圭旨》，更有彭好古解《悟真篇》为女鼎炉火，无瑕子解《敲爻歌》为搬运工夫。其间伪书极多，若不分真假，乱看乱读，不但枉费工夫，而且反蔽识见，须宜谨慎。老人又为之首言先天，次推坎离，开释三教一家之理，分析四象五行之因，劈破旁门外道之弊，拨开千枝百叶之妄，使其必先穷理，扩充识见。于是师居峡中，日夜攻苦，细研经书，日久总无头绪可觅，忧心如醉。老人一日忽问曰："尔近日有悟否？"师曰："无。"老人曰："圣贤心法，不在文字中，其妙义俱在言外，不得真诀，枉自猜量。古人云：高人一席话，胜读十年书。若不多遇明人导引指点，如何能大悟大彻？新营镇有疯子田道人者，饥寒不顾，生死不惧，乃修炼志士，曷往见之？"师奉命而往，将入城门，见一人蓬头垢面，破衣跣足，靠墙而卧，及问乡人："此是何人？"答曰："此田疯子也。"师即市食跪奉。道人笑颜而食之，问曰："尔何来？"师曰："自龛峪峡而来。"道人曰："来有甚事？"师曰："为性命事。"道人曰："吾乃疯癫人，止是日图三餐，夜图一眠，除此之外，别无一知。若问性命事，回问尔师。"师三问而三答如是。师不解其意，拜辞而回峡，以是述老人。老人曰："此知道者，但有头无尾，止可修性，未能造命。"彼时亦未解其意。

住峡日久，大事不明，遂叩辞老人，在外云游。行至搭那池龙凤山歇脚，此时在山挂单道人十余众，相集讲道，或言服食，或言采战，或言打坐，或言搬运，各拈门户，争论是非。师退而叹曰："以是为道，便是谤道，若非遇恩师指点，几被此等门户瞒过，耽误一生，可不畏哉！"复至开龙山叩谢神恩，住居数月，游至海城米粮川，适逢严君寻觅相见，回至巩郡。月余，二造龛谷，老人曰："孝道不可亏！"师曰："无常迅速，性命难保，奈何？"老人沉吟良久曰："吾有保身之术传汝，放心回去，先尽人事，再办己事。"师叩求曰："恩师若大发慈悲，敢不奉命。"老人遂以毒蛇引路之诀授之，复戒之曰："得了手，闭了口，勿轻泄也！"师得诀后，从前疑惑尽释，畅然归里，暂慰二亲，时年二十二岁矣。

奉亲之暇，对证丹经，始知师所授者，乃全角之道，非延命之术。明年入秦，三造龛谷，叩问端的。老人曰："药自外来，丹向内结。"又曰："先天之气自虚无中来，尔当极深研几，细心穷理，仍须先尽人事可也。"师遂叩拜，怏怏而回，疑终不释，时年二十三岁矣。

回晋以后，严君恐其外游，遂捐国学，使务举业。师即托求名之事，游京都，潜访明人，来往二次，五年有余，未遇大匠。因母有病，以书召回。时年二十八岁矣。

医治母病愈后，即游河南。明行医道，暗访高明，三年有余。所遇缁黄，皆葛藤野狐之语，曲径旁门之事，求其稍明圣道门户者，绝不可得。即返晋省亲，时年三十二岁矣。

居家数月，复游平阳、汾州、太原，凡所过州邑乡镇，名山胜境，无不寻访。二年有余，枉劳跋涉，慨叹回里。适逢严君病故巩昌，急赴西奔丧。居巩数月，欲往金县谒师，老人已东游秦川矣。闻汉上徐公高明，遂往谒之。徐公原与龛谷老人同受道于白石镇梁仙人者。师住汉南数月，未得遇面，知其无缘，怏怏而回。

路过仙留镇，闻有齐丈人者，乃成道之人。丈人亦与龛谷老人同学道于梁仙人。丈人少读诗书，秉性鲁钝，未得梁仙人实惠，因其老实志诚，梁仙人曾将丈人托于樊、徐二翁，令其指点。其后樊老人西游，丈人听徐公指教，同住汉南十余年，磨炼百般，受尽无数苦楚，终无所得，知其法缘未至，遂离汉南，赴甘肃访人。苦尽甜来，兰州阿干镇，得遇喇嘛余丈人。余丈人系西宁沙唐川人，曾为喇嘛僧，转生七世，未迷本来，得遇异人，授以性命大道，遂了其事。此时余丈人俗装游戏，齐丈人亦不识。余丈人猛呼齐丈人曰："尔是甚人？所作甚事？"齐丈人曰："出家人乞化。"余丈人又问曰："止是乞化，到底还有别事否？"齐丈人曰："还求出家事务，非止乞化而已。"余丈人曰："既是如此，可脱道衣，扮俗人随吾去。"齐丈人始知为异人，遂更换衣冠跟随。游西宁、凉州、甘州、肃州，二年而得事。于此余丈人深隐，不知所终。齐丈人自明大事后，仍旧俗扮，游宁夏、定边、庆阳、平凉、西安等处，未遇有缘之地，遂入栈道，行至褒城仙留镇隐居焉。古之仙留镇，即今所称黄沙镇者是也。丈人在黄沙，送河打柴，佣工受苦，人莫能识，二十余年，大事完成。山中采药，救人疾病，出言吐语，事后皆验，渐渐人皆知是异人。因其行藏虚实，人不能测，咸以"襄里毛"呼之，丈人亦以"襄里毛"应之。丈人数十年居黄沙，自不言姓名，人不知其姓齐，竟以姓"襄"呼之矣。

师访问谒见，叩求道要。丈人问曰："尔师有何指示？"师以毒蛇引路之诀禀之，又以"药自外来，丹向内结"并"先天之气自虚无中来"之语陈之。丈人曰："尔悟否？"师曰："前事已明，后事不解。"丈人曰："尔止向自己作工夫，如何到的佳境？若礼下于人，必有所得。他家真宝，不难为我所有。"师不解其意，又叩问之，丈人曰："真人之息以踵，凡人之息以喉。"师再求曰："弟子愚迷，请明指示。"

丈人曰："我已指示，尔自不明，何必再问！"彼时师亦知是盘之中迷，但解悟不得，遂三返昼夜，废寝忘飧，忧疑交加。至四日，正在烹茶之际，丈人取《论语》一本付之曰："汝看此书去。"师接书，前后细阅，凡有合乎道理者，一一陈禀，丈人皆一一然之。师自思，虽所陈禀者合理，终非迷中奥意，翻来复去，自清晨至午，忽有所悟，舍书出室，丈人曰："尔欲何往？"师曰："江边去。"丈人曰："江边作何事？"师曰："江边去打鱼。"丈人曰："鱼潜于渊，奈何？"师曰："以食引之，以钩钓之，何患不得。"丈人知其有所悟，是夜即以丹法火候细微，一一分别，始终全授之，并勉之曰："此事须要下二十年死功夫，方得见效，尔其努力无怠，吾将隐矣。"师奉诗曰："一十三年未解愁，仙留镇上问根由。而今悟得生身处，非色非空养白牛。"时年三十五岁矣。

自汉南返巩，料理诸事，急搬父柩回晋。闻龛谷老人居凤翔太乙村，路过往谒，至其村，方知老人已羽化矣。大失所望，凄惨而回。返晋至里，择日送葬。大事完毕，办理家务整齐，意欲灭迹，遂装疯卖癫。日久，家人不防，一日夜半，换穿暗藏旧衣，日常所穿衣服尽皆抛丢满院，连夜出门，渡过汾河，及明已到绛州地界，无人认识。自此缓行，渡禹门，过蒲城、庆阳、延安、定边，至灵州，遂居焉。易名金寓吉，时年三十六岁矣。

居灵州一年，明则医道济世，暗而打炼身心，混俗和光，方圆应物。间或见孤贫老幼，怜悯周济，便为俗子所惊。师曰："弹丸之地，不可以久居也。"遂去灵州，至宁夏，观其地脉，贺兰争秀，黄河绕流，俗朴民醇，大有古风，师甚喜之。住居数月，有李子东明、阎子绣庵来访，诚敬日久，绝无懈怠之意，师遂以实言告之。二子曰："先生若居此地，我二人愿护持之。"师即易形变相，破衣垢面，歌笑于闹市，睡卧于街衢，人皆以疯汉目之。一日城南拾柴解闷，偶见三清台地僻静雅，暗思此地可以炼磨下苦。其台系当年大观，为宁镇名区，乾隆二年，地震数月，神殿墙垣俱皆摇塌，道场变为废地矣。师于台下搬砖弄瓦，垒砌小塔，自歌自唱，伴月炼魔，外虽辛苦，内实快乐。后移西北城角观音堂，日夜不睡，亦如三清台之苦。时有《观音堂二十四曲》以乐道。一日师在城外游，偶遇同学米师，邀至堂中，相伴下苦。不意米师尘缘太重，致师魔障百般，曾有《五更词》以自叹。于是去宁，时年三十七岁矣。

游固原、平凉、彬州，过梁山至凤翔，留心灵地，以为久远计。所历之处，皆未可意，遂入栈道，至凤县住居数月，闻岭南南台山为凤邑之胜境，即往山游戏。登临眺望，双峡水锁，四兽有情，中耸一岭，跌落三层，脉旺地灵，藏风聚气，喜而居之。时有门人弟子数人访至，即令开垦山地，接待来往。常住者十余人，或来或往者不计其数，而留心采取道器者并无一人，遂作《解三省》四曲以叹之。又屡遭道魔、小人不足。自知功行不大，多生障碍，独至秦岭麻峪河，修桥补路，以结人缘。与虎狼为伍，魍魉作邻，犹如不知。磨砺身心，锻炼志气。如是数月，工完出峪而回山，时年三十九岁矣。

师初居南台，意欲立丛林为接待来访计，及看常往道人并无实心顾众者，遂西游甘肃。一衲一瓢，肋挂药囊，随处济人。铲挑犬皮一张为坐具，余无别物累赘。过两当、徽成、西和、礼县，至岷州二郎山菩萨洞挂单。时届中秋，忽四大不收，百脉俱息，自知时候已到，谨闭六门，返照神庭，昏昏迷迷，无识无知，如是七日。忽一道童持净水一盏，红药一丸，扶师曰："可服此药。"服之少顷，顿觉精神爽畅，踊跃而起，问："是何人来此扶持？"童子曰："当年故人也。"师细观之，方认的是元真师兄，共叙离情，再拜救命之恩焉。离二郎山，西至三足洞挂单，夜半静坐，月朗星稀，忽寒风透骨，隐隐现出一怪，牛首红发，身长七尺，手执板刀，直奔面前。师大喝曰："是何怪物？不得无礼！"怪大声曰："吾乃牛首精灵，特来尔家借宿。"师曰："尔有尔家，我有我家。何得冒宿！"怪大怒，持刀来斫，师初以"一字诀"咒之，怪不敢前；再以《五厨经》诵之，怪不能遁；又以《大洞经》制之，怪倒地下，遂以净铲除灭之。时年四十岁矣。

兰省有异人赵贵者，系直隶真定人，自幼慕道，因妻有犯，误伤其命，充配兰城。曾遇观天亮，得授其道，下苦修炼，为修真烈汉。师曾二十年前相遇，欲往探之。观天亮者，不知何许人，自亦不言姓名，因其不歇寺庙房屋，烂衣破裳，不俗不道，露居野处，彻夜喊叫走转，永不睡卧，人皆以"观天亮"名之，盖韬明养晦、潜修密炼之士。有时与小儿同群游戏，有时舞大棒自歌自笑，人多不识，皆以癫汉目之。惟有黄中堂深知，心悦诚服，屡次招进公衙，赐衣赐食。所受衣物，出衙散与贫人，大笑而去。来往兰城，十有余年，后不知所至。师去岷，行至颜家大庄古庙挂单。其夜大雪尺余，明日冒雪而行，忽然天晴雪消，脚踏泥水而行。至黄香沟，夜宿山坡方神庙，又无门窗遮风，依壁而蹴之。天明遂行，不知鞋袜已冻成冰，脚跟裂破，忍疼而行。至狄道西南城角寺，喇嘛僧不肯留单，连夜行走。至省城沈家坡五圣祠挂单。进城化缘，见逸人大街行走，犹是二十年前作为，不过比昔年作的驯顺耳，可惜知前不知后，有始无终，然亦开狂慧，自谓道即如是，不知还有大事也。居省数月，宁夏阎绣庵使人来接。二至宁夏，观其风景气象，与昔年大别，无心久居。

明年春月南行，三上开龙，此时其神已去久矣。师止瞻像叩首，拜谢当年指引之恩。其神是白猿成道，借齐天大圣之名，处处修寺建庙，积功累行，每逢亢旱连阴，祈晴祷雨，如鼓应声，感应非常。平时像前止用住持僧焚香一炷，不许供献一切食物果品，一处工完，别处又觅山场矣。会宁铁木山，靖远曲沃山，中卫衍龙山、二龙山并开龙山，俱是工完即行，不久恋一处。可知是扶危救困，利物济人之神，非同妖邪止享血食者可比，故师心服之。开龙会长住持，强留过夏。忽忆多年有解注《西游》之念，东西来往，无有定处，未得了愿，借此清净之所，将祖师心法真脉，发挥阐扬，上续诸真之灯，下结知音之侣，承先接后，不枉入于道门一场。于是细阅正文，体贴本义，暂起草本。住山五月，求药方者，缕续不断，难以专心用功，遂迁于靖远红山寺，虽其寺幽雅，而闲游之人甚众，亦不安静，复择西闇门寺居之。五月而草稿已出，于是赴省。时年四十二岁矣。

至省，择居白塔山罗汉殿，削改誊真，不分昼夜，废寝忘食，细心辨别，搜寻深意，每到难解难释处，恍惚如有神告，顺手写去，俱合本旨，大抵心虔意诚，祖师暗中指点耳。三冬已过，正值新正月底，冰桥已开，浮桥未搭，所备煤炭油烛皆尽，无钱可办，且米食已了。

正在作难之际，忽来白犬一只，口咬羊油烛一束，有三十余支，丢于殿后而去。师疑是住持之烛，及问僧："曾少烛否？"僧曰："不少。"又问山顶塔院僧，亦曰未少。本殿至山底人家一二里之遥，犬如何能口衔如此之远，且烛并无一支伤损，真是异事！明日又有善人驾皮筏送来煤炭数十，米面数升。及至二月底，其书工完，烛已尽，米面煤炭已了。明日，桥已搭成，遂辞僧下山入城。时年四十五岁矣。

四月间西游，行至平番，闻有苏疯子者，皆以有道称之。及见其面，有名无实，真是疯汉，不过能受饥寒，打炼睡魔耳。游凉州数月，欲往肃州访梭罗仙遗迹，因其雪山雪消，沟渠水盛，难以行走，遂赴西宁，拜睡仙张真人冥塔，为真人作传以记本末，复作《五供养》五曲以为赞，又为作对联，阐扬其道。其联云：敲开戊己门致虚守静收灵药，钻入鸿蒙窍自有归无脱法身。细观真人昔年所处旧城土窝，小泉湿地，忘物忘形，齐一生死，非了性命之真仙而能若是乎？

由西宁旋至河州、狄道，转金县，闻有栖云山，乃秦李二仙修道之处，即赴山往访仙迹。观其脉来马寒，向对虎丘，左有凤凰嘴，右有兴龙山，凤凰岭为兜案，牛肚山为朝应，双峡水锁，四兽有情，钻天峰、白草原、九宫台、栖仙崖、翻影庵，皆在指顾间耳，真仙境也！惜其神庙，基址有踪，栋宇无迹。问土人，皆曰："明末流贼焚毁。"仅有灵官殿一楹尚存，亦破漏不堪，神像水淋剥色，将有倾倒之患，且径路树枝攀扯，水冲成沟，登陟甚难。明年，收拾铣镢镰斧，至山修路。时有省城相识善人来访，师曰："神殿将倾，善人若发诚心修补，功德莫大焉。"善人曰："道人若肯烦心，吾愿成就。"明年鸠工庀材，一气完成，焕然重新，神妥人安。山根又建洗心亭一小院，招安住持道人早晚焚修。时年四十七岁矣。

正在乾隆四十五年，工方告竣，意欲远游，又有善信数人问师曰："道人何不重开此山，以复古迹？"师曰："予游方道人，有何大力，且怕烦心。"善人曰："此乃大功大行之事，道人若行，吾等募化，并力成之。"师初未允，因其再三恳强，出于诚心，不得已而应之。明年大开旧基，量地建造，一时各处信士发心领疏者，不约而合，起建三清殿、黑虎殿、五图峰、均利桥、牌坊道房。其工方半，忽遭撒腊作乱，兰城人民受害，所化布施，俱皆落空，钱粮无出，暂且歇工，师遂赴南台。明年三月，仍赴栖云，远方募化，方得完工，乾隆四十七年告竣，时年四十九岁矣。

工毕，游秦川，复至南台，整理常住。五十年仍至栖云，其年，岁稔年丰，欲兴大工，募化布施，如有神助，远近善人信士，或自送钱谷，或请疏募化，乐输恐后。钱钞口粮应手，修造甚易，但工力费事，斩崖破石，开阔地基，凡一砖一瓦，一木一坯，水土物料，皆自山底要运山顶，上下来往，约有七八里之遥，幸其道俗行功者二三十人，所以不甚掣肘。遂建大顶混元阁、经柱亭、东峰雷祖殿、西峰斗母宫、后山门马灵官楼、半山寿星庵、西岭王母宫、东崖白云窝、北峰二仙洞、山底山门、吕祖阁、丘祖堂、福缘楼、自怡楼、澹然亭、碑亭、客房、厨房，五十五年告竣。同众施主商议，买水地六十六亩，山旱地五十四亩，浇灌水地三沟一昼夜。又峡内旱地一十八亩，作主持焚修养膳之用，时年五十七岁矣。

其后每年接续修补，添建北斗台、朝阳洞、三圣洞、碑亭、牌坊、各殿道房。五十六年，重建兴龙山半山灵官殿，并建道房，置买常住香火地二十六亩，招住持道人焚修。五十八年，重建三大士殿，金装神像。时年六十岁矣。

嘉庆元年，下汉南，游湖北，朝武当，瞻仰金容，冬月回南台。二年，赴凤翔太乙村，拜龛谷老人仙墓，刻刊碑记以垂后。事毕，仍回南台，住数月，出栈，过凤翔、陇州，至景福山龙门洞，访丘祖苦炼仙迹。景福山有王母宫、朝天洞、混元阁、八仙宫，留题四咏。龙门洞有定心峰、全真岩、雁落碑、定日月处、天桥，留题五咏。由景福旋至平凉崆峒山问道宫，瞻仰黄帝、广成圣像。细观山景：五台联络，四山拜迎，两河紧锁，形势活动，峦头园净，大福地也。复至固原击壤村，相识善人留歇数月。过黄河，三至宁夏，昔年相识大半去世，为之一叹。登临贺兰山，避暑月余，返回省城。又上平番、西宁。冬月，离西宁，欲游河州。行至川口，忽然两腿麻木，行走不得。盖由师平素云游，不带行囊，止随身犬皮一张为坐具，宁夏湿潮，寺庙歇宿受湿之故。

遂不赴河州，强挣回兰，时年六十四岁矣。于此不能远游，调病于栖云，三年治愈。

嘉庆四年，重建兴龙山圣母殿、厢房、厨房、山门、围墙，并彩绘大殿，金装神像，因其钱谷难办，延至嘉庆十一年，方得告竣。嘉庆六年，开两山界内新庄沟山坡地五十余垧，每年取租，以为栖云山零星补修之费。七年，补修三教洞，又重修鱼篮菩萨殿，改塑神像。十年，因附近贫人无地埋葬，募化善信，置买禅寺沟山坡为义冢地，使贫人随便葬之。十二年，重修兴龙山玉皇行宫，大展地基，续建东西两廊、山门、灵官楼、道房、厨房。工将完成，秋雨连绵月余，山门地基走挫，栋宇上下皆倾斜开裂，欲为重工做作，限于钱谷无出，不得已而往固原，盐茶募化，始得完工，为兴龙第一壮观之所。并建禅寺沟孤魂殿一楹，厢房三间，为守义冢常住之处。十三年，三官殿柱朽下挫，墙倒像歪，栋宇将脱，起立重修，补塑神像，金装彩画，收拾崖墙水道，两年方得告竣。十五年，重建迎善桥，迁移码头，破石斩崖，帮修道路，建立过亭、牌坊并道房，招安主持，常为照应。所余钱钞，在外营利，防备不虞，以为长久计，两年告竣。十七年，因山根道旁旧泉水不洁净，重开净水泉，上建亭子一楹，以备两山取汲、供神。十八年，重建关帝阁，开展地基，或帮或斩，量其地形，改移坐向，离虚就实，易殿为楼，前建看河亭，侧立两游廊。山门外南北各起穿路小楼一间，上供水火二神，连接石菩萨殿。又移立石菩萨殿为正坐，并雕刻圣像，上下一气，配合成局，两年完工。山顶官修杨四将军庙，拆移鱼篮菩萨殿于岭右，占去殿基。其年菩萨殿因地基潮湿，使土木斜歪开裂。师别选良基，迁移重建，金装彩画。至于东岳台、大佛殿，亦皆帮助善信成工。两山神殿，俱皆败而复兴矣。以上神工，皆有碑记细述可考。

师初居栖云，开山建庙，非仅修工而已，特借修工，苦炼身心耳。以故，日则打尘劳，监管修造，夜则注经书，阐扬道脉，日夜辛苦，无有宁时，然师乐在其中，苦不知也。其书则《三易注略》、《周易阐真》、《参悟直指》、《道德会要》、《西游原旨》、《指南针》、《会心集》、《指南三书》、《栖云笔记》……儒释道三教书籍凡二十二种。

或解或注，破群仙之隐语，揭丹经之寓言，劈旁门之邪说，指大道之源流，略词藻而就常言，去文章而示实意，言愈浅，理愈明，语甚俗，意甚显。可为学人之阶级，志士之炬灯。幸借知音善士大力，俱皆刊刻行世矣。

师在栖云，修造庙宇三十余年，著解经书三十余年。当两山神工告竣之时，即书工刻刊方完之时，亦师寿八十有二之时。此时内外事毕，心无挂碍，身莫劳苦，安居自在窝，静养精神，一切外事，皆不应酬，与世无与矣。时有《绝言歌》以书怀，刻刊于《通关文》之后，取其愿心已了，再不于文字中作事也。

师平素闲暇之时，自卜吉地于新庄沟山顶之阳，乙木行龙，坐艮向坤，辛戌水口。相识善人预为之箍墓洞、建冥塔、立祭台、修围墙，以备临时方便办事、龙飞。

道光元年正月初六日亥时，师忽入墓洞而坐，呼集众门人，嘱以"性命为重，功行为先"，言毕，脱然而逝，享寿八十有八。众门人遂封墓口焉。

师四十余年，四次整南台，三次开栖云，非图沽名，乃自行苦行耳。前四十年行为，乃师常自述经历事迹，勉励学人者；后四十年行为，乃弟子常随左右，亲目所睹者，非有装点虚造，俱是真实行藏。谨述本末，刻刊于《会心集》之首。凡我同心学者，触目惊心，各宜惕厉，勉旃可也！

道光元年岁次辛巳三月三日从学门人张阳志谨述

三 刘一明广结善缘

导 语

　　据自在窝藏书《神仙纲鉴》记载，公元前 1120 年，西周时就有人在栖云、兴龙两山修行。公元 156 年，东汉张道陵传道以后，这里便有了道士和简陋的建筑。公元 627 年唐太宗李世民执政时，这里大兴土木，建造了很多庙宇。《栖云笔记》记载："唐宋时神殿甚多，香火兴旺，称洞天福地焉。"到 1195 年，南宋宁宗庆元时，秦致通、李致亨二仙居此修行。明代栖云、兴龙两山建筑毁于战火。清乾嘉年间，一代宗师悟元子刘一明云游到金县（榆中），住兴隆山 42 年，广结善缘，修建庙宇，打造景观，弘扬道法。从此栖云、兴龙两山败而复兴，成为道教名山，名扬天下。

　　刘一明广交社会朋友达近千名，其中往来甚密者达一百八十余人。其中有官吏、儒生、和尚、商贾等。他们是：

　　史文伯、于瀛川、李源昌、贾翰元、周印真、王岐山、马拙庵、阮静庵、张西川、李鼎实、李养中、自如愚、白云鹤、善闻和尚、温□□、潘□□（以上不知籍贯）。

兰州：苏宁阿

秦川：周玉书、张统泗、樊立、崔蒿齐

湖南：杨复虚

梁溪：杨芳灿

榆中：王恭、赵克远、陆育□、朱思远、李瑞、汉延擢、赵怀□、郝鸣安、李育才、汉应德、黄延选、陈空相、李桂泉、王成、徐信、陶育才、王顺宗、贾育才、汉光祖、周应瑞、关朝聘、黄岗仁、杨加安、汉庆德、宋三英、刘存仁、巨促仁、萧管、王五鹏、李□蓉、陈义、梁作栋、李国成、郝守仁、赵廷梓、聂正儒、郭钟秀、郝□□、魏□□、卞□□

皋兰：张效贤、杨德麟、颜我璇、颜富德、颜礼、王生华、王生儒、贾连□、张登高、李怀义、张伯、张喜德、党克昌、刘永中、颜大才、贾得元

狄道：郑可治、石文尉、王效福、黄中材、苟廉坦、陈可富、马世满、孙仁、曹芳、石正位、张本、刘能、石冲、刘生华、马世达、刘珠

清水：梁振德、梁懿德、梁孝德、刘永柱、王永兴、孙成功、康建业、王玉瓒、孙承福、李地统

安定：安处祥、李淮成、高玉瑚、王成章、孙成□

固原：赵伦魁、刘大文、常浩、祁仓、陈仲廷、谢思敬、谢祥、谢祯、谢禄、谢福、殷岳、马中元、毕尔德、刘士俊、赵还盈、吴三□、贾满、毕尔和

靖远：李崇德、卢稷、朱才、陆迎舟、常生辉、苏绪浩、马生桂、滕浩直、贾栋、苏廷印、贾楹、毕尔满

自称俗家弟子的有：

西宁：李郁春、张□□

甘州：胡丰年、张继绣、周万年

兰州：唐琏、陆生元、吴元、冯遇贵、秦维严、罗绩、王炳礼、贺麟、王来烈、文贵

泾州：祁廷秀

固原： 谢思孝、谢思弟、谢思忠、谢思义

榆中： 刘世产

狄道： 许世功、刘起鹏、刘性普、赵来发

洮阳： 黄永秀、苟登贵、石艳、康元灿、康元芝、李凤翔、王兆祖、石英、李茂、孙继周、张秀、杨元吉、杨元告、陈浩、郝希尚、郝希汉、郭启清、康宁樱、李含英、谢玫、龚可尚、蒋世兴、刘助汉、王禄士、龚可昭……

　　　　　（据《会心内集》、《会心外集》、《栖云笔记》和碑刻拓片整理）

　　刘一明广结善缘，行一人之举，汇万众之力，解经著述，建造庙观，课徒修炼，弘扬道法。他广结善缘的思想观点和具体言行，既像一根链条，将道教全真龙门派与其他教派和社会各界联接起来；又如同一个杠杆，提高了自己和兴隆山的知名度。

四 刘一明兴建栖云、兴龙两山道观

刘一明在《栖云笔记》卷三《创建栖云山三清、天真、元坛诸殿记》文中描述栖云山与兴龙山：

金城东百里栖云山，南连马寒，北对虎丘，东共兴龙而并秀，西与凤凰而争奇。且双峡锁水，百峰拱朝，或开或合，形如落凤，或起或伏，势若飞龙，诚甘肃之名山，兰郡之胜境。唐宋时，神殿甚多，香火兴旺，称为洞天福地。至明朝，或移或毁，仅留灵官殿。数百年来，远近游人，几不知有栖云。

现据刘一明《栖云笔记》中的五篇募疏序和五篇重修殿宇记（碑文），整理出栖云山、兴龙山两山殿宇景观：

1. 庙宇系列

名称	庙	观	阁	台	官	殿	洞	楼	亭	庵	窝	堂	祠	塔	坟	牌	坊	轩
数量	3	2	4	7	6	28	6	8	3	2	1	2	1	2	4	1	1	

共计 18 类 87 处，其中龙王庙、五龙坊、道人坟、刘爷祠和喜松亭等 6 处为后人所修，其余 81 处均为刘一明募化十方所修（后人变更

修补数处）。

2. 人文景观

桥3（云龙、均利、万寿），境1（瑶池），梯1（上天），炉1（偃月），计4类6处，现仅存改造后的三桥。

3. 自然景观

山3（栖云、兴隆、大凹），峰2（西山五图峰、东山豁落峰，而西山东西南北中五峰未列入），岭2（西山风月岭、三台岭），岩3（西山寂静岩、七星北斗岩、东山滴泪岩），石4（灵龟、熊耳、谈道、面壁），崖3（舍身、炼真、黄石），顶1（东山苍龙顶，无量祖师殿原址），泉2（东山之顶太白泉，原名三官泉；半山关帝阁玉液泉），河1（兴隆大河），湾1（卧龙湾），洞1（清溪涧即西山大凹沟），沟4（东山禅寺沟、羊道沟、藏秀谷、新庄沟）。计12类27处。

此外还有：

西山庙宇：朝元观16间，二公祠3间，孚佑阁9间，福缘楼10间，洗心亭1间，南亭子6间，刘爷祠3间，丘祖楼3间，菩萨楼3间，上天梯亭1间，风月岭亭1间，黑虎殿1间，朝元庵亭1间，脱洒台亭1间，三圣洞1间，二仙洞1间，王灵官殿3间，七真殿6间，苍龙岭亭1间，五图峰亭1间，朝阳洞1间，白云窝1间，寿星殿3间，王母宫1间，三台岭亭1间，七星台1间，马灵官楼1间，斗姥殿3间，雷祖殿3间，自在窝2间，印书亭3间，书版洞3间，混元阁16间，冲虚台亭1间，东岳殿3间，十王殿6间，六曹殿7间，五岳楼14间，圣母宫18间，财神殿21间，三清殿27间，白云观（洞宾楼）29间，尊神殿21间，太白楼11间，五龙宫24间，共45处293间。

东山庙宇：虚皇殿15间，玉皇殿21间，眼光殿1间，鱼蓝菩萨殿3间，三官殿29间，杨四将军庙6间，三教洞13间，太白泉14间，二仙台14间，无量殿19间，娘娘殿31间，文昌楼1间，药王殿17间，伽蓝殿3间，三大士殿16间，灵官殿12间，老爷殿14间，水火楼6间，石菩萨殿3间，山神洞1间，龙王庙10间，抱一亭6间，喜松亭1间，刘爷坟6间，孤魂殿6间，救苦天尊殿3间，复还庵10间，迎善桥15间，共28处296间。

东西山庙宇共73处589间。

五 刘一明创建栖云二十四景

"栖云二十四景"初名于乾隆五十九年。据《新修栖云山记》载:

羽士悟元子……往复此山,乃相形度势,从而区画之,阅十有四载而厥工告竣。其地址宽敞处创为道院,凡坛、庙、廊、庑、丹房、亭榭皆备焉。其余窄狭者为殿为宫,为堂为洞,或一楹或三楹,皆有可观。自麓(至)巅约行五六里,其间一岩穴,一坼一崿,一凸一凹,逦迤转折,皆有曲径相通,到处成趣,随地命名,因成《二十四景诗》以记之,从此而骚人韵士接踵相登。

刘一明咏栖云山二十四景诗如下(载《会心外集》):

1. 均利桥

云里现鳌背,空中架虹梁。

行人休问渡,普利到仙乡。

均利桥位于栖云山麓,清乾隆四十六年(1781)由刘一明募化创

23

建。"中途忽遭撒腊作乱，所化布施俱皆落空，钱粮无出，暂且歇工。"
乾隆四十七年三月，刘一明离山远方募化，由固原谢祥捐资续建，同
年完工。

2. 洗心亭

亭前旋碧水，屋后起高山。

洗却尘缘垢，白云任往还。

洗心亭位于栖云山南峰中脊，乾隆四十五年（1780）刘一明募化
修建。建有道房5楹，楼房3楹，牌坊2座，悬楼1楹，并砌围墙，
成一小院。时有主持道人早晚焚香，颂经习道。

3. 上天梯

本是云中物，如何堕落山。

只因开觉路，不碍在人间。

上天梯位于丘祖阁之上，是一段两侧陡峭的青麻石岭脊。清乾隆
五十一年（1786）至五十五年（1790）间凿建，确切年月不详。岭脊
上为阶梯式石磴，石磴下端临近丘祖阁，建有一牌楼，悬匾额"上天梯"，
旁挂对联"欲上孤峰登圣域，先来正路稳天梯"。越过石道，又有一牌楼，
对联为"不大地有风有月，一间楼无垢无尘"。

4. 风月岭

风来空谷应，月照天梯明。

夜静登临望，浑沦一太清。

越过上天梯，便是风月岭。风月岭两侧为峡谷，地势陡峭，怪石嶙峋，
险绝尘寰，颇具诗意。岭侧松杉苍郁，岭头"起岚翠之光"。站在这
里可观东山日出，西峰落晖。倘月夜登临，幽谷生青风，松涛吟龙声，
景象宜人，颇胜庐山"月照松林"之雅趣。岭中建有一牌刹，对联"轻
风吹石径，明月松间照"。

5. 脱洒台

足下烟云起，座边松柏栽。

更无尘俗染，脱洒似蓬莱。

过风月岭，上有黑虎殿（又名元坛殿）。殿北悬崖边有一方台地，清乾隆五十一年至五十五年间，建脱洒亭（又名超然亭）于台上，是栖云山三座拱顶建筑之一（其余两座为玉图峰与冲虚台经亭）。脱洒台北临峡谷深渊。谷底松林苍翠，烟云浩荡，且"现烟霞之色"，脱洒亭面对古松，亭亭如盖。亭上对联"闲来乍觉精神爽，久坐方知富贵轻"。

6. 翻影庵

不见真仙迹，只留翻影庵。

非空非有色，世上几人探。

翻影庵在西山处所文字无考，刘一明《兴隆山胜景图》中也无标示，但图中标明东山祖师殿下半壁有翻影庵一处，显然不属栖云二十四景。其真实位置，尚待进一步考证。

7. 寂静岩

众峥带风尘，此岩独寂静。

天然自在窝，深隐云山境。

位于玉皇庙左侧、朝阳洞前面的一处石崖。上建牌楼一座，上书"寂静岩"三字，其一侧为白云窝，高挂峭壁之上。此处路径隐僻，行人罕至。石崖陡削，崖下空寂。

8. 五图峰

图书有金水，太易露天心。

个里真消息，登高一着寻。

五图峰，又称玉图峰，位于七真殿与三清殿之间。峰上原建有一拱形圆顶经亭，后拆建为一牌刹，刹旁对联"圣圣相传理，心心共印机"。

五图峰是整个栖云山的"天心地丹",站在此处,可将栖云山的东峰、南峰、西峰、北峰和中峰尽收眼底。其上为瑶池岸(又名瑶池镜)。

9. 朝阳洞

石洞正朝阳,绝无阴气藏。

光明通表里,别是一天堂。

朝阳洞位于五图峰右侧的山腰处,与白云窝相毗邻。原为一洞穴,洞底圆形,直径2米,高3.5米,砖砌六角棱锥拱顶。清乾隆四十四年由固原谢祥捐资修建,木装门槛。朝阳洞面向东南,洞前地基宽敞,开阔度达200度左右,又无松林遮拦,故光线充足,明亮温和,成一极佳处所。

10. 栖仙岩

悬岩不可扳,传说洞天闲。

不是修真客,难开铁锁关。

栖仙岩位于二仙洞之上,为一稍显陡峭的岭崖。其上松杉笼罩云岚,灌木毛竹密茂如屏。乾隆五十年至五十五年建二仙洞于此,奉祀秦李二仙。因"秦李二仙栖迟于此",故号栖仙岩。

11. 偃月炉

湾似蛾眉月,中含黍米珠。

不逢真匠手,怎识炼丹炉。

偃月炉又称栖月炉,位于兴龙峡口,是栖云山与兴龙山北端相向弯曲形成的一个盆谷。谷底宽荡涧水浸月;谷口两山合而又分,分而又合,状如弯月。晚晴月朗,月亮也从此冉冉升起,渐次照遍栖云五峰的沟壑岭脊。《栖云笔记》谓此"宝珠现于偃月"。

12. 七星岭

何处天工手,移将北斗来。

尘寰人不识,且向岭头堆。

　　七星岭位于混元阁与斗母宫之间，是由三面悬崖形成的一块岭台，台上有七块斗大的石头，自然摆布成北斗七星状。这里地势高峻，视野开阔，放眼北望，峡口至北峦山一带尽收眼底。

13. 苍龙岭

空中现本像，山内养精神。

莫道形苍老，须知久炼真。

　　苍龙岭是连接冲虚台与九宫台之间的一段马脊形山梁，形如苍龙，故名。岭之南北两侧松柏苍苍，奇花异草，灌木怪石，比比皆是，沿岭古庙重叠。其东南有白云窝，西有瑶池岸（瑶池镜）。栖云山山体多呈圆锥状，《金县志》称"高峰耸立"、"卯藏峻峙"。而此段山岭起伏有致，回环相续，却似龙行之状。

14. 冲虚台

孤峰接正脉，绝顶结灵胎。

有此浩然气，虚空亦应开。

　　冲虚台位于栖云山中峰山巅，缥缈诸峰之上。因清乾隆五十二年在其上建成冲虚塔经亭故名。塔中置"通天柱"。石柱呈正六棱形，高2米，直径40厘米。上刻《太上清静经》和《玉皇心印经》。后冲虚塔废倾，改建成楼阁一楹。之后又修建为一楹小殿。今日所指"通天柱"处，即古之冲虚塔。

15. 面壁石

万丈岩头石，端然壁列同。

自从秦李去，面壁少香风。

　　面壁石位于混元阁西北近侧，其上即为冲虚台。石高一丈，宽约九尺，面壁平滑光洁，上刻"面壁石"三字。据说秦致通、李致亨二仙在栖云山习道修炼时，常面对此石，成真了道。

16. 三台岭

奇石应三台，双双上下开。

不从尘世得，却自斗牛来。

三台岭位于王母宫的门口，建有一牌楼，上书"三台岭"。有小道由三清殿蜿蜒伸向王母宫，临近王母宫处，道旁岩石裸露，"三台岭"三字分刻于三块嶙峋的岩石之上。

17. 灵龟石

不爱在深渊，蹲身登峻岭。

污泥一点无，独卧固形影。

灵龟石位于栖云山北峰灵龟山南麓，因灵龟山而得名。石前部突出壁面，后部系于石壁，上刻"灵龟石"三字，其周围松翠如屏，藤经萝纬，独此一石隐露于灵龟窟，是一奇特的自然景观。

18. 谭道石

秦李何处游，谈道空留迹。

尘世少知音，高山只二石。

谈道石位于混元阁东近侧。石呈四柱体，高约60厘米，宽35厘米，长1米有余，上刻"谭道石"。据说秦致通、李致亨二人在栖云山结茅深隐时，常在此朝夕钻研，潜修大道。

19. 舍身岩

皮囊为大患，昧却本来面。

现有舍身岩，教人仔细玩。

舍身岩俗名舍身崖，位于冲虚台南。此处地域狭小，面临悬崖，岩石裸露突出，面目嶙峋狰狞。探首下望，令人胆颤。

20. 九宫台

诚然造化奇，发现九宫机。

理路分明有，在人自上梯。

九宫台位于栖云山西峰山巅处。栖云山山体大多呈圆锥状，而西峰更为险峻，其海拔为 2610 米，鹤立诸峰之上，其东南缘侧是高约百米的石峭壁。但站在冲虚台处，便会发现其东南部岭脊从腰部开始，大致呈阶梯状，次第上升，且阶梯数恰好为九，即为九台。九宫台杉林团簇，青翠如云。朝迎旭日喷薄，夕纳霞光万道，时有轻雾缭绕，烟雨空蒙，《栖云笔记》谓其"笼烟霞之色"。因山势陡峭，九宫台古来无建筑之志。后建"瞭望台"于上，可南眺"寒山积雪"，北观"峦山列戟"。

21. 清波涧

涧水本清澄，波水何处兴。

将为狮子吼，点化徒南鹏。

清波涧，又称碧波涧，俗名大洼沟，含纳栖云五峰山泉溪水，四季长流不歇。涧中清溪带流，浮萍锦绣，怪石嶙峋；涧边松林青翠，浮云如带，鸟语花香。空灵寂静中，涧水叮咚如铃。

22. 白云窝

石壁有灵窝，崎岖路怎过。

等闲人不到，只见白云托。

白云窝位于朝阳洞右侧的峭壁间，清乾隆五十一年，由固原谢祥及其弟谢祯、谢禄、谢福捐资修建。白云窝背倚峭壁，面临幽峡，中午暑气升腾，顺壁而上，窝四周云雾缭绕，景象美妙异常，"白云窝"三字刻于一耸立岩面。

23. 炼真岩

虎卧又龙眠，空中石壁悬。

风云相际会，正好炼先天。

炼真岩位于王母宫右侧（西南面），是一屏陡峭如立的石崖。其西有苍龙岭，南有五图峰、白云窝，北临王母宫前的深峡幽谷。

24. 藏灵壁

倒推三涧水，环抱五云丘。

壁立藏灵窟，须知有阮刘。

　　藏灵壁位于兴龙峡入口处，是栖云山的北峰——灵龟山朝北的山体侧面。灵龟山圆实敦厚，蜷卧如龟，唯北麓稍显陡峭。其上松柏参天，烟霞笼谷，将整个栖云山隐挡于后，如一道巨大的绿色屏障。《栖云笔记》称其"收龙脉之气"，其下有"灵龟石"。

六 刘一明与榆中八景

榆中八景，据《金县志》记载，清乾隆己酉（1765）春，金县县令曾凤翔曾于公暇游览胜境，并赋诗以志。其诗八首照录如下，以见榆中胜景之一斑：

1. 寒山积雪

马寒直上插穹窿，万叠清光混太空。

银海波澜涵夏日，玉龙麟甲老秋风。

雨余只见双尖净，夕照回看匹练红。

料得幽人高卧稳，此身疑在广寒宫。

马啣山，俗名马寒山，位于榆中县城西南25公里处，属祁连山余脉马啣山系，主峰海拔3670米。马啣山下，有丰盛的牧草，明代曾辟为牧马场。从山麓至山巅，海拔1800—2200米间，分布着蔷薇、虎榛子等灌木林带；海拔2200—2400米间，生长着桦木、杨树等阔叶林带；海拔2400—3200米间，是云杉等针叶林带；海拔3500米以上的山顶，则积有千年不化的古冰缘遗迹以及现代冰缘，偎在苍茫蓊郁的黛绿之

31

中，如一顶玲珑剔透的银冠。每年暮秋，全县境内尚在雨季，马衔山顶就已有降雪；冬季这里朔风吼叫，雪练弥天，奇寒异常；到了酷夏，平川里气温高达38℃，马衔山顶依然白雪皑皑，光彩夺目，被称为奇观。而雪线一下林木苍翠，野花映红，牛羊游散，山歌嘹亮，景象美妙如画。

2. 隆山增秀

翘首烟鬟得巨观，榆城西望郁青峦。

野桥雨过花争发，古刹云深数欲寒。

时有高僧飞锡杖，偶逢仙叟话金丹。

生灵长籍山灵护，一滴甘泉万井欢。

兴龙山古松擎天，苍翠葱茏，阳春仲夏，古旷幽深的原始森林中玉李簇雪，丁香挂紫，野芍吐红。涉足郁迂盘折的山径，空气清洌如滤，馨香丝缕不绝；午阳临空之际，峡谷暑气升腾，烟雾缭绕山径，眨眼间细雨霏霏，山色朦胧。人影浮动，恍若仙境。顷刻雨停日出，缕缕白云在阳光辉映下变成绚丽的玫瑰色，冉冉飘动。兴龙山自古为道门净地，幽林中殿榭如琳，香火氤氲，山隅岩石边，道士焚香颂经，仙客面壁炼真，晨华初露时，还有钟磬振鸣，悠悠传遍旁州侧郡，引来无数文人雅士。

3. 栖云仙阁

倚天高阁自何年，仿佛云间笑语传。

丹灶已随烟草没，朱书犹带石苔藓。

曲溪流水逢渔夫，几树飞花识洞天。

我欲临风千仞上，一声鸾啸韵悠然。

栖云山即兴隆山西峰，林木如障，烟云缭乱，历来为道士仙客独居。清代高道刘一明为开山祖师，建庙传道。这些建筑或隐于密林，或悬于绝壁，与翠岭辉映，与白云依托，犹如仙山琼宫，玉宇天阙。其中规模浩大且较著名者，首推混元阁。混元阁位于栖云山巅，初建于明代中期，明末毁于李自成农民起义军兵火。乾隆五十一年（1786）

刘一明重建。《重修榆中县志》载："混元阁在栖云山巅……旧志俗称栖云仙阁即此。"

4. 烽火夕照

白日西飞转树腰，余晕想见赤城标。

悬云螺髻青岚晕，入镜峨眉黛色摇。

卓雀枝头栖未稳，牧童牛背兴偏饶。

独怜塞上征程客，匹马斜阳路正遥。

烽火夕照在榆中县城正西约8公里处，背靠栖云山北延部分，俗称红沟岭堡紫梁，地属清末烽火里。这里地势险要，置身此处，榆中川、龛谷川、定远连搭川、苑川尽在眼底，并可遥望地处北山的密不老墩。夏日景象最为艳丽壮观，夕阳将落未落之时，晚霞赤红如血，涂遍半边西空。其色彩由浓向淡，由赤红渐次幻化为绯红、淡红、妃红，到了高空，则飘逸为丝丝缕缕的红色玉带，在碧空的浩渺蔚蓝中牵引着团团祥云，轻慢浮摇，如一幅色彩溢漾的油画。

5. 峡河绕流

山城地僻接仙源，高峡悬流绕郭奔。

沙鸟夕阳芳草岸，人家烟雨绿杨村。

偶疏碧涧穿花径，时引寒流到石门。

更爱暮春童冠在，好将风俗寄潺湲。

兴龙山麓有大峡河，汇集马啣山到兴龙山一线的众多山泉溪水，涌出兴龙峡，绕过县城东部，最后汇入苑川河。峡水冬季不枯，春末渐涨。初雨季节，岸堤两岸毛草匝地，烟柳如云，农舍草屋隐于霏霏细雨之中，桃花杏花堤岸竞放，现烟霞之色。六七月降雨高峰期山洪频繁，峡水暴涨暴跌，时益时患。自峡口至县城一带，岸道曲折迂回，水流在此滞流不畅。夕阳中河水蜿蜒，粼光闪烁，宛若玉带漂浮。

6. 凉耳听莺

载酒携柑问所之，柳荫深处听黄鹂。

何求秦女机声巧，不数羌儿笛韵悲。

睆睆似怜春去早，绵蛮疑唤客来迟。

诸君莫厌闲调舌，付于诗人鼓吹宜。

"凉耳听莺"在县城东南12公里的凉耳山。凉耳山现谐音为"狼儿山"。凉耳山多柳，柳又分黄柳、麻柳、蜂柳以及弯柳数种。因地僻人疏，灌木丛生，杂树成林，气候温湿，此山为柳莺（绞身，娇小，是黄莺的属种，并非黄鹂）的聚栖地。暮春仲夏季节，柳木鹅黄吐绿，展叶抽枝，灌木丛中野花烂漫，馨香飘逸，柳莺三五成群，穿梭鸣歌于柳荫深处。其音色嘹亮轻巧，婉转动听。

7. 庙坡晓钟

花宫缥缈蔼层城，风送金鲸嘹亮声。

何待鸣鸡催晓梦，漫劳警枕破残更。

萧萧秋雨寒空静，飒飒霜林远籁清。

平旦虚灵无宿障，此时提醒甚分明。

县城南2里，有庙坡山，古号"马眉"，因"昔先民得此胜地，作义勇武安王庙于阜上，遂名曰，高庙山，为庙坡山焉"（《重修榆中县志》）。义勇武安王庙，初建年代无考。明孝宗甲寅年倾坏，嘉靖四十三年（1564）重修。每年六月十九，乡民往往登临，以拜谒义勇武安王。庙内古有巨钟一鼎，每日晨曦初露未华之时，钟声咚咚振鸣，其声雄浑嘹亮，传遍方圆数十里。时官吏早朝，书生晨读，商贩坐市，农夫耕作，皆以此为号，数百年因袭。

8. 峦山列戟

凌空排笋碧云间，壁垒森森见一斑。

休讶五丁开剑阁，漫夸三箭定天山。

当年保障凭重险，此日威灵壮汉关。

万里回夸频入觐，也应惊看汗流颜。

县北 50 里有"北峦山，即列戟山，俗呼百叶山，又名浅山，府志作乱山"（《金县志》《临洮府志·金县》）。北峦山大致呈东西走向，绵连逾百里。峰峦参差，且多褶皱。因太阳光照，山体阴阳相间，明暗映衬。远远望去，参差紊乱，如千万兵戟竖立。《金县志》载汉代赵允国将军、唐朝郭元振将军曾镇守此处。

榆中八景，兴隆山拥有其四：隆山增秀、栖云仙阁、峡河绕流、庙坡晓钟。清代乾嘉年间庙坡山隶属栖云山朝元观下院。

七

刘一明仙话传说

袁宗善

一、三遇纯阳吕洞宾

刘一明久住栖云山。他擅长医学技艺，卜卦星相，地理书画，在当地很有影响。许多达官显宦、富豪人家都愿结识他。有一天，刘一明正在修改著述，忽而徒弟禀告说，门外有一老道求见，刘一明问："老道何等模样？"徒弟说："年过花甲，穿得破破烂烂，乱发垢面。"刘一明听后说："你先去接待一下老道，就说我正在忙碌，让他喝茶休息，有时间我去看他。"徒弟告诉老道，老道听罢，轻轻笑道："我几天跋涉，腰痛腿酸，又渴又饥，今夜我就住在你这里。"徒弟见老道很可怜，就领他到自己禅房住下。老道坐定后，说要喝茶，但一定要用刘一明的茶杯。徒弟无奈，只好要来师父的杯子，给老道沏茶。老道接过茶杯，也不喝茶，只将茶杯翻扣在一块石头之上。

晚上，老道同刘一明的徒弟同住一室。东方发白时，刘一明洗漱完毕来到徒弟禅房，不见老道，只有徒弟。徒弟见师父来了，便迎上前说："老道刚走，茶杯扣到石头上取不下来。"刘一明走过去一扳茶杯，茶杯里冻成满满的一杯冰块。刘一明见状很惊讶，心中暗想，炎阳六月，怎么会冻冰呢？他犹豫片刻，立即醒悟过来："哎呀！洞宾爷仙体驾临！我求神仙，盼神仙，今天却把神仙错过了。"当时他又急又悔，叫徒弟牵过马来，匆匆朝老道去的方向追赶。他见人就打问，都说前面刚刚走过去一位老道，可他就是追赶不上。一气追了八九里，看不见老道的踪影，便勒转马头，失望地回到山上。徒弟见师父回来，上前接过马缰。刘一明又问徒弟："道长走时说了些什么没有？"徒弟回答："没有说。只在门前墙壁上留下了一句话。"刘一明一看，是"吾来汝不在"五个字。刘一明长叹一口气说："我在您不来。"就回去了。

刘一明的徒弟叫唐阳琏，因为有点呆傻，人们都叫他"唐瓜子"。他在栖云山每天赶着一匹骡子从山下往山上驮水，数年如一日，不知辛苦。自从他和那个老道同住一晚之后，变得懒惰起来。每天在山下把驮的水给骡子装好后，就躺在石头上睡觉，让骡子自己来回去驮，这骡子懂人事似的，将水驮到山上，山上的人倒掉水，又从山上下来再驮上山去，天天如此。这样过了数年，师兄弟们看见唐道越来越懒，驮水又很舒服，就在刘一明面前进谗言。刘一明叫来唐阳琏说："你驮水已经几年了，现在你不要再驮水，搬到西山顶窑洞里去住吧！把那里打扫干净看守好。"唐遵师父之命，就去山顶破石洞住下，整天掩门不出。从此人们又叫他"懒道"。师父见他实在可怜，过些日子叫别的徒弟送点豆面给他，就这样月复一月，年复一年，转眼度过了许多春秋。

一天，唐从山顶下来，想和师父在一块儿吃顿饭。师兄弟听见唐来了，就将碗藏了起来，告诉唐："用斋没有碗，你到山顶去取碗吧。"唐听后微微一笑，说："我吃饭的碗，我知道放在哪里。"于是，就从藏碗的地方取出了碗。师兄弟见一计未成，便又想出一个办法，说："唐师兄，师父想吃浆水，你到峡口去要吧。"唐听说师父想吃浆水，就提上罐儿去峡口要浆水。师兄弟都乐了："这下叫他吃不上饭！西山到峡口走一趟，起码要一个多时辰，回来我们早把饭吃过了。"大家一边谈笑一边做饭，饭刚做好，唐的浆水也要回来了。师兄弟们不相信唐那么快能到峡口一趟，就派了两个跑到峡口打问情况。峡口人说，是唐阳琏来要浆水的。师兄弟们把这事告诉刘一明，刘一明听后也不说话，只是点头。

这年秋天，其他徒弟都去化缘，刘一明把唐留在山上看守。一天用过晚斋，刘一明到"朝元观"门前散步，抬头望去，晚霞照红了山头，草木在霞光的照射下，更增添几分黄色，只有松柏郁郁葱葱，仍像往常那么青翠。年已古稀的刘一明被景色陶醉，引起了思绪万千，感叹曰："夕阳景色好，只是近黄昏。人生容易老，修道性难明。"正在这时，前面走过来一个人，打断了他的心思。

来人走到刘一明面前，口称："道长，求借一宿。"刘一明打量此人，衣破不遮体，手脸足有一年没见水点，鼻涕眼泪，口唇干裂成痂，胸前生出拳大一块疮，疮口破裂，脓血外流，疮口能放进一个鸡蛋，不住地呻吟。刘一明瞧他脏烂不堪，身患疮疾，是个叫花子，无心留住，他对叫花子说："我的徒弟都去化缘，禅房上锁，这里没有地方住。"叫花子恳求道："给我点吃喝，随便住下就成。"刘一明给了他吃喝，说："你去山顶上找我的徒弟，到那里住上一宿吧。"叫花子见刘一明不肯留他，便转身走去，脚步踉踉跄跄，嘴里唠唠叨叨："叫花子，口饥渴，疮口痛，上下两口，要了自己命。"不住的念叨，爬山而去。

这时候，唐阳琏也在外面转悠，他瞧见从山下走来一人，走到他面前要求住宿。唐看来人的形象二话没说，便领进窑洞坐下。来人请唐给他治疮，唐对来人说："我师父善医学，他会治病。"这人说："你会治，你只用舌头舔我的疮口，疮就能好。"唐想："若舔一下疮真好了，解除这人的痛苦折磨，也是出家人的一件功德，舔一下何妨？"但看见流着脓血的疮口，心上一阵恶心，他又有点犹豫。后来又心想："不管别的，救人要紧。"他眼睛一闭，舔起来，将脓血吐在地上。真奇怪！脓血从地上飞起又沾到疮口上。叫花子说："唐阳琏，你边舔边咽到肚里，疮才可愈。"唐一听要他将脓血咽掉，不由心中有气。可思来想去，为了救这人性命，他心一横把脓血舔了咽下。接连舔了几口，不但不恶心，只觉得清香爽口，浑身轻松舒畅。再看此人的疮，全然消失了。唐感到十分惊奇。此刻，叫花子说肚子饥饿难忍，要唐做饭吃，唐只有师父给他的一点豆面，再一无所有，做什么给他吃呢？只好把豆面搅拌成糊，滴成疙瘩吧。做好了，二人一同用餐，叫花子吃得真香。正在吃饭间，忽然身边响起动听醉人的仙乐，忽而在山谷回荡，忽而在空中飘扬。唐阳琏此刻只觉得自己如像随同旋律腾空而翔，快乐极了！这时来人起身对唐言道："尔修道功成。吾乃吕纯阳是也，明日你我再会。"说话间，不见了影踪。

这天二更时分，刘一明也听见从外面传来一阵阵美妙的乐声。他侧耳听了一会儿，走出房门一瞧，音乐声再也听不见了，只有听山谷秋风飒飒，仰望天空，只有弯弯月儿与朵朵白云。他来到唐阳琏的住处，见唐盘膝打坐在莲台上，身子动也未动，眼睛半睁，嘴里说："明日一定要去化缘。"刘一明听了心中很不乐意。就在这时，他身后跟着的小狗，爬上供桌舔油灯。刘一明本来在生气，便转身踢了小狗一脚，谁知小狗断气死了。

一月时间过去了。有一个到四川化缘的徒弟回来了，他告诉刘一明：在四川遇见唐阳琏领着小狗，唐叫把小狗带回来，可是小狗怎么也不肯回来。刘一明听后，半晌才说道："阳琏已经功成得道，小狗也随他去了！"这时，他联想起那天晚上来的叫花子和出现的一切奇事，想起叫花子嘴里唠叨的话，他解悟出了其中的妙意。原来叫花子是吕祖爷化的，专来点化刘一明的。点化的话解开了是说："教化子，口饥渴，疮口痛。上下两个口，要了！自己明。"吕祖两次点化刘一明，他误识别相，心中一时难宁。但知道唐阳琏已得道成真，就搬到唐住过的地方去住，重新塑造了神像。从此，长年累月就在这里参悟修炼，感到也很自在，后来就把这个地方叫作"自在窝"。

有天夜里，刘一明做了个梦，梦中有位老翁说：混元阁殿堂供台上有一双草鞋，让他去穿。刘一明在梦中瞧见果然有双草鞋放在供桌上，他非常高兴，伸手去取草鞋，草鞋变成蝴蝶飞出殿门。他紧跟着追捉蝴蝶，一脚踩空掉下万丈悬崖。落地时面前站立一人，崖下面一具尸体。面前的这人问："你认得我吗？"刘一明回答："不认识。"这人又说："尸体是你的肉身，这里是舍身崖，你舍肉身道成，假壳脱化，就不认识原有的肉体了。"这人又说："我就是唐阳琏，奉吕祖之命来度你的，你跟我去吧。"刘一明惊醒，原来做了个梦，怀忆梦中情景一清二楚。

第二天一大早，刘一明洗漱好了，衣冠整齐，到混元阁焚香供茶。就在这时，两只白鸽落到殿门槛上，他扭头一瞧，白鸽非常可爱，便情不自禁地伸手去抓，白鸽缓缓地飞起，刘一明急步紧追，快到崖边，放慢了脚步，心想自己年已八旬，脚下不稳，这么高的石崖，会有危险。这时白鸽飞到崖畔落下，好像等待刘一明前来捉它。刘一明慢慢地凑过去刚伸手一抓白鸽，白鸽飞下石崖不见了，他没有捉到白鸽，这才松了一口气。刚起身要回，又发现在白鸽落过的地方有张表纸，他捡起一看，纸上有隐隐约约的字迹，上面写着："三度刘一明，修道图虚荣。今日身不舍，何年正果成。何足修哉！自了乎！"再念，眼前一恍惚，手里的表纸不见了。心里纳闷，他无精打采地坐在那里，一会儿神情平定了些，他联想起昨夜的梦和两只白鸽的情节，这才恍然大悟，追悔莫及。

原来，这天刘一明知道有朋友来访，这些朋友都是当地达官富豪，他脑海里尽装着准备接待贵客商定兴龙山庙宇修建筹集资金的事，就把梦的事丢在脑后忘记了，因此又错过了与神仙相会的良机。这时他忏悔道：神仙点化三次，自己三次皆错过，仙缘太浅了。从此，他与世俗断绝往来，住在自在窝静养精神，参悟妙道，清静修持。又过八载，终于坐化升天。

二、替徒弟付前世欠债

离栖云山不远的地方，住着姓郑的一家人。他家的一匹老马产下个骡驹，四银蹄，白缠腰，长得十分膘壮。人们议论骡驹是"陆旋"转世的。陆旋是郑家的舅子，以前欠他家的债。后来去栖云山出了家，这笔债再没要回来。根据这件事情，大家都说骡子是舅子转世来还债的。

这件事很快传到刘一明道长耳朵里，刘一明想弄个究竟。

　　这天，刘一明来到郑家。郑家夫妻看见刘一明来了，就招呼到客房里坐下，一边倒茶一边问："刘道爷这么远来，是否有事？"刘一明说："听人说你家生产个骡驹，人们都在议论。到底怎么回事？"郑家夫妻就谈起事情的经过。

　　原来一年前的一天，郑家十二岁的儿子在屋檐下玩耍，看见大门外走进一个人来，儿子认识是他舅舅陆旋。陆没到房子里来，就进马圈去了，儿子以为舅舅去解手，可是等了很长时间不见出来，儿子跑来告诉老郑和妻子。老郑一听，认为儿子胡扯，就训了一顿。儿子却肯定地说："是我舅，我认识。"老郑说："你舅出家死了，他还能到这里来吗？"老郑和儿子一同到马圈一看，老马产下个骡驹，确是白缠腰，四银蹄，活蹦乱跳的。老郑想起他舅子在世的时候，常腰缠白带，穿白袜子。当时经儿子这么一说，也就产生了疑惑，觉得也可能是陆旋转世来还债的。奇怪的是，老郑的儿子很懂事，听说骡子是他舅舅转世，就很爱惜，从不打不骑，出进牵拉。别人问："这么好的骡子不骑上干啥？"孩子就说："不能骑，骡子是我舅转世。"后来就这样把话传了出去。

　　刘一明听了他夫妻的一番谈话，心里想："难道真是徒弟陆旋转世？"他要去看一下骡子。郑家领着刘一明进到马圈，骡子听有人打开圈门，抬头一看，就从圈里跑到刘一明身边，用嘴吻了吻，就不住地用头顶、嘴舔，眼睛里不住地流泪，好像是故人相逢。刘一明用手摸了摸骡子脊背，对骡子说："你若是我的徒弟陆旋转世，现在我走出圈门，你随后跟我出来，然后我可带你回栖云山去，欠的债我替你还。"说罢，刘一明从马圈里走出，骡子也跟着出去，并且紧靠在刘一明身边寸步不离。

　　刘一明问郑家："我给你们还债，骡子让我拉回山去，你们看如何？"郑家夫妻说："若是这样，债我们也不要了，骡子你老人家牵去好了。"刘一明说："债不还不行，因为他是还债转世到你们家的。我替他还了债，你们之间的账债一笔勾销。"说着，刘一明付了钱，拉着骡子回栖云山去了。

原来，刘一明在栖云山道法高深，学识渊博，善于结交，朋友众多，而且前来拜他为师要求作徒弟的也不少。其中，确有一个叫陆旋的。其人嘴甜舌快，脑瓜聪敏，殷勤活泼，刘一明认为很有心机，便收作徒弟。从此，教他学道规经典，教演练法器韵律。陆旋学得很认真，很快成为徒弟之中的佼佼者。几年过去，陆旋觉得学到很多东西，无人能与自己相比，认为师父已经上了年纪，师兄弟都不如自己的能耐大，将来山上的大权就归自己。可他心急发躁，等不到那一天，他便厚颜无耻地在师父面前公开要权。

他对师父说："您老年寿已高，精力衰退，须要清静调养，山上的事可以交给别的人办理。"刘一明说："庙观事务杂乱繁琐，有哪个能替我担负这些责任呢？"陆旋说："我比其他师兄弟学得精，道法深厚能干，师父您老人家还不信任弟子的才干吗？"师父说："当然信，不过你还年轻，出了差误怎么办？"陆旋听刘一明不给自己交权，暗暗气愤，却在表面上装出一副听话的样子。

刘一明看弟子很懂事，心里高兴，对他更加宠爱。陆旋知道师父很信任自己，从此变得狂妄起来，背着师父不断干些不道德的勾当。师兄弟们知道师父也宠爱着他，大家都不敢说他的不对。

有天晚上，陆旋换上俗装，到附近的一家小饭店和同伙吃喝。乱砸乱打，损坏了不少东西。店主人找上山去，要求刘一明赔偿他的损失。

师兄弟们得知陆旋干的坏事已暴露。以前大家敢怒不敢言，这下齐拥到师父刘一明那里，说明陆旋这几年在山上胡作非为，要师父将陆旋驱逐出山门，挽回道门声誉。刘一明本无心赶走陆旋，但见徒弟一齐愤恨，只好把陆旋打发下山参访，暂避风头。

陆旋下山后，在外边云游一个时期，走了很多地方，捞不到好处，前思后想，感到还是栖云山好，念头一动，再回去吧。他请刘一明的朋友周旋，重新回到栖云山住下。

陆旋回到山上，恶习再次复发，仍然整天吃肉醉酒，狂妄逞能，见利妄为，不几年他在山上又弄了许多银钱。一个夜里三更左右，他从禅房轻步而出，来到祖师殿后的崖坎下拨起土来，拨了很大一会儿，从土里露出个大包裹，他将包提出打开，里面全是银钱，陆旋当时兴奋地手舞足蹈，又将此包包了起来。正在此刻，他身旁突然出现两个凶神，一位浑身赤色，血盆大口，眼睛放射出两道火光；一位遍体青黑，青面獠牙，嘴里喷出一股黑烟。陆旋立刻吓成了一滩泥，凶神声似洪钟般地骂道："尔在家奸刁鬼诈，明骗暗盗；出家本应改邪归正，反而不守道规，干起伤天害理之事，死后要变畜牲的。"他脑袋轰的一声如同爆炸，昏厥过去，屎遗尿流。

道友发现他出去很长时间不见回来，就出来找寻。见陆旋躺在崖坎下面，过去呼唤，没有声音，就拖到房里，去禀报刘一明。刘一明看陆旋昏迷不省，就给他禳灾祈祷，书符灌药，陆旋慢慢地又清醒过来，向大家一五一十说明事情的经过。从此，他卧床不起，不久一命呜呼了。

陆旋死后投胎转世成骡子，刘一明赎它回山后，在栖云山驮水不用人赶，经常从山下往山上驮水。栖云山几十座殿堂，都是这个骡子驮水建造的，建造刚一完工，骡子也就死掉了。道友们把骡子埋葬在山下。当地的人又挖出来剥了骡子的皮，右腿的皮没有剥连在骨架上。后来骡子转世成人，这人的右胳膊长满毛，右手是驴蹄子。传说又在栖云山附近出了家，他出家在庙上，敲钟打鼓不用鼓槌，就用右手的驴蹄子。

三、师徒分吃仙桃

这年夏天的一天，晴空万里，天气炎热，混元阁上清风爽快，满院馨香。徒弟们看师父刘一明聚精会神地在这里下棋，情趣正浓。这时候从山下走来一位老婆婆来到混元阁，粗布衣着，斑花头发蓬乱，满脸皱纹，汗流如洗，手提竹篮，走到下棋的刘一明跟前。"卖桃，谁吃桃？"一声吆喝，围观下棋众人的视线都投向卖桃的老婆婆。老婆婆又叫："桃甜新鲜，谁要买桃？"这时刘一明抬头瞥了一眼，又继续下棋。旁边的徒弟围上来，看了看篮子里的桃子，垢泥疤痕，没有好桃，都摇头不买。老婆婆把竹篮提到刘一明面前，口称："道爷口渴了，买几个桃子润润口吧！"刘一明举目观瞧，又看了看桃子，摆摆手说："我不买，你提走吧。"老婆婆说："您老人家买几个桃，我给您便宜点。"嘴里不住地嚷嚷，搅得刘一明下不成棋，他生气地叫徒弟给她几个钱让她下山。

卖桃的老婆婆被刘一明的徒弟撵出混元阁门外，她顺道下山而去。就在围观下棋的徒弟中，有个名叫唐阳琏的，发现老婆婆行如云飘，走路不留足迹，他心念一动：这可能是位神仙！随后追下山去。眼看就要赶上，可总是相距这么远，一直追了很远的路程。老婆婆见后边有人追赶不舍，方才停住脚步。唐到她跟前时已上气不接下气。她问唐："你买桃子吗？"他回答："是，我要买桃。"她说："山上桃便宜，无有人买。现在我这桃子贵了，一个桃一块钱，你还要否？"唐说："一块钱我也要。"老婆婆放下竹篮，数数桃子共七个。她问："桃子七个你能要完么？"唐将衣袋里的钱全掏出点数，刚好有七块钱，够买七个桃子。老婆婆收了钱，把桃放在唐的衣襟里。唐抓起桃子就吃，又脆又嫩，香甜味儿纯，当想起给师父留时，七个桃只剩下两个。再看老婆婆，已无影无踪了。

唐回到山上，拿出两个桃子请师父吃，刘一明问："你追那个老婆婆买桃去了？"唐回答："是。"刘一明看了一眼桃子，说："你自己拿去吃，我不吃。"徒弟说："这桃子不好看，可好吃了，师父吃一个尝尝吧。"刘一明见徒弟诚心诚意的孝敬自己，便说："那好，你就放在那里。"唐放下桃子转身走了。刘一明拿起个桃子，长满疤痕。可又心想："徒弟追到山下买来桃子，如果不好吃，他不会拿来给我。"思想着尝了一口，噢！味道非常好！的确味美香甜，清香可口。嘴里念叨着，就把两个桃子全吃了。桃子下肚，顿时浑身舒松，大脑清醒，心内觉得非常愉快。他自言自语的忏悔道："早知这么好吃的桃子，我全买下有何不好呢！"

唐吃了五个仙桃，腹不饥口不渴，回到自己的窑洞，上禅盘膝一坐。天到二更，朦胧之中进入梦乡，卖桃的老婆婆提着破竹篮，又出现在他的面前，言道："吾是观音，尔吃了桃子，与仙有缘矣。善哉！

善哉！”唐急忙喊：“老婆婆，再买几个桃子！”声音出口，自己梦中惊醒，揉揉眼睛，仍盘膝打坐，他这才意识到是菩萨点化。此刻，精神舒松宁静，道性开悟。终日盘膝静坐，炼养性命，逍遥安乐，什么身外之物都不贪、不争、不图。别人不识真情，骂他是瓜子、懒道，可师父刘一明对他刮目相看，很是信任。

八

刘一明兴隆山楹联集锦

栖云山自在窝自然道人吕信道、
石谷山人单进仓　合编
正一派俗家弟子赵克俭口述补充

导　语

　　刘一明创建栖云、兴龙两山73座道观，并为后世创造和留下了无数的楹联、碑记等文化遗存。20世纪90年代，单进仓、吕信道将《栖云笔记》中载刘一明为栖云、兴龙两山道观所撰楹联编印成册，广泛流传。我们又根据正一派俗家弟子95岁高龄的赵克俭老先生口述查漏补缺，使刘一明所撰两山楹联更加完善。又查阅薛仰敬主编的《兰州古今碑刻》、《栖云笔记》、《金县志》等文献整理了刘一明创建栖云、兴龙两山的募疏记和碑记。

自在窝

地僻人稀真快乐
心清意静永安闲

高抬脚步寻真义
细扫心田识天机

洞里天机不是迷人见的
眼前命宝还须志士收回

谷中藏神无象无形堪作友
洞里有我至清至静不生尘

地僻人稀无是无非常快乐
心清意静少思少虑永安闲

道有三乘脚步高抬寻理窟
心无二用根尘尽化见真宗

洞里有天机难向旁人说破
眼前皆道气还从自性修成

山高洞僻无应酬无扯拖此间正是安身地
事少心闲常快乐常舒坦何处再寻保命丹

洞门紧锁贵宝深藏不教造孽头浅窥窃取
口诀通神灵丹现在但等登天汉直指单传

洞里有灵苗认得时留心采取
门前即道岸见真处着力高登

自在窝仙风常在
栖云山道气凌云

自在窝春联

松竹满山眼前常有四时景
精神凝窍壶里早装一粒丹

老则无能及早藏头退步
虚而有益须当洗垢涤尘

遍地黄芽信手拈来皆成命宝
满山白雪随地走去尽是天机

欲人人为圣贤书刊十载从今了却终身愿
要刻刻擒乌兔火炼三铅自此重开满洞花

朝元观祠堂
每日三餐非可无功享受
一年四季必须苦里修持

欲续香风不可蹉跎岁月
要彰祖德还当锻炼身心

明善复初始可称龙门弟子

归醇返朴方无背道教宗师

遵守清规一行一止不忘祖宗
常存正念三宝三元皆返本源

三乘理路量力行持不愧为吾家法子
六识根尘留心扫去方能续列祖香风

朝元观春联

人到深山方觉静
物逢春日又生新

深山藏古刹
空谷也阳春

不贪不求眼底原无诸恶趣
无咎无誉身中自有四时春

新年何所欣云为伴侣石为枕
佳客无以待饭煮胡麻雪煮茶

几个山人谈笑时总为朝元正事
一团和气勤劳处要完大造神功（正修朝元观）

千般苦行莫图名莫图利原只图宝山仍开新面目
数载尘劳也忘物也忘形总不忘胜境重整旧家风

数年苦行废寝忘食开人路闭鬼门从此才生新面目
一气成功劳心努力筑圣基修神室于今又见旧家风

人我同心舍善财修宝刹别立根基灵区也有四时景
师徒合意成圣室安圣胎重开面目福地常存万古春

青锋剑斩断根尘七返九还皆妙用
黄鹤赋开明要道片言只语尽元机（正殿）

理窟幽深知进步时须进步
尘情苦恼得藏头处且藏头

道义门光明正大
圣贤理奥妙幽深（二门）

元牝门出入还须着眼
阴阳户往来大要留心

未入圣贤门难窥堂奥
已登清静地始达真宗

恬澹修身庆贺新节药三品
真常应物宴待嘉宾茶一壶（客房）

粒米维艰下喉去细尝滋味
三餐不易入口时自量品行（斋堂）

寻真诀抱谦虚意
学道先除嫉妒心

言清行浊休谈道

气傲心高枉度年

岁月难留告同人且莫轻轻度过

春光易逝劝大众还须实实修持（戒徒）

丹　房

大道还从疑里悟

元神定在静中生

静玩河图寻理窟

细推易象见天根

乐在其中处世还须应世

光而不耀居尘更要出尘

久隐深山忘富贵

安居静地伴烟霞

明善复初忙中检点无心过

致知格物静里搜求有漏因

云云云云云（两个云读 du，三个云读 gu）云中神仙府

山山山山山（两个山读 cha，三个山读 ya）山林道者家

（东岳台财神殿道房联）

山　门

虚灵之窍
众妙之门

深山藏古观
空谷也阳春

敲开众妙门左之右之皆归大道
登上混元阁东也西也尽是真宗

祠　堂

积功累行遵师命
返朴归淳续祖风

一行一语遵师训
四勿四毋守本真

祖祖相传不许为邪作怪
灯灯共续常教炼性修心

偷生八十年终身不负仙留德
末了三千行何时能酬龛谷恩

洗心亭

极往知来地
通前达后亭

要上云山抬脚步
欲参圣像洗心田

座对三峡水
门迎万科松

抬高脚步寻宗旨
洗净心田见道源

自怡楼

未到深山不识烟霞乐趣
已临静地方知富贵浮云

福缘楼

洗净心田更进一层探理窟
打通道路再挪几步登天梯

圣贤大道仰之弥高欲登云路还向此间抬脚步
仙佛灵光视而不见要上天梯须从这里整精神

曲曲湾湾谁向此间着意
中中正正还从这里留神

澹然亭

世路尘缘多爱欲千般终梦幻
山居人事少清闲一日即神仙

一间楼

不大地有风有月
一间楼无垢无尘

上天梯

欲上孤峰登圣域
先来正路稳天梯

脱洒台

闲来乍觉精神爽
久坐方知富贵轻

过道楼

不前不后通明地
非实非虚大道楼

山底牌坊

道岸虽高还向此间登觉路
仙颜在上早从这里去尘心

风月岭

清风吹石径
明月照松林

山顶洞

百尺崖头无漏室
千峰顶山白云窝

五图峰

圣圣相传理
心心共印机

山上碑亭

为善若登高无大力者不来此地
行功当着实有真心时应到斯亭

南天门

敲开众庙门左之右之皆归大道
登上混元阁东也西也尽是正宗

王母宫

岭后有清溪此间即是瑶池岸

山头生彩雾这里分明王母宫

元坛殿（黑虎殿）

雪岭修真铁面无情开宝藏

丹台注姓全身了道镇元坛

执铁鞭镇守元坛缚怪降邪尊正法

骑黑虎踏开宝藏扶危济困利群生

寿星庵

不亭不洞空灵窍

长寿长生造化窝

寿从德来寿我何妨寿世

生自道得生人即是生仙

非洞非亭仙翁别有空灵窍

即星即圣寿老兼全造化根

雷祖殿

雷声发在云云山决有应元府

阳气生于震震地常开普化门

权握雷霆应在云山有宝殿

神通木气当于震地建琳宫

灵官殿

久坐孤峰只为重修宝刹

己全古迹何妨别换仙宫

玉诀无情指点行凶等辈

金砖有眼扶持积善人家

智察秋毫虚做样分明哄尔

神通暗室真功课始可朝吾

赤面红须大造炉中成法相

金砖玉诀圆明镜下净妖氛

三五火车锻炼成空灵法器

百万神将战除去邪怪妖气

鞭下无情恶党凶徒须当退后

砖头有眼仁人君子更要向前

玉诀无情祛邪卫正常应化

金砖有眼护道佑民显威灵

玉诀通神化贤惊愚指示人门鬼头

火轮迅速扫邪扶正踏平欲海孽山

灵光普照愚必惊贤必度一点公心参化育
圣德无私困也济危也扶满腔正气贯乾坤

砖头开慧眼辨是察非明朗朗灵光不昧
圣手运神鞭惊愚骇俗威严严正直无私

孚佑阁

依山圣殿岳阳景
近水仙宫黄鹤楼

三铅妙理分邪正
百字灵文辨吉凶

青蛇剑斩断根尘七返九还皆妙用
黄鹤赋阐明道要片言只语尽元机

背后青锋斩妖邪破混沌采铅花超凡入圣
袖中丹诀度贤哲化愚迷示天梯继往开来

三清殿

得一以清非色非空全大道
无三不化至元至妙会灵元

太清上清玉清一清彻底
是象非象真象万象归空

天地未开混元始气非色非空浑沦沦不可形容总五千法语到头时亦止强
名曰道
阴阳已判灵宝元机或生或化活泼泼最难测识虽八十分身落实处原来微
示其端

幽关度仙才紫气光中传道德
太清留秘录黄庭景里泄天机

作黄庭分神景开万世天人总径
乘紫气别有无为群真道德宗师

位立三元上下中斡旋气运皆归一道
智周万物天地水解脱灾愆总是同心

混元阁

假里藏真混元一气成神室
无中生有妙用当时立圣基

离恨天至元至远欲登圣域须在千峰顶山留心造作
太清宫不见不闻要见真灵还从万象景中下手施为

混元祖气恍兮惚兮圆陀陀直超象外
大道真宗实耶虚耶活泼泼总在规中

混成妙觉非有非无太极图中藏本象
元始灵机至虚至实鸿蒙窍里见真空

混成妙象视不见听不闻无头无尾无背无面归根处浑浑沦沦原本这个

元始灵苗议则失拟则非即实即虚即色即空究竟时活活泼泼还有甚么

吕祖阁

依云山起杰阁风光可配岳阳景
对涧水构仙宫规模即同黄鹤楼

演道证真先在空谷中造就虚灵之舍
化愚惊俗须于要路口凿开众妙之门

无量殿

金阙化身弃假归真开觉路
武当显道调元赞运镇妖气

靖乐分形弃尊贵了真常超凡入圣
元天掌法理阴阳调水火荡怪除魔

靖乐分身原是逢场作戏
武当显道无非醒梦惊迷（无量圣诞戏台）

五龙捧接脱真身已于九龙吐水时洗净尘垢
二气混合完大道早从一气分形处立定根基

足下踏龟蛇坎离相济成大道
眼前有婴姹震兑交欢复元仁

金阙化身靖乐宫中留圣像
玉虚师相元和府里掌天枢

三教洞

均是圣人何分儒释道三教
总归正理要会身心意一家（张阳全撰书）

均为圣人书呆子莫胡批禅和子休强辩破纳子勿乱说试问尔道义方便元
牝果何门户认不明千枝百叶各分歧路
止此心法博学的须力行机锋的慢着空修炼的且寻真当穷这金丹太极牟
尼是甚形容悟的彻万理一贯三教同源

山神庙

威镇陵冈驱虎豹
恩施物类净山林

土地庙

调理阴阳和四象
维持造化养群生

土神处处灵岂仅云台受福
坤德方方厚亦教争秀生荣

位正中宫妙合阴阳和四象
功同上帝全成造化统三元

道岸虽高土地处处灵
仙颜在上坤德方方厚

鱼篮菩萨殿

神居巳作将军庙
吉地重兴自在窝

已往神居无影像
从今庙貌又新鲜

关帝阁

一部春秋尽节全名皆本此
满腔正气为神作圣别无他

志在春秋尽节全名皆从这里生出
心明法语为神作圣俱在个中得来

世间忠勇极多岂徒夫子试想当年土山三约曹营数载矢志全名能感奸雄
动诚真是出乎其类拔乎其萃
宇内节义不少何仅关公但看今日圣像万方香火千秋封王尊帝直教朝野
皆敬实然生则为臣死则为神

阁高凤岭登山者当知凤岭朝龙岭
门对石泉饮水人要晓石泉即玉泉

庙门对石泉奸臣贼子早洗心田朝帝面
圣像当山口义士忠良再抬脚步上云楼

志在春秋明大义振纲常全节尽名精忠不愧武夫子

心明法语悟真空凝神气护国佑民灵应足当大圣人

圣德参天好向龙山安帝座
真灵救世宜于路口起琼楼

义存汉室三分鼎
志在春秋一部书

山别东西前夫子后夫子
圣分文武著春秋读春秋

千秋浩气忠义参天地
万古文光春秋赞圣贤

秉烛春秋大义至今盈日月
忠心汉室英风自古振纲常

青龙偃尽千秋月
赤兔追宗万里风

兵劫几曾经犹留得陇右名山楼中长笛
盘餐何所有最存是春初柳叶雨后松花

关帝阁看河亭

水秀山青未许寻常人领趣
松声竹韵还须脱俗者知音

重山裹抱鸟语花香来此地须尝趣味

曲涧长流金声玉振坐斯楼顿快胸襟

阁外青山重重叠叠艮背难移识趣人须在此间着眼
岩边碧涧曲曲弯弯流行不息知音者还从这里留神

客至空林联芳草
门通幽境归白云

未修杰阁安神座
先立悬楼作祭台

向对凤凰岭
门外有石泉

玉皇殿

妙乐分形三千劫里完功德
玉京说法十七光中化圣凡

道证觉王总在三千苦行中修就
位登上帝原从十七光辉里得来

妙乐分形三千行满果证觉王如来
香岩养道八百功完位登玉皇上帝

妙乐分形香岩养道经历三千余劫完满功德清净自然无等无伦同虚空不坏
玉京说法金阙藏真济援亿万生灵统摄阴阳神通莫比至仁至圣与元气混成

斗母宫

法相森严施展参天手段
慈心普博放开大智光辉

大智光中灵圣相
先天气里法王师

济难扶危无上玄元天母主
扫邪除怪真空妙相法王师

圣出西天左猪右羊生我我生生生不已
光临北斗内慈外恶化身身化化化无穷

老君殿

假借形真紫气光中传道德
随方设教青牛背上显神通

函谷度贤才紫气光中传道德
太清留秘录黄庭景里泄天机

作黄庭分神景开万世天人总径
乘紫气别有无为群真道德宗师

道德灵文正言反言显示人天始母
黄庭秘录内景外景详明性命根源

分气化形出于商显于周史官三就假姓托名维圣世

惊迷破梦演其道论其德玄牝一明立竿见影引群仙

三大士殿

总一菩提须在真空寻本面
是三大士当从妙相就根源

真正狮子非色非空一吼出窟声彻太虚常自在
果是象王即心即佛万法生身光通法界静观音

清静法身不生不灭与乾坤不朽
观音妙相无垢无尘如日月常明

观音妙相非色非空常自在
清净法身即无即有永虚灵

七真殿

南宗要旨早从心印五续时打开宝藏
北派真传已在莲花七朵处指出元功

南宋示教或道或禅修之者均入圣基实腹虚心直指出个中有宝
北派真传若男若女悟了时同登道岸炼形化气须知的象外通玄

圣母殿

树桂栽兰先从好心地上培养根本
生麟产凤早向灵明窍中凝结胞胎

圣母施恩不忍忠臣孝子义士丈夫无后代
慈心度众难教毒汉凶徒恶类孽人有前程

子孙有无多寡劝尔曹扪心审问平日行善若干作恶若干莫昧神明条条数
来必知的源远流长不由天造
男女夭寿存亡叫大众闭目思量闲时居心怎样持身怎样休瞒自己件件察
出决悟得根深叶茂总在人为

心田善时决定根深叶茂
德圆长处必须兰桂腾芳

要好儿孙先种德
欲延世系早修心

男女有无休言命
子孙衰旺总在人

莫道孙儿皆命定
要知男女在人修

心田善时决定根深叶茂
德园深者自然源远流长

保婴借赖神功散
稀豆须凭败毒汤（散花圣母）

观音菩萨殿

谁无自在观音须从宥密中留心礼拜

皆有慈悲净水要在幽独处着意食尝

观音果尔不虚观观到妙音处方离茂庋车
自在诚然还守自自能常在时即见摩轲萨

随处现身杨柳柔枝敲醒痴迷尽脱泥犁苦
寻声济难净瓶甘露浇培善信皆登极乐乡

随处现身千江有水千江月
寻声救苦万里无云万里天

药王殿

一粒金丹龙可治虎可医得心应手
三关妙诀性能全命能保起死回生

石菩萨殿

清净法身不生不灭与乾坤不朽
圆成本性无垢无尘如日月常明

慈光普照旷劫常存方是观音大士
法相圆通万年不坏堪称自在菩萨

石山石座石观音石乳熔成甘露水
金势金形金法相金容现出大慈悲

东岳殿

岳在东庙在西金木交并或德或刑乃维持造化
监其生察其死善恶分明至灵至圣而燮理阴阳

未向灵台修宝殿
先从实地造丹房（先建丹房）

当年古迹全无别选良基安帝座
今日大工重举暗培生气起琳宫（旧基在东山改建于藏灵壁）

凛凛阎罗殿擘镜台上称自然
赫赫神鬼堂地狱门前谁说情（阎府十王殿）

禅寺沟救苦殿

一粒神丹点醒尘寰迷瞪鬼
九头狮子踏翻冥地奈何桥

五色莲台化作慈航开觉路
九头狮子踏平地狱度孤魂

一粒金丹点化千般罪过
九头狮子踏翻六道轮回

五色莲台化慈航超度孤魂野鬼
一枝杨柳洒甘露扫去火坑刀山

妙岩宫大开方便门劝善士再抬脚步早在生前打点

幽冥地尽是糊涂鬼告凶徒另换心肠预防死后折腾

财神殿

遍地有黄金高抬脚步义中取利
到处藏白镪大放眼眶明里生财

高阁连天市即有摇钱树
神光照驼峰还藏聚宝盆

头上有神明存一点良心财源滚滚隆山出宝藏
眼前皆金玉具三分义气福禄绵绵就地作琼林

总圣殿

三教原来是一家有何分门别户
一心归去敬三元只须秉烛焚香

戏楼

靖乐分身原是逢场作戏
武当显道无非醒梦惊迷

云龙桥

云比泰山多年年霖雨苍生岂徒供仙人怡悦
龙如苍海卧面面霖峦翠霭都觉有灵气往来

虚皇殿

庙貌巍峨人杰地灵千古迹

圣恩浩荡民安物阜万家春

白云窝

叠翠堆岚如华岳

眠云枕石即张超

敲开戊己门致虚守静收灵药

钻入鸿蒙窍自有归天脱法身

大佛殿

三世法身净裸裸赫洒洒舜菩多有无不应

一灵真性光灼灼圆陀陀波罗蜜物我归空

如来真如如如自在无来亦无去

寂灭圆寂寂寂常灵不灭也不生

太白泉（楼）

抱来天上麒麟子

送于人间积善家

泉涌峰巅天降瑶池液

阁隐林间云捧太白楼

玉泉长流圣仙水
宝山遍种不老松

山环水抱一溪甘露润金川
脉旺气灵两山青松生紫云

翘首仰仙迹泉也仙山也仙林也仙尔今醉卧太白楼非仙也仙
及时行乐地春亦乐夏亦乐秋亦乐冬来寻诗风雪中不乐亦乐

龙王庙

雨赐时适神功大
物阜年丰圣德宏

新庄沟抱一亭

转身处顿离烦恼
移步时即得清闲

斗室容身小中有大人难识
山居养性苦里生甜我自知

在尘出尘即是蓬莱道路
处世离世居然澹泊家风

暂去西山凭他岭外喧哗闹
且居东岭让我弯中快乐闲

新庄沟静室

斗室容身袖里乾坤无界畔
蜗居乐道胸藏日月永光明

陋室幽闲安身静坐无思虑
山弯偏僻定性深居养谷神

塔院杂联

蒙善士建祭亭新添气象
赖良朋修塔院别是规模

好屋何须大
佳居不在高

屋小多坚固
房低耐九长

基坚房屋稳
地僻住居安（厢房）

初逢鬼谷指真宗始悟身中还有我
再迁仙留传秘诀方知火里亦生莲（祭亭）

有中无无中有悟得时有无不立
空即色色即空到头处空色俱忘（祭亭）

新作道观杂联

身荣必赖德荣贵
人爵更须天爵全（山门）

不沽名不钓誉借假修真
无偏见无私心以公应物（住房）

辛受皇恩兴教积功全职事
敬酬佳客薄茶淡饭表诚心（客亭）

火神庙

火德生民功煊万物催禄马
文星运世光照三台射斗牛

位镇离宫照临八方养育群生全造化
光通坎户周旋七气燥煊万物辅乾坤

光丽于天扶造化
德同夫水合阴阳

坤借离光始见明
水凭火力方相济

德被群生行丙运
功煊万物本离精

赤凤飞空化成万物协坤德
朱陵布气养育群生助水功

铸钟杂联

法鼓三通神明默佑灵钟就
真经一唱邪气潜藏宝鼎成

万善同归造化炉中成法器
诸神暗佑阴阳窍里出灵音

宝鼎修成自此香风通帝座
神钟造就从今圣域有灵音

攻苦三年无朝无夕至此方完夙日愿
辛勤万状有始有终而今已得满腔春

志远心坚谨始全终阶前早立四明鼎
功完行满换新去旧门外又栽百尺杆

自题春联

死里逃生已往独留老命
凶中得吉而今又度新年
（按：刘一明丁丑大病数月方愈，故云）

丘祖堂

分明谭道石
即是定心峰

放佛磻溪磨性石

严然景福定心峰

磻溪下苦功阴气尽消还古极

燕地行方便慈云普布益生灵

为道忘驱证圣成真直教后世良才振志气

遇时利物回天转宿顿使当时帝主发仁心

为道忘驱曾净身曾折肋苦志坚心客气全消还古极

遇时利物或戒杀或禳灾回天转宿慈光普照尽生机

西游妙诀万千文分阴阳别邪正绍前启后慈心不愧龙门祖

北塞忠言三两句转生杀变吉凶益国为民大德堪当帝者师

三官殿

上元中元下元德高望重立华夏千秋基业

天官地官水官励后诸君扶炎黄万代子孙

许清风入座

邀明月登楼（新建八角楼）

金城西关礼拜寺

高阁一声点破春台幻梦

真经几句叫回苦海迷人（叫经楼）

家家屋里藏真主须从不见不闻处归诚礼拜
个个心中有圣人要在至清至静时早悟修持

聚会庭

真主无形先天先地一气浑沦究竟时原来这个〇
圣人有教至正至中诸缘寂静归根处止是些儿一

附：应世联

一点仁心造就长生妙药
三分义气炼就济世灵丹

福禄兼全决在幽独中造就
子孙蕃衍多从隐微处修来

案有奇书展卷时多充识见
座无俗客闲谈处俱益身心

时行则行宜进步时须进步
时止则止得藏头处且藏头

脉本文中满案诗书堪足乐
志宗无咎真心学问不为痴

承祖考遗言尽忠尽孝
教儿孙正道惟读惟耕

安分守常无咎无誉

乐天知命不忮不求

半亩幽园竹柏成林堪慰目
三间草屋诗书满架可陶情

知足持盈退藏于密
敛华就实乐在其中

松竹成丛小园亦有烟霞景
诗书满案暗室常窥天地心

耀祖光宗不从富贵场中做出
穷源报本要在身心事上生来

读圣贤书明善复初方为认得宗祖
了身心事绍前启后才是不忘本源

祖德难忘守正持身全孝道
宗恩要报读书乐业振家声

指下机关参化育
心中枢纽运元仁

十月是生辰冰池气暖磻桃结
八旬开寿宴海岛筹添玉液香

真隐士俗中养道
大修行火里栽莲

世情悟处道情得
天爵修时人爵从

月令小阳春阶下香兰初展蒂
德行多吉事庭前嫩桂早生枝

喜事多归积善家知玉树生枝结子飘香从此日
繁嗣总在耕心地看翠兰献瑞拔茹及汇卜他年

鹑尾生辰金精气凝灵株固
花甲在数玉洞芝香寿域开

高行妇规玉骨冰肌年七秩
自然仙寿鹤胎龟息寿千春

或圣或神同感应
是仙是佛总慈悲

须知有余皆为假
要晓无形却是真

看破尘情不向泥途下脚步
已知趣味须从静地养天年

齿德同尊宾上国
品行相应贯一乡

终身怎报扶持德
殁齿难忘教养恩

六阳气脉茂先德
百忍苗裔仲素行

秉性温恭多年美德传仁里
素行敬谨一旦贤名达帝都

大文章要在伦常中做出
真学问须从道义里生来

如见真心为佛子
若无烦恼即菩提

九

刘一明兴建庙观募疏记

一、重修兴隆山玉皇行宫记

尝思天下事，有得已而为之者，有不得已而为之者。得已而为之者，为之可，不为之亦可，为之其功小。不得已而为之者，为之方可，不为之不可，为之其功大。如兴龙山玉帝行宫，其即不得已而为之乎！

省城东百里，榆中西十里，有争秀山，一名兴龙山，脉本马寒，峙对栖云，峰峦叠翠，松柏参天，砂环水抱，云笼霞飞，诚然一洞天福地也。一岭一壑，俱有神庙，一弯一岩，皆建琳宫，为四方朝拜之名区，合郡祈福之胜境。最巅顶处，有玉帝行宫一院，考之碑记，明时万历二十八年庚子，邑侯王公因旱亢取湫于神泉，沛然下雨，百谷丰收。山西汶水县客人张梅，倡首出资七十金，并募十方，择山顶宽平处，创建玉帝行宫，报答天恩。其后重建有几，无记可考，年远日久，废迹极多，仅留大殿三楹，厢房六间而已。予初居栖云，已破漏不堪，

81

今过三十年，其歪斜倾败，更不忍观。素怀重修之念，因工程浩大，杖头百文，不济于事，未敢轻举。嘉庆十年冬月，清水驿梁公某、刘公某等来山，予偶而言及此事，诸公慨然承当，愿尽力办理。时有西宁生员张某，亦闻风募化，共得银若干。即于十一年二月起工，重修大殿三楹，金妆神像，又开阔地基，窄者宽之，低者高之，重建山门楼三楹，内塑灵官圣像，耳楼四楹，两廊六楹，厨房二楹。将至完工，讵意霖雨数月，山门地基走窜，木石俱脱。当斯时也，钱粮费尽，欲罢不能，束手无策。适逢萧关谢君某与侄某，来山探予，见此败工，愿为完全，复化银若干，重又兴工大作，添补材料，一气全成。又铸神钟一口，以彰神威，并建禅寺沟孤魂殿一楹，神像一尊，厨房一间。前后共化银若干两，共费银若干两。一时美轮美奂，鸟革翚飞，俨然金阙云宫，蜃楼瑶台，别一规模矣。

是举也，梁刘诸公倡首于前，谢君叔侄完工于后，不有倡首之人，神殿几废，不有完成之人，大工难就。如诸君者，皆不得已而为之者，其功顾不大哉！更望后之君子，时为修补，永远长新，其功之大，亦无量矣。是为记。

二、迎善桥记

桥名"迎善"，何由而名之乎？争秀山为兰郡之名区，榆中之福地，每年六月圣会，来往朝拜进香数千人。若遇峡水泛涨，咫尺千里，彼岸难登，止有望空长叹而已。旧有唐公桥，山水冲崩多年，人病于涉渡，虽后有善士重建，亦仅数年朽坏。榆中土瘠人贫，钱粮缺乏，即有善士，心有余而力不足，香客多虔诚而来，拂幸而去，香火不旺，大失名山作福之景象矣。嘉庆九年，乡约魏某、郝某，奉邑侯李公命，募化十方，共得银若干两。于是察其水性急缓之势，相其河形宽平之处，帮岸筑堨，创建桥梁，迎接朝拜善士，兴旺灵山香火，此迎善桥所由名也。

其桥创建于嘉庆九年，重全于嘉庆十二年，前后共费银若干两。桥成之后，恐其久而有伤，复约同心善士若干人，各出资财，攒簇制钱若干文，生息备患，作长久计。是举也，不惟迎人之善，而亦行己之善，利人利己，善己善人，其在是欤？更望会中之人，与会众后人，常怀迎善之心，时为修补，永远长存，不致有伤，则神人俱幸，功德无量矣。

三、重建迎善桥记

争秀山，一名兴龙山，与栖云山东西对峙。两山为兰郡州邑朝拜祈福之灵区。中间石峡，曲屈十余里，有大溪一道，长流不息焉。其源出自马寒山，西至分水岭，东至鹁鸽崖，大小沟涧众水会合，自争秀山根流过，出峡口而去。每逢六月朝拜之期，或值溪水泛涨，波浪涌猛，朝拜者阻隔，往往望山焚香而去。

乾隆二十八年，有邑侯唐公，建造桥梁以通来往。十数年间，暴水冲崩，城复于隍矣。三十年间，有总圣殿会众，仍于旧址之处，砌石成埧，建桥一通，以复古迹。八九年间，又被冲崩。嘉庆九年，邑侯李公，命乡约魏某郝某等，择其水势稍缓之处，募化十方，又建桥一通，名曰迎善桥。工完之后，附近众善信士，各捐资财，攒簇制钱若干串文，在外营利，每年补修，以为长久之计，名曰迎善会。讵意十五年六月，夜半大雨，复被暴水冲崩无迹，前工俱废。呜呼！四十余年，三兴三废矣。

迎善会众，不忍坐视，公议重建，以全前愿。但时值年荒，会众所捐资财有限，不济大事。无奈募化十方，得来制钱若干文。相其形势，改其埠坝，于上桥之下，下桥之上，依山破石，缺者补之，碍者镂之，低者填之，高者削之，大梁在上，扶梁在下，栏杆以防险，护板以围梁，校之旧桥，高而且大，稳而且坚。桥头两岸，西建牌坊三楹，东建亭子一楹。就山修道，河底大石帮砌，路边造作石栏，中道建立小坊，接连旧日牌坊路口。工完之后，又于桥西建立东西厢房四间，招人居住，打扫道路，并防牛羊残伤之患。更将所余钱文，与旧会所存钱文，在外营利，仍备修补之费。

是举也，起工于嘉庆十五年七月，完工于嘉庆十六年五月，各项共费制钱若干文。以此大工，成就于大荒之岁，若非众心一心，感格神明，暗中默助，何能至此？自此而往，香客无病涉之苦，神庙有长明之灯，更望后之君子，当忆创造维艰，勿废迎善之事，幸甚！

四、重建兴龙山关帝阁水火楼记

国朝首重祀典，凡御大灾，捍大患，有益于人民者，无不祀之。独于关帝，敕封"神武灵佑仁勇大帝"，春秋二祭，与至圣先师相配，得享太牢，特以大帝屡显灵应，护国佑民，凡有血气者，无不沾惠焉。

金邑西十里，有兴龙山，为兰郡之灵区，祈祷之福地。中抽一脉，曲折而下，节节有庙。落河一嘴，龙虎环抱，流神旋绕，朝应有情。上有大帝殿三楹，不知创建于何代，重修有几次，无记可考。破墙之中，藏有木牌，上载"乾隆三十三年，金县把总林启明重修"。观其形势，亦不过将就旧料，仅护神像已耳。至今五十余年，木朽墙裂，风雨不蔽。来往香客，见者心酸，望者神悚，因其工程浩大，无有敢妄动者。

余居栖云，修工三十余年，蒙诸神默佑，不忍坐视，嘉庆十八年，意欲募化重修，以妥神明。方当举工，附近众善士，闻风发心，不约而合，或捐或化，共成大工。细审旧基，三面悬崖，窄而且陡，帮筑甚难，开阔掣肘。爰是斩削东崖，移泉改路，别筑地基，离虚就实，扭转坐向，起建东楼三间，上坐圣像。帮修旧基，立客亭三间，实底虚檐。南北各小游廊三间，东楼南角立厨房二间，北角立库房二间，山门之外，南北各立穿路小楼一间，南坐水星，北坐火星，取水火既济之意。移立石菩萨殿，改削石像，成全后半之工。又开展地基，立道房四间，并作周围墙垣，上下三层，接连一气，配合成局。

是役也，起工于嘉庆十八年七月，告竣于十九年九月，共化银若干，共化钱若干，共化粮若干，各项共费银钱若干，前后一载有余。窄者阔之，低者高之，小者大之，虚者实之，败者兴之，画栋雕梁，鸟革翚飞，神像光彩，香烟笼谷，龙山生色矣。

五、重建栖云山朝元观记

天下事，有出人意中者，有出人意外者。出人意中者，成于勉强，人为之。出人意外者，成于自然，神为之。如金城栖云山朝元观之重建，其即出人意外乎！

今之朝元观，即古之朝元庵。《金县志》"八景"载为栖云仙阁，闻其名即知其实。然诸神殿宇废没已久，其所存者，仅灵官殿一楹而已。当此之时，道场变为荒山，净地易为茂林，径路莫辨，人足不到。基址且不知，复安有重兴之举也？

庚辰岁，予访秦、李仙迹于其上，但见五峰罗列，四面拱朝，脉来马寒，门迎白虎。藏灵壁、清波涧而迎首；苍龙岭、舍身崖而拥后。翻影庵、九宫台，笼烟霞之色；炼真崖、谭道石，留仙人之迹。偃月炉、冲虚台、脱洒台、风月岭、五图峰，皆在指顾间耳，诚然一大名山也。予爱山水之佳，因留其地，重开径路，为来往有心者游览，实未有意重修其山也。时有善士大发心愿，募化钱粮，托予督工，重建北峰诸殿，并山底洗心亭、均利桥、道房，岁余成工。

噫！此真出人意外者也。然此犹未为异，更有出人意外者，真异而又异者也。予云游数载，复来西地，二上栖云，适遇张君某来访，复有动工之念，留予再为培植。予曰："善人有意，予谨遵命。"工未举，又有谢君某、赵君某、狄君某、张君某、王君某，共成善事。予于是命徒众斫林破山，先修路径，次挖南峰旧基，深七八尺，得柱石八，又三尺许，得柱石四，则知其屡兴屡败，非仅一次，由来已久。予遂主意成其大工，复其古迹，重建南峰磁瓦混元阁两廊、山门楼、厨房、静房、冲虚台经亭、后山门马灵官楼、东峰雷祖殿、中峰斗姥殿、半山寿星庵、西峰王母宫、北峰二仙洞、白云窝、朝阳洞、山底丘祖堂、上天梯、山门孚佑阁、澹然亭、福缘楼，并道房、碑亭、客庭、棚房，山上山下，共大小六十二间，共费银若干。起工于乾隆五十一年，告竣于五十五年，前后五年。五峰上下，焕然一新，别是风光矣。谢君首领捐银若干，置买香火田地，张赵王诸君，亦各捐银若干，共置水旱地若干亩，以为长久计。

噫！是神力乎？是人力乎？吾不得而知之。真有出人意外，莫之为而为者。后之君子，若有体诸君之心，感诸神之灵，而或时为修葺，时为培植，则名山福地，永远长新，为兰郡之保障，甘省之灵区矣。是为记。

六、兴龙山记

榆中之西七八里，有大峡口，中有清溪一派，长流不息。金川之地，藉赖浇灌，百里庄村，皆受其惠焉。由峡口而入，约五里许，当峡有藏灵壁，如屏塞门。过壁数武，忽然开阔，有东西二山，对峙而列，西曰栖云，东曰兴龙。二山脉本马寒，各自分支。兴龙山自白崖子岭过峡，突起祖宗，从鹁鸽崖旋至尖山子白草原，曲折而来，水星行脉，至新庄沟起太阴金星障，偏抽一脉，到头起顶，开成仙人大坐形。中落一脉，徐徐而下，至山口溪边而止。龙虎砂长抱，凤凰岭为案，清波洞为带，大凹山、凤凰嘴、黄石崖、栖云山皆为朝应，秀气聚内，松柏参天，峰峦敦厚，叠翠堆岚，烟笼霞飞，鸟鸣鹿游，景致不可尽述。

自山底迎善桥而过，上登天梯云路，不数武，旁崖有山神洞。过洞曲径而上，有滴水岩，稍上有关帝阁，门外有玉液泉、水火楼，泉头有石菩萨殿。再上有豁落峰灵官殿，后有三大士殿，路左有伽蓝殿。直上有大佛殿、药王殿、圣母殿。盘路而上，左有小径，登里许，有三教圣人洞。顺大路曲曲弯弯而上，约二里许，出石岭，岭西尽头有无量殿，岭之中平处有三官殿，右大弯有三官泉，稍上有将军庙、鱼篮菩萨殿、玉皇行宫，最高处有虚皇殿。一岭一壑，俱带秀气，一峰一峙，皆有奇观，真福地也。

考之古碑旧钟之记，东西二山，总名"栖云"，绝无"兴隆"之号。明末之时，满山神庙，皆遭贼火焚毁。国朝康熙年间，渐有善士重建。士人以其山败而复兴，遂以"兴隆"名之。噫！不但失其山之名，而并失其山之实，山灵有知，岂甘之乎？夫山有以形势名者，有以神居名者。以形势名者，如五台山，山有五台而名之；峨嵋山，山似蛾眉而名之；云台山，山似云堆而名之；太白山，山有白石而名之；崆峒山，山以空灵而名之；九华山，山有九峰而名之。以神居名者，如武当山，山为真武福地而名之；景福山，山为娄景栖迟而名之；茅山，山为三茅真君修道而名之。时人以此山名"兴隆"，既失形势，又非神居，不知有何取意？或者又云：古有兴福寺，山宜以"兴隆"名之。依寺名立山名，更失之远矣。况"兴隆"二字，似乎商贾字号，何足以配灵山？其山出身雄勇，形势有力，起伏活动，到头起顶，有如龙兴之状；且山有灵泉，神龙居之，遇旱祈祷，兴云降雨，如谷传声，亦有"兴龙"之意。若以二山分名之，西山既名"栖云"，东山宜名"兴龙"以配之，龙生云而云从龙，两山相对，名实相当，可以永传。昔唐公易名"争秀山"，松花道人易名"兴云山"，盖皆知其名与山不相当矣。争秀、兴云，其名虽佳，然人普称"兴隆"已久，不能更移。今以"兴龙"名之，龙、隆同音，字易而音不易，顺口而呼，不知不觉，日久自然以"兴隆"为"兴龙"矣。且于形势神居兼有之，庶不失名山之雅号也。

七、谢氏善工记

尝思世间见一善事，而即兴起作为者，固难其人。能作为而有始有终，终以全始者，更难其人。至于终以全始，瞻前顾后，不使久而废弛，永远长新如初者，更不易得其人也。

榆中栖云山朝元观，明末之时流贼作乱，满山庙宇皆被焚毁，惟有灵官殿一楹尚存，朝拜者皆不登山，行路者俱不上望，已为荒凉草木之坡。乾隆四十四年，予云游至金，访秦李仙迹于其山，适逢众善士意欲重兴道场，复还古迹，留予督工经理。爰是重修灵官殿，新建三清殿、黑虎殿、山底道院。工已及半，番逆作乱，兰城人民遭殃，募化钱谷大半落空，不能告竣。时有谢君讳祥者，固原义士也，与予为方外交，来山调病，见此败工，慨然捐银一百三十两，上下诸工，始得完成。又独建均利桥一通、五图亭一楹、朝阳洞一处，培补风景。栖云古迹，虽未全复，望之已有名山景象矣。五十一年，众善士复兴大工，重建混元阁、雷祖殿、斗姥殿、王母宫、后山门马灵官楼、寿星庵、白云窝、山底山门楼、福缘楼、客亭道房。谢君与其弟祯、禄、福，同诚助捐银三百三十余两，又倡首捐银五十两，约众善士置买常住地，安住持焚修香火，二次共捐银五百余两，俱有碑记可考。噫！可谓有始有终，终以全始矣。及谢君辞世，乃郎思孝、思弟，每年捐助零星补修之费，十余年来，约有二百余金。嘉庆十八年，思孝独执百金来山，付予曰："云山阴盛，土木不耐久长，祈将此项设法安排，以备他年修补之费，庶乎永远长新，不至前工枉费方妥。"予因其念出至诚，遂将此项在外营利，以防不虞。但恐久后住持独吞入私，任其殿宇残败，有负善人功德，故将原由刊石垂后，一以彰谢氏兄弟父子相继作善之事迹，一以为住持每年补修之成规。

　　噫！自明至今，一百七十余年，附近之人，小就不能，谢氏居于千里之外，而父子相继，缕续捐助，约计八九百金，始而帮成大工，终而防后以备不虞，真世间不可多得者，其功其善，可与栖云并传不朽矣。

八、栖云山香火地记

　　尝思建庙观，所以报神明；安住持，所以续香火。香火兴旺，全赖住持；住持久远，尤赖养膳。养膳足而住持久，住持久而香火旺，香火旺而庙貌长新，神明安妥，风调雨顺，年丰岁稔，合邑吉庆矣。

　　栖云山朝元观，即古朝元庵，由来已久，为兰郡朝拜之名区，祈福之胜境。自唐宋迄明，称为福地。明末年间，流贼作乱，满山堂庙俱遭火焚，古迹泯灭，惟有半山灵官殿一楹存焉。悟元道人于乾隆四十四年云游至此，目睹心伤，遂募化十方，历三十余年，或重建，或添建，满山殿宇，重复一兴，较之古迹，加倍增盛矣。考之古碑，香火田地，四至分明，甚是宽阔，多被俗家承粮占去，难再复回。本山香火养膳，止有国朝康熙三十年间，周、李二姓，争开和尚沟久已开除钱粮荒芜坡地一处，蒙县主批断，永为栖云山香火田地。其地每年收租，仅有石数而已。上下殿宇甚多，焚修之人不少，养膳缺乏，难以招众。功德大施主谢某、张某、赵某、王某等，共同商议，量力捐资，或置买民间地，为住持焚修之用，或开垦官山界内地，为零星补修之费，以作长久计。其计诚善矣，但恐年远日久，或有俗人租种，私自承粮霸占，以为己业，或有住持不守本分，偷卖俗家，败坏常住，或有别庙嗔恨争夺，均未可定。今将原有与续置各地方四至田亩，备细开明，俱载于石，永为千百年凭据云尔。

九、栖云山朝元观新开新庄沟山坡地记

栖云山朝元观，古刹也，不知创于何代，无记可考。相传明末之时，遭贼火焚毁，仅存半山灵官殿一楹。乾隆己酉岁，悟元道人云游至此，募化重建，经十二寒暑，诸神殿宇始得完工。奈何山高阴盛，一冻一消，数年之间，即有损伤，若不随时修补，崩塌之患必不能免。但殿宇甚多，常住澹泊，万不能年年募化。悟元道人虑及于此，乾隆五十五年，同阁学绅衿刘某、杨某，并乡保朱某、李某等，共同商议，将兴龙、栖云官山界内沙坳沟，即今新庄沟，古来开过已荒多年坡地，仍复开垦，作栖云山朝元观零星补修之费。因无绞用，彼时未便举动。嘉庆四年，原修工功德主众人，量力捐资，共得银若干两，遂开庄基一处，住房八间，五年开过地四十余塙，其余荒坡，以待续开。口粮人工，共费制钱若干文。其已开者，后续开者，或住持自种，或外人租种，所得租粮多寡，一半作为住持养膳，一半作为零星补修之费。恐其年远日久，或住持独吞入私，或有俗人霸占，或有别庙争夺，均未可定，故将开地原由，勒之于石，以为永远凭据云尔。

十、创建栖云山三清天真玄坛诸殿记

古人有"闻一善言，见一善行，若决江河，沛然莫之能御"者，吾闻其语矣，未见其人也。若创见栖云山诸殿则有异。金城东百里栖云山，南连马寒，北对虎丘，东共兴龙而并秀，西与凤岭而争奇，且双峡水锁，百峰拱朝，或开或合，形如落凤，或起或伏，势若飞龙，诚甘省之名山，兰郡之胜境。唐宋时神殿甚多，香火兴旺，称为洞天福地焉。至明朝，或移或毁，仅留灵官殿焉。数百年来，远近游人，几不知有栖云矣。庚子秋，予因信士葛某善愿，监修灵官殿工毕，路过阿干镇炭山，适逢狄公讳某者，问余曰："栖云工告竣否？"余曰："已告竣矣。"公曰："衰败已久，仅一小殿，何能大兴？"余曰："殿后有台，相传谓三清宫旧基，公曷发心成此功德？"公曰："道人若为代理，吾虽无力大成，亦可小就。"遂倡首捐制钱若干文，募制钱若干文，遂起建三清磁瓦殿一楹，玄坛磁瓦殿一楹。省城崔公某姜公某等，共捐募制钱若干文，起建天真殿一楹，山顶道房四楹，洗心亭道房五楹，楼房三楹，牌坊二座，悬楼一楹。一时诸功德不约而合，各工并兴。起工于庚子秋八月，告竣于壬寅夏五月，岁余而鸟革翚飞，美轮美奂，俨然洞天福地，数百年埋没之景色，复见于今日。如诸公者，可谓言行不亏，勇于善事。自今而后，吾闻其语矣，吾见其人也。

十 刘一明兴隆山碑记

一、悟元子《栖云歌》

乾隆庚子（1780）中秋，悟元子月夜独步栖云山，以饱满的热情写下了赞美兴隆山西峰的《栖云歌》。全诗共八十四句，以七言通俗语高歌栖云胜境。现摘引部分文字：

"庚子中秋无事游，踏遍栖云五峰头。恍惚神入昆仑顶，杳冥身到希夷楼。栖云山中有美景，多人见之不领赏。只因云深路崎岖，所以当面都看冷。美景美景大非常，超出万象角胜场。松柏参天藏幽径，烟霞半岭锁仙庄。""东山环抱西峰迎，东龙西虎性合情。""我到栖云我甚乐，避去名利重天爵。忙里修补有漏因，闲处施舍济人药。有时自歌自己和，有时行住或坐卧。万缘俱空得自如，任他日月眼前过。此中滋味口难言，只许简约不许繁。扫去一切有为法，开坤塞艮固本原。本原真诀价千金，我今狂言结知音。不知谁是知音者，看罢河洛问天心。"

碑文行书，共15行，满行39字，余行20字。拓片宽0.58米，高1.06

米。拓片存榆中县档案馆。

二、兴隆山道教戒条碑

一、□□□□□□□□□者责四十，摘巾。

一、□□□□□□□□犯者断眉，摘巾。

一、□□□□□□□□□者摘巾。

一、□□□□□□□□犯者断眉摘巾。

一、□□□□□□□十方，犯者责四十，摘巾。

一、□□□□人财物，初犯者责四十再犯者摘巾。

一、戒不得唆拨是非，初犯者责四十，再犯者摘巾。

一、戒不得赌博耍钱，初犯者责四十，再犯者摘巾。

一、戒不得假装□人，受人供养，犯者责四十。

一、戒不得□哄幼童出家，犯者责四十。

一、戒不得收俗家年幼女徒，犯者责四十。

一、戒不得吃酒生事，犯者责四十。

一、戒不得出外唱道情，犯者责四十。

一、戒不得偷□□游，犯者不得入常住，欲入者责四十。

一、戒不得欺大压小，犯者责四十。

一、戒不得无故入俗人家闲坐，犯者责四十。

一、戒不得偷□□游，犯者不得入常住，欲入者责四十。

以上十六大条须皆禁戒。如有犯者，大众即照戒条从重处治，勿循私情。

嘉庆十年岁次乙丑桂月中浣吉日刻石

碑文楷书，共 19 行，满行 21 字，余行 7 至 20 字。碑宽 0.62 米，高 0.36 米。此碑前半部残缺约四分之一。原在兴隆山旧庙壁间嵌镶。1983 年左右移榆中县博物馆保存。

三、重建元天上帝行宫记

（碑原立兴隆山之栖云山元天上帝行宫）

　　榆中西十里，有兴龙山，与栖云山对峙，峰峦奇幻，泉石秀丽，竹苞松茂，鸢飞鹊鸣。一嘴一壑，俱立神庙；一台一湾，皆建神宫。为兰郡之保障，金邑之福地，四时朝拜进香者如云之集焉。其山庙宇居多，昔年好善信士，或建或修，俱可观瞻。惟有西岭落头一峰，上有元天上帝行宫一处，年远日久，破损不堪，风雨不蔽。不知创于何代，考之古碑，上载大明万历二十一年重建，其后重修有几，亦无可考。

　　乾隆四十年间，马坡、窑沟、河湾、哈班岔三府五庄善士，重修大殿三间，道房六间，□□十间。□□四十余年，仍□败坏。嘉庆二十一年秋月，五庄信士不忍前人善功泯灭，共同商议，各捐钱谷，帮助小工。因其工程浩大，所费极多，又募化十方，一应土木并兴，经之营之，重建正殿三间，山门灵官元坛殿三间，厢房六间，道房一间，厨房一间，钟亭一间，一气成功。无者有之，小者大之，窄者宽之，短者长之，美轮美奂焉。鸟革翚飞，画栋雕梁，焕然一新，较之旧宫，别一局面。从此神妥人安，香烟缭绕，霞光笼罩，风调雨顺，物阜年丰，理有可决。是役也，起工于嘉庆二十二年春正月，告竣于秋九月□□□。钱贰佰柒拾叁仟伍佰壹拾玖文，共费粮三石四斗五升，前后数月而大功成就。如有神助，绝不费力。

　　噫！若非众人一心协力相助，焉能如此成功之速？更望后之君子，当思前人创造维艰，留意照看，时为修补，则永远长新，而不至于圮毁矣。

　　　　　　　栖云山道人悟元子刘一明撰文

　　　　　　　皋兰南乡约正□业刘廷亮书丹

　　　铁笔颜富德大清嘉庆二十二年岁次丁丑九月谷旦立

四、悟元大炼师刘老先生之塔
（又称"悟元山人碑记"）

先生原□□□□□□□一明，道号悟元子，又号素朴散人。□□□业□□□□曾遇异人□□□□□□□□□□□□□初居于南之□□□□炼身心，修桥□□□□□□□人缘。久之西□甘省，行之□□□栖云山，山水□□□□□于南峰之阳□□□□洒，迥绝俗尘。注释三教经书二十余种，□□□□，承先启后。在儒则有《三易注略》、《周易阐真》；在道则有《□□□》、《参同解》、《悟真解》、《敲爻解》、《黄庭解》、□□□□□诸解，□□□著前后《辩难》、《□□□》、《神室八法》、《会心集》、《指南三书》、《栖云笔记》等书已行于世。皆□□□演龙虎之密慧业前生良友□也。一时四方□□□□□□□□□人远来求教者甚多，且素精岐黄之学，登山问病者实繁有徒。先生婆心济物，不论富贵□□□□□□□□□□□□□□□皆如愿而往，以故活人极多。不惟不耻其利，而是不计其功□□□□□我之心，真足令人感念□□□□□□□□□□□□□□树成林□为护守。以先生之仁慈靡涯□□□□□先生结宇于栖云之巅□□□□□□□□□□□□改观□□□海市蜃楼，仿佛乎琳宫玉宇。盖地灵而人杰，人杰地灵，未尝不叹造物□□□□□□□□□□□□□□□□仙□道于此。以先生八十余岁，苍松下指，道貌岸然，□□□□□□□□□□□□□□所交远近厚友，因其预造冥塔已成，求予作文表彰功德，□□其所闻行藏大略以□□。

赞曰：秉性温恭□□，□□□□□□。□□□□□，□□□□□□。谁□立论辨难，修桥补路立行。栖云□基初开，□□□□□□□，□□□□□□。一生作为如斯，灵山永留名姓。

□□□□□□贡生王者佐顿首拜撰

弟子唐琏沐手书丹

大清嘉庆二十年□□吉日立石

　　碑两面文，楷书。上为碑阴之文。环首。碑宽0.71米，高1.50米，厚11厘米。此面文字不少被磨平或被水泥糊得不清楚。碑阳正中写"悟元大炼师刘老先生之塔"，两旁镌金县、皋兰、狄道、清水、固原、靖远诸地"交友"姓名近百人。碑原在榆中兴隆东山慢湾的刘一明墓前，"文革"中被拽之山下作他用。七十年代末移至榆中县博物馆保存。

五、恩师刘老夫子号悟元之塔

　　恩师刘老夫子，山西人也。讳一明，号悟元子，又□□□□□□□□□□□□□□□□□广记□□□□□□□□□理无不□□□悟年□二十即□□□□□访明师至甘肃□□□□□龛谷老人，指示性命大略，入正门。迟滞一十三□□汉□又逢□□□□仙留丈人，按其药火细微。于是有为无无，前后一以贯通，□□□□。自得二师真传，遂托医道，混俗和光，云游四方。行□□川，见其地云□□，埋名晦迹，易形变像，如愚如痴，日夜不寐，锻炼精神，二年有余，渐有知者传扬。于是南游过秦州，入栈道，至□□□□山，开□接众，以□□鸡麻峪河修桥补路。磨砺身心，岩居穴处，与虎豹为邻，魍魉作伴，生死不计，辛苦不知。工毕回凤，因见常往道路□□□去凤四十二□□随处济人。旋至榆中，访秦李二仙古迹于栖云山，见其山青水秀，藏风聚气，喜而居之。其山乃古刹之地，荒废已久，仅有□□□□□□□重为开造，满山庙基一概重建复旧；又将兴龙东山残败诸殿亦皆修补光彩。二山庙宇三十余处皆焕然一新。师居栖云四十余年，□夜则注释经书，百般辛苦，人所不堪，师晏如也。注著经书凡二十五种，皆□十方大力，已经刊刻行世□。于是远近学人常来求教□□，师来者不拒，往者不追，因人指教，量材开导，聪慧者亦其要领，鲁钝者引入正门。不论贤愚，皆知存诚去妄，改过自新，受其□□□多。因其□众门人，感戴恩惠，嘱予作志。予不敢辞，谨述师之始终行藏以垂后云。

赞曰：幼喜清闲，长闻道□。混俗和光，□□□□。明其□□，□守位□。启后绍前，独弦绝□。平治路途，苦辛□□。功完行满，□□召□。（以下字被磨光不清）

□□□□□丁丑秋八月吉日

碑两面文，楷书。上为碑阴之文。环首。额篆"班续香风"四字。碑宽 0.69 米，高 1.55 米，厚 13.5 厘米。碑阳正中竖书"恩师刘老夫子号悟元之塔"。两旁题"众俗弟子"，有洮阳、西宁、韩城、皋兰、固原、金县、凉州等处姓名共 60 余人。额篆"恩垂不朽"四字。碑原在榆中兴隆山刘一明墓塔前，现存榆中县博物馆。

六、刘老夫子赞并塔铭

以灵悟彻太元，一志掀翻后先。混俗和光住世，逍遥自在随缘。栖隐云山演道，阐真四十余年。三教圣人秘旨，洋洋发泄精研。辟邪扶正功大，警俗度迷愿坚。有功不自居德，功德洵无际边。行完名注紫府，传诰顺时承天。羽化金蝉脱壳，崇山筑塔长眠。噫！道气长存于宇宙，慈云普覆于大千。

其塔铭曰：巍巍宝塔，体象玲珑。前后朗彻，内外圆通。天地化育，无始无终。虚实完毕，不色不空。寥寥独立，寂寂山中。包罗万象，三十六宫。仪耸峙而同华岳，世瞻仰而并衡嵩。

大清道光元年岁在辛巳正月初六日沐恩弟子唐琏敬题

碑文楷书，共 16 行，行 2 至 12 字。实物原在榆中兴隆山刘一明墓，现已不存。拓片纵 0.42 米，横 0.80 米。存榆中县档案局。塔铭书题者唐琏（1755—1836），字汝器，号介亭，皋兰著名书画家，是刘一明的俗家弟子。

七、兴隆山三元殿香火地记

尝闻建庙宇所以报神明，安住持所以续香火。香火之兴旺，在乎住持之焚修；住持之久远，在乎养膳之丰足。养膳足而住持久，住持久而香火旺，香火旺而庙貌永远长兴而不败矣。三元殿香火地亩，昔者刘老夫子重修殿宇报答神明者而开置也。原东秦家湾大阳洼有旱地二段，约计九塅。李子悠湾山庄一处，共地二十塅。大凹山庙湾子地三塅，庄头顶大地一段计六塅，水路上下地二塅，瓦窑滩地二塅。每年住持，或自种，或租种，作为香火补修之用。自今而后，神妥人安，香烟满空，风调雨顺，物阜年丰，则云于后耳。

> 住持道人还苦子康本祥撰文
> 后学六代孙春和子李合謨题书
> 金邑铁笔匠杨成广栋梁氏刊
> 咸丰岁次庚申年八月吉日敬立

楷书，共 9 行，行 13 至 25 字。碑宽 0.57 米，高 0.84 米，厚 7.5 厘米，碑在榆中兴隆山太白泉太白金星楼上。文中所言"刘老夫子"即指刘一明。

十一 《悟元恩师云游记》

唐琏绘刘一明三十六幅画像及注释

导 语

　　唐琏（1755—1836），刘一明俗家弟子，一生坎坷，因为家庭贫苦，少年时就辍学，不幸于20岁丧偶，终生不复娶妻。24岁起拜栖云山道长刘一明为师，常住栖云山，跟随刘一明学道学画，形影相随，耳闻目睹，潜移默化，对恩师刘一明的生平足迹和艰难历程以及宏愿伟业有着深刻了解和诚挚敬仰。他根据刘一明弟子张阳志著述的《素朴师云游记》，绘制了《悟元恩师云游记》画传三十六幅。

　　此三十六幅画像最初的保管流传历程已不可考。直至近代，据已95岁高龄的赵学俭老先生回忆说："1937、1938、1939年日本飞机三次轰炸兰州，尤其是1939年12月26、27、28日连续三天多架飞机轰炸兰州。时任兰州白云观住持的董明正道长担心观内保存的唐琏绘制的刘老夫子画像和遗物毁于战火，亲自坐着马拉轿车将三十六幅画像和刘一明生前挂过的一副拐杖、用过的一副象棋送到了兴隆山胡明清、张理新二位道长处，托其保管留传后世。"胡明清道长是赵学俭老先生的干爹，对赵学俭聪慧好学、虔心问道给予厚望，并口传心授，盼其成才。20世纪50年代，胡明清道长曾语重心长地委托赵学俭将这三十六幅画像和遗物保存传世，赵学俭因此事责任重大，没敢接受。

据已故兴隆山道士吕信道文字记述，他本人是兴隆山峡口村人，他听兴隆山峡口村王鼎文先生说：20世纪60年代，他在兴隆山道观见过著名书画家唐琏为其恩师刘一明的出生及修炼始末画的连环画像，内容丰富，生动逼真。60年代后期，部队进驻兴隆山，将山上所有道士迁下山居住，有部分道士回了原籍或别处谋生，大部分道士在兴隆山下的峡口村专门组建了道士生产队，有的道士看水磨，有的道士管菜园，有的道士放牲口，张宗仁也是峡口村道士生产队的一员。可惜这份珍贵艺术品在兴隆山道士张宗仁羽化后，当时正抓阶级斗争批判牛鬼蛇神，王鼎文又是村党支部书记，怕别人发现，自己和众人受到牵连，他将张宗仁收藏的所有画作和遗物书籍等亲自装到张宗仁的棺材里埋了。

时隔三十年后，时任国家级自然保护区兴隆山管理局的孟学彦局长，为了收集挖掘兴隆山道教文化遗产，曾设想能否将这件珍贵艺术品和兴隆山道教文化遗存掘墓开棺重见天日，但一方面考虑到因时间太久装在棺材里的画作和遗物是否已经腐烂了，再加上其他种种原因，设想未能实现，成为一件憾事搁置下来。

直到2000年9月14日，《兰州晚报》整版刊登了甘肃省博物馆秦明智先生的文章，提到省博物馆所藏唐琏的人物画中，有三十余幅连环画作品，是为恩师刘一明作的画传，并登载了刘一明的画像。据已故原榆中县旅游局局长单进仓先生口述,他和县博物馆退休的张孝贤先生亲自去省博物馆查看受阻。

2003 年,吕信道道长在自在窝幸遇兰州宣传部门工作的何大宏先生,得到了其大力支持和协调,在兴隆山管理局旅游管理处金元洲先生和冯康喜先生鼎力协助下,兴隆山管理局出资 2000 元作为拍摄费,《悟元恩师云游记》三十六幅画像才得以面世(据推断,王鼎文先生说唐琏绘刘一明三十六幅画像装在张宗仁的棺材里埋了应该是误传。画像如何从张宗仁先生手里传至省博物馆,据甘肃省考古研究所退休的张宝玺先生口述,1964 年甘肃省考古研究所和省博物馆对全省的文物古迹进行考古调查时到过兴隆山,该画作应该在考察时被省博物馆收藏)。

自然子吕信道道长又根据张阳志所著《素朴师云游记》和有关资料,对此三十六幅画进行了注释。三十六幅画的标题均为唐琏自题。因吕信道羽化,画作由单进仓先生(吕信道的学生)和兴隆山管理局蒋婷霞提供。这三十六幅画作在 200 多年的传承和保护中,经历了无数风雨,凝聚着无数仁人志士的辛劳和智慧。今天面世,是对无数先贤志士的慰藉,也是对历史文化的传承和弘扬。

（一）刘一明画像

悟元老人，方圆脸，黑黄色，微须，高五尺余，常穿蓝色道袍。道号悟元子，法名一明，是全真教邱长春真人门下第十一代弟子，山西省平阳府曲沃县人。生于清雍正十二年九月十九日寅时。前半生云游天下，访求高明。自四十六岁栖居自在窝，住甘肃金县兴龙山四十二年，开坛设教，度化世人；重修东西两山殿宇楼阁等七十余座，使名山败而复兴；著注经书，阐扬道脉。清道光元年正月初六亥时坐化于兴龙山新庄沟墓洞中，享年八十八岁。

（二）参黄粱书生自叹

　　悟元老人，自幼习儒，志图功名。尤好技艺，医卜星相、地理字画俱皆留心。百家之书，凡所见者，亦必略观大意。年方一十七岁，一日闲看《吕祖传》，至黄粱梦故事，自叹曰："人生在世，富贵荣华，百年岁月，瞬息间耳！古往今来，谁人打破？昔祖师因梦大觉，出尘超凡，得证天仙，至今一千余年，普度群生，隐显莫测，不知熬煞多少世路英雄。真乃出乎其类，拔乎其萃者。我求功名，将欲何之？"遂有物外之思焉。

（三）辞高堂甘肃求医

　　悟元老人在青少年时代，因素日读书功苦，有伤劳之症，久治不愈。自思严君贸易甘肃巩昌（陇西县），数年未归，一则赴西省亲，二则寻觅良医，调治沉疴，遂辞母赴西，时年一十九岁矣。

（四）泾阳县偶遇异人

悟元路过泾阳换脚，闲游关帝庙，见廊下坐一道者，蓬头垢面，目如朗星，声如洪钟。问他曰："子有疾病乎？"他答曰："有。"道者曰："吾有灵应膏一方，能治子病，今传与子。然能治病，不能治命。世有金丹大道，聚气凝神，延年益寿，子急访之。"悟元叩拜受方而回寓。其方：生姜四两、茯神三两、神曲二两、朱砂一两、晋枣肉调和为膏，随饮食任意服之。

（五）瘟疫病梦游仙洞

　　悟元至巩昌省亲后，服灵应膏，旧病顿去。三月后，复染瘟疫，昏迷不醒，止有微息。恍惚游至深山，步入一谷，行至山门，一道童迎之曰："尔何氏子，来此何为？"悟元道姓名，求引一游，道童许之。引入一院，松柏荫浓，鹳鹤飞鸣，知是仙府洞天，非人间俗地。忽庵后一老人出曰："尔得来此地，系是有缘。"即赐食赐茶。少顷拜辞，老人取画轴授之曰："此画赠子。"悟元展示之，乃画紫竹一科，其叶交错，隐隐有"清静"二字。悟元拜受出门，忽然惊觉，乃是一梦。浑身汗珠滚滚，疾病全消，四肢爽快。

（六）铁木山更衣变相

悟元暗思："神仙如此清闲快乐，我何必恋世情，自寻死地？一时三寸气断，枉来世间一回，有何实济？"又忆泾阳道者之语，定非虚谬。于是一心慕道，访求高明。朝王暮李，东询西问，所遇缁黄，皆野狐葛藤之语，依教乞食之辈，并未有一人稍知正理者。因看《悟真篇》，方知大道幽深，遂思远遁。暗置道服，昏夜出城，单身只影，数日至会宁铁木山，风雪交加，四顾无人，脱去俗衣，改换道服，隐姓埋名，寻师访友，时年二十岁矣。

（七）黄家凹路逢豺狼

　　悟元由会宁过靖远，至黄家凹大山之峡，遇群狼截路。他左右支持，正在危急，忽山坡一牧童奔来，并力驱逐，方得脱难。过大山，至开龙山潮音寺挂单。

（八）开龙山法王指路

悟元在开龙山潮音寺挂单，其寺有神自号"法王菩萨"。是夜，悟元梦走山路，有一猴持棒挡路，悟元以净铲击之，忽然惊醒。第二天，神前请事，代神传言之人大叫悟元俗名（刘万周）。悟元叩问："何所示？""群狼挡路有否？""有。""梦中见猴阻路有否？""有。""此皆吾也。"遂嘱曰："尔目前凶多吉少，可暂住吾山，待时而行。"悟元住山，适逢观音会期，神曰："吉星来临，尔可行矣，速往西方寻师，必遇高人。异日得志，莫忘今日。"悟元感谢再拜下山。

（九）小菴谷拜谒恩师

　　悟元离开龙，过靖远，走金城，闻金县小菴谷峡有菴谷老人者，原籍广东人，俗姓樊，时而儒服，时而道冠，行迹异常。即往叩谒，皈依门下。悟元居山峡中，日夜攻苦，细研经书。老人一日忽问曰："尔近日有悟否？"悟元曰："无。"老人曰："圣贤心法，不在文字中，其妙义俱在言外，不得真诀，枉自猜量。若不多遇明人导引指点，如何能大彻大悟？新营镇有疯子田道人者，饥寒不顾，生死不惧，乃修炼志士，曷往见之？"

（十）新营镇参见田疯子

悟元奉命而往，将入城门，见一人蓬头垢面，破衣跣足，靠墙而卧，及问乡人："此是何人？"答曰："此田疯子也。"悟元即市食跪奉。道人笑颜而食之，问曰："尔何来？"悟元曰："自龛谷峡而来。"道人曰："来有甚事？"悟元曰："为性命事。"道人曰："吾乃疯癫人，只是日图三餐，夜图一眠，除此之外，别无一知，若问性命事，回问尔师。"悟元三问而三答如是。悟元不解其意，拜辞而回峡，以是述师。老人曰："此知道者，但有头无尾，止可修性，未能造命。"

（十一）搭那池破野狐精

　　当时悟元亦未解其意。住峡日久，大事不明，遂叩辞老人，在外云游。行至搭那池凤凰山歇脚。此时在山挂单道人十余众，相集讲道，或言服食、或言采战、或言打坐、或言搬运，各拈门户，争论是非。悟元退而叹曰："如是为道，便是谤道。若非遇恩师指点，几被此等门户瞒过，耽误一生，可不畏哉！"悟元醒悟，复至开龙山叩谢神恩。

（十二）奉师命回家探亲

　　悟元开龙叩谢神恩，遂游至海城米粮川，适逢严君寻觅相见。回至巩郡（陇西县）月余，二造龛谷，老人曰："孝道不可亏。"悟元曰："无常迅速，性命难保，奈何？"老人沉吟良久曰："吾有保身之术传汝，放心回去，先尽人事，再办己事。"悟元叩求曰："恩师若大发慈悲，敢不奉命。"老人遂以毒蛇引路之诀授之，复戒之曰："得了手，闭了口，勿轻泄也。"悟元得诀后，从前疑惑尽释，畅然归里，暂慰二亲。时年二十二岁矣。

（十三）看丹经三造龛谷

　　悟元奉亲之暇，对证丹经，始知师所授者乃全角之道，非延命之术。第二年入秦，三造龛谷，叩问端的。老人曰："药自外来，丹向内结。"又曰："先天之气自虚无中来。尔当极深研几，细心穷理，仍须先尽人事可也。"悟元遂叩拜恩师，怏怏而回，疑终不释。时年二十三岁矣。

（十四）托求名京都访道

　　悟元回晋后，严君恐其外游，遂捐国学，使务举业。悟元即托求名之事，游京都，潜访明人。来往二次，五年有余，未遇大匠。因母有病，以书召回。时年二十八岁矣。

（十五）借行医河南寻真

　　悟元医治母病愈后，即游河南。明行医道，暗访高明，三年有余。所遇缁黄，皆葛藤野狐之语，曲径旁门之事，求其稍明圣道门户者，绝不可得。即返晋省亲。时年三十二岁矣。

（十六）红沟桥徐师不遇

　　悟元居家数月，复游平阳、汾州、太原，凡所过州邑乡镇，名山胜境，无不寻访。二年有余，枉劳跋涉，慨叹回里。适逢严君病故巩昌，急赴西奔丧。居巩数月，欲往金县谒师，龛谷老人已东游秦川矣。闻汉上徐公高明，遂往谒之。徐公原与龛谷老人同受道于白石镇梁仙人者。他往汉南数月，未得遇面，知其无缘，怏怏而回。

（十七）仙留镇齐师传真

　　悟元路过仙留镇，闻有齐丈人者，乃成道之人。悟元访问谒见，丈人问曰："尔师有何指示？"悟元以毒蛇引路之诀禀之，又以"药自外来，丹向内结"并"先天之气自虚无中来"之语陈之。丈人曰："尔悟否？"悟元曰："前事明，后事不解。"丈人取《论语》一本付之曰："汝看此书去。"悟元接书后，前后细阅。丈人以丹法火候细微授之，曰："此事须要下二十年死功夫，方得见效，尔其努力无怠，吾将隐矣。"悟元奉诗曰："一十三年未解愁，仙留镇上问根由。而今悟得生身处，非色非空养白牛。"时年三十五岁矣。

（十八）假疯魔夜渡汾水

　　悟元自汉南返巩，料理诸事，急搬父柩回晋。闻龛谷老人居凤翔太乙村，路过往谒。至其村，方知老人已羽化矣，大失所望，凄惨而回。返晋至里，择日送葬。大事完毕，办理家务整齐，意欲灭迹。遂装疯卖癫，日久家人不防。一日夜中，换穿暗藏旧衣，日常所穿衣服尽皆抛丢满院，连夜出门，渡过汾水。

（十九）隐姓名周游三边

　　悟元渡过汾水，天明已到绛州地界，无人认识，易名金寓吉。自此缓行，渡禹门，过蒲城、庆阳、延安、定边，至灵州居焉。时年三十六岁矣。

（二十）灵州城混俗和光

悟元居灵州一年，明则医道济世，暗而打炼身心，混俗和光，方圆应物。间或见孤贫老幼，怜悯周济，便为俗子所惊。心曰："弹丸之地，不可久居也。"遂去灵州，至宁夏。

（二十一）宁夏城易形变相

悟元至宁夏，观其地脉，贺兰争秀，黄河绕流，俗朴民淳，大有古风，悟元喜之。住居数月，有李子东明、阎子绣庵来访，诚敬日久，绝无懈怠之意，悟元遂以实言告之。二子曰："先生若居此地，我二人愿护持之。"悟元即易形变相，破衣垢面，歌笑于闹市，睡卧于街衢，人皆以疯汉目之。

（二十二）三清台垒塔下苦

悟元城南拾柴解闷，遇见三清台地僻静雅，暗思此地可以炼魔下苦。其台系当年大观，为宁镇名区。乾隆二年，地震数月，神殿墙垣，俱皆摇塌，道场变为废地矣。悟元于台下搬砖弄瓦，垒砌小塔，自歌自唱，伴月炼魔，外虽辛苦，内实快乐。

（二十三）观音殿更换衣衫

悟元后移西北城角观音堂，日夜不睡，亦如三清台之苦。时有《观音堂二十四曲》以乐道。一日在城外游，偶遇同学米师，邀至堂中，相伴下苦。不意米师尘缘太重，致他魔障百般，曾有《五更词》以自叹，于是去开龙。时年三十七岁矣。

（二十四）住开龙降除妖怪

　　悟元离开三清台，三上开龙，行踪不定，前途未卜，心绪不宁。一日辗转反思，朦胧中一群青面獠牙、赤发红须、持刀弄杖的妖怪将他团团围住，悟元左冲右突难出重围，危难之中，忽而大叫"吾命休也"，耳听半虚空中朗声喝道："悟元不必惊慌，此妖是尔心魔所生。心乱则魔生，心静则魔除！"悟元惊醒，一身冷汗，其境顿悟，从此潜心修道。

（二十五）游秦川择选灵基

　　悟元离开宁夏后，游固原、平凉、彬州，过梁山，至凤翔，留心灵地，以为久远计。所历之处，皆未可意，遂入栈道。至凤县住居数月，闻岭南南台山为凤邑之胜境，即往山游戏。登临眺望，双峡水锁，四兽有情，中耸一岭，跌落三层，脉旺地灵，藏风聚气，喜而居之。

（二十六）南台山接待往来

　　悟元住持南台，时有门人弟子数人访至，即令开垦山地，接待来往。常住者十余人，或来或往者不计其数，留心采取道器者并无一人，遂作《解三省》四曲以叹之。

（二十七）麻峪河补路修桥

　　悟元自知功行不大，多生障碍，独至秦岭麻峪河，修桥补路，以结人缘。与虎狼为伍，魑魅作邻，犹如不知。磨砺身心，锻炼志气，如是数月，工完出峪而回山。时年三十九岁矣。

（二十八）二郎山死里逃生

　　悟元初居南台，看常住道人，并无实心顾众者，遂西游甘肃，肋挂药囊，随处济人。过两当、徽成、西和、礼县，至岷州二郎山菩萨洞挂单。时届中秋，忽四大不收，百脉俱息，自知时候已到，谨闭六门，无识无知，如是七日。忽一道童，持净水一盏、红药一丸，扶悟元曰："可服此药。"服之少顷，顿觉精神爽畅，踊跃而起，问："是何人来此扶持？"童子曰："当年故人也。"悟元细观之，方认得是元真师兄，共叙离情，再拜救命之恩焉。

（二十九）三足洞凶中得吉

悟元离二郎山，西至三足洞挂单，夜半静坐，月朗星稀，忽寒风透骨，隐隐现出一怪，牛首红发，身长七尺，手执扳刀，直奔面前。悟元大喝曰："是何怪物？不得无礼！"怪大声曰："吾乃牛首精灵，特来尔家借宿。"悟元曰："尔有尔家，我有我家，何得冒宿！"怪大怒，持刀来砍，悟元初以一字诀咒之，怪不敢前；再以《五厨经》诵之，怪不能遁；又以《大洞经》制之，怪倒地下，遂以净铲除灭之。时年四十岁矣。

（三十）栖云山成全指南

　　悟元老人把《阴符经注》、《敲爻歌解》、《百字碑注》、《西游原旨》、《修真辩难》、《修真九要》、《修真后辩》、《神室八法》、《无根树解》、《黄庭经解》、《金丹四百字解》等十一种道家修真著作合成一集，名之为《指南针》，作为修真指南。要求门人，人手一册，反复阅读，领悟精神，指导修行。所以称"栖云山成全指南"。

（三十一）遇至人传留法眼

　　清乾隆丙申，悟元独游于南台深处，不觉步入幽谷。有一黄发丈夫，见悟元问曰："尔何人氏，焉能至此？"悟元道其来因姓字。丈夫曰："此地非世人所到，尔既来之，便是有缘。"悟元问其地名姓氏，丈夫曰："此窍名鸿蒙窍，此庄名太和村，我无名氏，隐居此地一万五千年矣。尔到人间，不可妄泄。"丈夫复引悟元至一高峰空壑，曰："此即大道，便可归家。"悟元拜别，倏忽到家。这个境界，非色非空，似有似无，杳杳冥冥，恍恍惚惚，只可自知，付于无言而已。

（三十二）访仙迹重开栖云

　　悟元老人由西宁旋至河州、狄道，转金县，闻有栖云山，乃秦李二仙修道之处，即赴山往访仙迹。神庙基址有踪，栋宇无迹，仅有灵官殿一楹尚存。他收拾铣镢镰斧，至山修路。行一人之举，汇信众之力，历时二十余载，建三清殿、黑虎殿、五图峰、均利桥、混元阁、经柱亭、东峰雷祖殿、西峰斗母宫、后山门马灵官楼、半山寿星庵、西岭王母宫、东崖白云窝、北峰二仙洞等。其后每年接续修补，添建北斗台、朝阳洞、三圣洞、碑亭、牌坊、各殿道房等。

（三十三）兴龙山重修殿宇

　　悟元老人待栖云山建修完成后，又投入兴龙山的重建。建王灵官殿、三大士殿、圣母殿、三教洞、鱼篮菩萨殿、玉皇行宫、灵官楼、禅寺沟孤魂殿、迎善桥，重开净水泉，重建关帝阁、石菩萨殿、杨四将军庙、东岳台、大佛殿。两山神殿，俱皆败而复兴矣。

（三十四）自在窝成全经书

　　悟元老人居栖云，开山建庙，非仅修工而已，特借修工苦炼身心耳。
日则打尘劳，监管修造；夜则著注经书，阐扬道脉。日夜辛苦，无有
宁时，然他乐在其中，苦不知也。著注经书《三易注略》、《周易阐真》、
《参悟直指》、《道德会要》、《西游原旨》、《指南针》、《会心集》
等，还有《栖云笔记》和《眼科启蒙》等医书六种。借知音善士之大力，
俱皆刊刻行世。

（三十五）绝尘缘良贾深藏

　　悟元老人在兴龙山修建庙宇三十余年，著解经书亦三十余年。当两山神工告竣之时，即书工刻刊方完之时，亦是老人寿八十有二之时。此时内外事毕，心无挂碍，身没劳苦，安居自在窝，静养精神，一切外事，皆不应酬，与世无与矣。时有《绝言歌》以书怀，取其心愿已了，再不于文字中作事也。

（三十六）移塔院休歇养静

　　悟元老人自知明年立春要回归源头，所以抽平素闲暇之时，自卜吉地于兴龙山新庄沟山顶之阳，乙木行龙，坐艮向坤，辛戌水口。相识善人预为之箍墓洞，建冥塔，立祭台，修围墙，以备临时方便，办事龙飞。清道光元年正月初六亥时，老人忽入墓洞而坐，呼集众门人，嘱以"性命为重，功行为先"，言毕脱然而逝。享寿八十有八。众门人遂封墓口焉。

十二

刘一明书画、碑刻、刻板、书影择选

导 语

悟元子著述等身，兴复名山，德范功行，彰显后世。其书法绘画更是精美绝伦，因年代久远又经历非常时期，其书法绘画作品存世极少。今节选其部分书法作品包括书序、题字、崖刻等，以彰显刘一明文化之一斑。

刘一明撰书的数十处崖壁石刻虽然经历了数百年的风雨侵蚀，但其书法功力神韵犹存。可惜刘一明亲笔撰书的诸多碑刻存世无几。现存的寿字石刻是栖云山朝元观王诚德道长从峡口村农户家猪圈墙上寻得，分数次背回朝元观。"寿"字被农户截为三截，用做打土基的基石。刘一明的绘画作品存世少见，仅存其绘制的《栖云山全图》石刻拓片，显示了他高超的构思技巧和绘画功力。

栖云、兴龙东西两山刘一明修建的73座道观大部分毁于"文革"。山神洞、朝阳洞、自在窝、二仙洞等因石洞和砖石砌筑而幸免于难，还有栖云山观音阁、邱祖阁两处建筑因部队占据而未拆毁，其余建筑全遭毁灭。甘肃省考古所张宝玺研究员，榆中县旅游局单进仓先生以及吕信道道长给我们提供了栖云、兴龙两山道观的老照片，留下了珍贵的历史记忆。县博物馆征集的兴隆山碑刻、拓片以及住山道士收集的石碑残存均为难能可贵的文化见证。

　　悟元子的所有著述均在自在窝刊印行世。榆中县档案馆藏有悟元子的自在窝刻板著述，种类齐全，保存完整。我们择选的悟元子著述书影由榆中县档案馆、单进仓、孙永乐提供。自在窝藏经洞藏有刘一明著作刻板达上万余块，这些珍贵的历史文物在"文革"时期被兴隆山周边的农民背走，有的写上"忠"字挂在农户门首，有的被用作切菜板，有的被雕制成冥币印板惨遭毁坏。更为可惜的是，兴龙山龙王殿住庙道士赵至忠曾将上千块经板秘藏在炕洞里，70年代，峡口村生产队农民拆炕积肥时，将经板全部焚毁。现有少数自在窝刻板幸存于榆中县档案馆、兴隆山道士、民间收藏家手中，我们拍摄的刘一明撰述刻板由95岁赵学俭老先生、赵祥田、赵祥彪等捐赠，还有栖云、兴龙两山宫观管委会主任岳信清道长提供。庆幸的是，经板虽毁，所印著作早已走出自在窝而广布于世，才使灿烂辉煌的刘一明文化源远流长。

西游原旨序

西遊記者，元初龍門教祖長春丘真君之所
著也。其書闡三教一家之理，傳性命雙修
之道。俗語常言中，暗藏天機，戲謔笑談處
不敢洩者，真君洩之一章一篇皆從身體力
顯露幽隱，古人所不敢道者，真君道之古人所
行處寫來，一聲一意俱至真履實踐中揣
出其造化樞紐修養竅妙，無不詳明且幅可
謂拔天根而鑽鬼窟，開生門而閉死戶實還
返本之源溪歸命三階梯懷之者主
儒即可成聖立，釋即可成佛立，道即可成
仙不待生十萬八千之路而之藏真經可

刘一明书法《西游原旨序》（出自《道书十二种》）

取不必遠八十一難之苦而一勃斗云可遇
不必用降妖除怪之法而一金秪梆可畢盡
西天取經演法華金剛之三昧四眾白馬盡
河洛周易之天機九九歸真明參同悟真
之奧妙千魔百怪劈異端傍門之差作穿
歷異邦揭腳踏實地之工程三藏收三徒而
到西天能盡性者必頂至命三徒歸三藏
而成正果能了命此還當修性貞觀十三年
上西古再回東貞下有還元之秘要如來
造三藏真經五遁取一藏傳世三五有合一
之神功全部要旨此立作此其有禪於虛
道海茫于陵學者且淺鮮哉悟澈道佺

刘一明书法《西游原旨序》（出自《道书十二种》）

國

象旭未定興義妄議私揣僅取一藥之間。恐猿意馬畢其全旨且註脚每多戲。譫之語矣然之辞嘻此群一出不特埋沒遊。之心亦且失誤後世之志士伎千百世不知。西遊及何書者皆自陋氏始其道窒尚可言。乎繼興或目以頑空或指為執相或猜以操戰。下和不得不泣玉也戰。我親為閏丹千枝百葉各出其說覓見閱遍。奇之怪之不可枚舉此孔子不得不哭麟。國朝悟一子陳先生真詮一出諸說頓息數百年。埋沒之西遊至此方浮釋然夫但其辞雖。精其理雖明而於次第之間仍未貫通俟

刘一明书法《西游原旨序》（出自《道书十二种》）

当年原旨優不能盡乾未免盡美而未。盡美耳予今不揣愚魯於每回三下每三。推敲佃微註釋有已經悟一子道破著此。復贊有遺而未釋三而逐節逐字分晰。厲次貫串一氣芙包藏卦象引權經書。並不一之釋明俾有志於性命之學者原如。要做一目了然知此西遊乃道教一家之理性。命雙修之道庶不惑於那説淫辞誤入異端傍。門之途至於文墨之工拙則扎予之所計也。者

大清乾隆四十三年歲次戊戌和秋三月素
樸散人悟元子劉一明自叙於

刘一明书法《西游原旨序》（出自《道书十二种》）

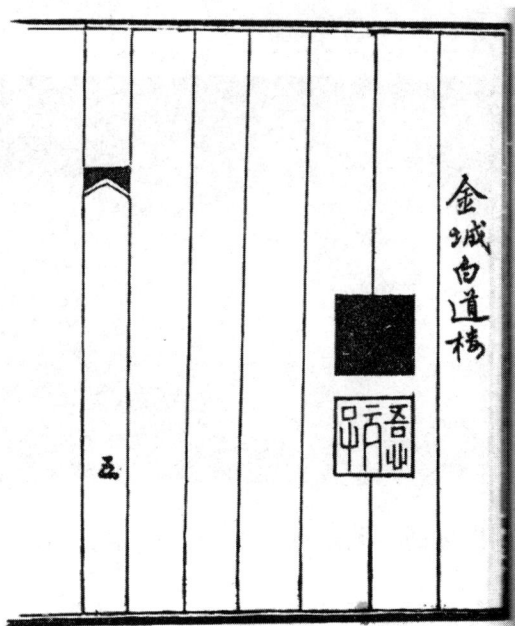

刘一明书法《西游原旨序》（出自《道书十二种》）

刘一明题写的"朝元观"石刻（王诚德道长捐赠）

刘一明题写的"寿"字石刻（王诚德道长捐赠）

刘一明撰书"朝阳洞"（刘一明修真处）石刻

刘一明撰书"朝阳洞"（刘一明修真处）石刻

栖云二十四景之一"白云窝"崖壁石刻（刘一明书）

栖云二十四景之一"寂静岩"崖壁石刻（刘一明书）

兴龙山滴泪岩旁石壁上刘一明书"枕流"石刻

栖云山混元阁背后石壁上刘一明书"面壁石"石刻

栖云山石壁上刘一明书"熊耳石"石刻

栖云山石壁上刘一明书"三台岭"石刻

栖云山石壁上刘一明书"谭道石"石刻

栖云山山根101省道旁石崖上"南台道人扶生子开路"石刻
（这一石刻是刘一明住山时期的文化遗存）

147

石刻栖云山全图

　　原石镌刻描摹了栖云山全山寺庙及自然景观。上有黄石崖、太白山、栖云岩、马寒山、经亭、九宫台、谭道石、寿星庵、朝阳洞、灵官殿、二仙祠、白云窝、雷祖殿、无量殿、翻影庵、清波涧、朝元观、上天梯、福缘楼、风月岭、猴见石、燕家凹、偃月炉、泰山殿、关帝庙、上祖堂、舍身崖、面壁石、炼真岩等。乾隆五十年己酉（1789），悟元子绘画。

　　刻石原在栖云山，"文革"中被毁。拓片存兰州碑林。刻石高94厘米，宽50.5厘米。碑上部自右到左题"栖云山全图"5字。碑身绘栖云山图，左上角题"大清乾隆己酉秋日悟元子写图"13字，楷书，下钤"方外人"白文印、"悟元子"朱文印。左下角楷书题"铁笔颜登举"5字。颜登举是刘一明俗家弟子，他刻写了刘一明大部分撰述经板及崖壁石刻。

兴龙山虚皇殿刘一明书残存砖雕匾额

迎善会会规志碑

三元殿香火地记碑刻

栖云山通天柱石刻

刘一明书"寄调四边静"（见《会心内集》）碑刻

迎善桥（云龙桥）石碑

刘一明墓碑

（刘一明冥塔建在兴龙山新庄沟，"文革"时期被毁，墓碑遗落民间。20世纪70年代，榆中县博物馆征集收藏，墓碑被清水驿乡农户打土基做基石，碑文毁坏。碑文为刘一明弟子唐琏撰书）

刘一明墓碑

（黄宗伟收藏捐赠，被农户截为三截，用作打土基的基石）

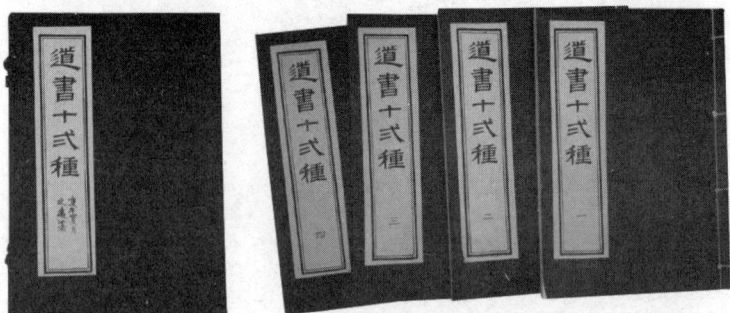

《道书十二种》书影

（河北省道教协会监制，1995 年北京印刷，据清乾嘉道闲长君护国庵本并光绪上海翼化堂本校勘补缺影印）

自在窝刻本《道德经要义》《道德经会要》《心经解蕴》《金刚经解目》
（孙永乐藏本捐赠）

自在窝刻本《沙胀全书》《眼科启蒙》《瘟疫统治》《杂疫症治》
（单进仓藏本捐赠）

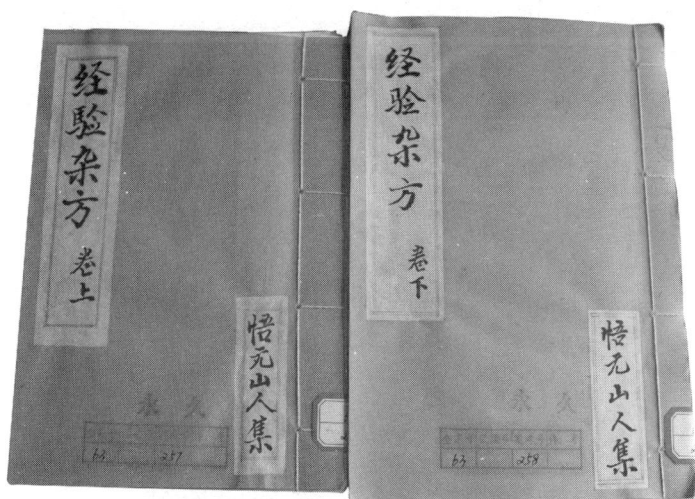

自在窝刻本《经验杂方》（榆中县档案馆藏本）

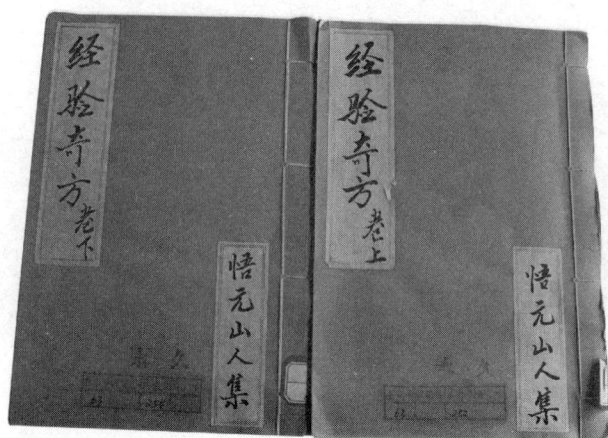

自在窝刻本《经验奇方》（榆中县档案馆藏本）

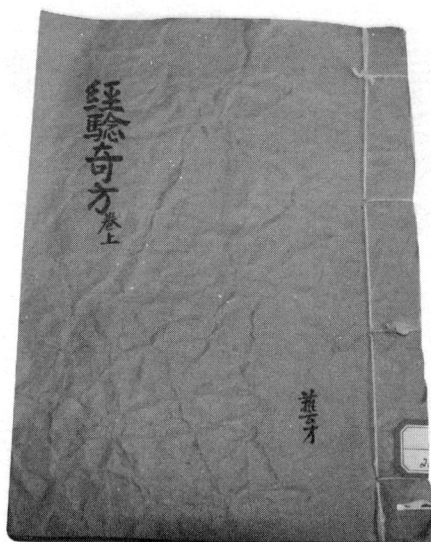

栖云山自在窝刻板《经验奇方》（榆中县档案馆藏本）

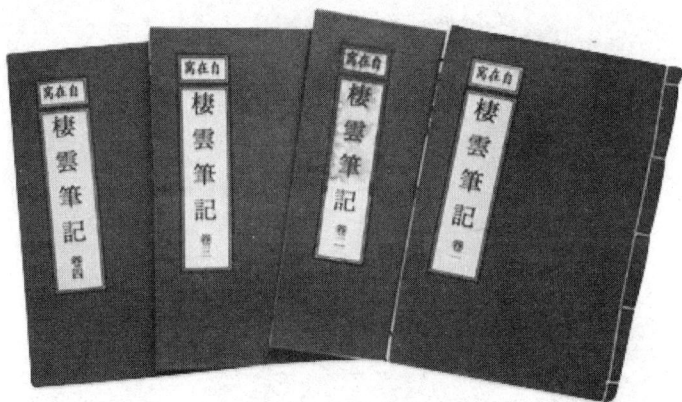

自在窝刻本《栖云笔记》（单进仓藏本捐赠）

自在窝刻板《栖云笔记》（榆中县档案馆藏本）

自在窝刻本《西游原旨》（榆中县档案馆藏本）

自在窝刻本《悟真直指》（榆中县档案馆藏本）

自在窝刻本《参同直指》（榆中县档案馆藏本）

自在窝刻本《孔易注略》（榆中县档案馆藏本）

自在窝刻本《周易阐真》（榆中县档案馆藏本）

自在窝刻本《会心内集》（榆中县档案馆藏本）

藏经洞刻板

藏经洞刻板

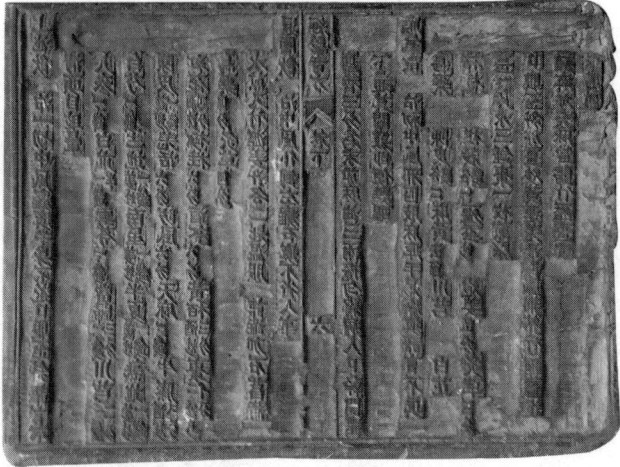

藏经洞刻板

藏经洞刻板

藏经洞刻板

藏经洞刻板（赵学俭、岳信清、赵祥田、赵祥彪提供）

十三

刘一明创建栖云、兴龙两山道观老照片

导 语

　　一代宗师悟元子刘一明在清代乾嘉年间兴建的栖云、兴龙两山成为道教名山，昔日道观林立，建筑辉煌，在非常时期惨遭拆毁。为了留住历史的记忆和文化遗存，我们走访了原甘肃省文物考古所研究员 82 岁的张宝玺老先生，他为我们提供了 20 世纪 60 年代全省文物普查时他在兴隆山拍摄的一组老照片，还有原榆中县外事旅游局单进仓老局长拍摄和收藏的兴隆山部分老照片。这些老照片为我们留住了昔日兴隆山辉煌建筑的剪影和历史的记忆，为我们寻根兴隆山历史文化提供了宝贵的资料，将为恢复名山做出贡献。

栖云山全景（单进仓提供）

兴龙山太白泉（单进仓拍摄）

1954 年在东岳台庙观召开道教协会大会时的合影（单进仓提供）

凤凰山东岳台庙宇全景（单进仓提供）

兴龙山娘娘殿全景（张宝玺拍摄）

娘娘殿大殿（张宝玺拍摄）

兴龙山三官殿（单进仓提供）

兴龙山三官殿大殿（张宝玺拍摄）

兴龙山无量殿无量祖师神像（张宝玺拍摄）

栖云山混元阁大殿（张宝玺拍摄）

迎善桥（今云龙桥，单进仓拍摄）

十四　刘一明兴隆山道脉传承源流觅考

吕信道　单进仓

导　语

　　刘一明于清高宗乾隆十八年（1753）九月访金县（榆中）拜龛谷老人，并皈依门下，赐法名一明，号悟元子。据道光金县志记载，龛谷老人，俗姓樊，广东人，师承陕西汉南（今陕西安康县）白石镇梁"仙人"，全真龙门派第十代传人。

　　刘一明为兴隆山开山祖师，住栖云山42年，在他的大力弘扬下，兴隆山一跃成为西北道教圣地。栖云山朝元观说法讲道道众如云，兰州白云观、水车园道观、榆中县城的庙坡山等道观都归属栖云山朝元观管理，据《栖云笔记》、《金县志》等有关史书记载，刘一明的道家弟子和俗家弟子达上千人，这一时期是兴隆山道教的鼎盛时期。

　　自1779年刘一明住栖云山至今已历时二百余年，有很多史料随着日月的流逝而遗失。幸喜的是，栖云山全真龙门派第二十五代弟子吕信道和有志之士单进仓先生携手共济，十年砺胆，查阅典籍，走访名士，整理编撰了《刘一明兴隆山道脉传承源流觅考》，记述了刘一明兴隆山道脉传承弟子十六代249人。根据当年兴隆山的盛况推想，刘一明道众弟子肯定有不少被遗漏，但就刘一明兴隆山道脉传承史料完整性而言，《觅考》不愧为一部兴隆山道教史。

自1983年以来，全真龙门派第二十三代弟子张宗义又成为兴隆山开山道士，修炼课徒，修复道观。根据原榆中县道教协会秘书长孙永乐先生提供的史料和榆中县道教协会会长、兴隆山东西两山宫观管委会主任岳信清道长的记述，笔者又亲赴栖云、兴龙两山实地考察，走访道士，拍摄考究，进一步完善了《觅考》。兴隆山现有住山道士3代24人，东西两山修复庙观31处。

前 言

我师空静，兴隆山人。前半生从教，桃李遍地。后来虔心研究道教历史，特别是对全真龙门派第十一代弟子刘一明十分尊崇，对其名著《道书十二种》视为珍宝，多方求购，苦心钻研。观其书，学其人之德，明其人之道，近年来写了不少心得感受，十分珍贵。

我因从事旅游业，兴隆山尤为道教名山之一，它的光辉历史给后人留下了难忘的一页。但寻根溯源，对兴隆山道教活动一知半解，历史踪迹所知更少。适逢我师热心之人，托他收集道士史谱，经过近十年之努力，访名士，查资料，其劳苦之结晶《兴隆山刘一明道脉传承源流觅考》（以下简称"道脉传承源流觅考"）已问世，十分难得。特别是《太上混元邱祖真人百代派》可谓兴隆山道教源流之珍宝，应妥为珍藏，世代相传。《道脉传承源流觅考》中遗漏及不足难免，望专家学者进一步考证弥补。

学生中觉于兴隆山

乙卯年五月五日

兴隆山刘一明道脉传承源流觅考

太上混元派邱祖真人百代派

道德通玄静真常守太清一阳来复本合教永元明
至理宗诚信崇高嗣法兴世景荣惟懋希夷衍自宁
微修正仁义超升云会登大妙中黄贵圣体全用功
虚空乾坤秀金木性相逢山海龙虎交莲开现宝身
行满丹书诏月盈祥光生万古续仙号三界都是亲

兴隆山以历史悠久、人杰地灵、山青水秀名闻天下，更是一座道教名山，据《神仙纲鉴》记载：公元前 1120 年，西周时就有人在此修行。公元 156 年，东汉张道陵传道以后，这里便有了道士和简陋的建筑。公元 627 年唐太宗李世民执政时，这里大兴土木，建造了很多庙宇。《栖云笔记》记载："唐宋时神殿甚多，香火兴旺，称洞天福地焉。"到 1195 年南宋宁宗庆元时，道教正乙派十七代弟子秦致通、李致亨二仙在此修道。清代乾隆嘉庆年间，悟元子刘一明开山传道，后有众仙客踵迹而来，使兴隆山更加繁荣昌盛。群峰高峻，和气贯通，庙宇重叠，雕梁画栋，磬钟时响；百鸟欢唱，山花放香，郁郁松涛，红叶映斜阳。

正乙谱为：怀玄抱真道合无为食素守默
　　　　　保光图和致虚冲阳承化弘先

第十一代：

刘一明

全真龙门派第十一代弟子悟元子刘一明，师承全真龙门派第十代弟子龛谷樊老人，住兴隆山自在窝四十二年，修炼课徒、修建庙宇、

173

著书立说、弘扬道法，使兴隆山败而复兴，成为道教名山，应为开山祖师。

第十二代：

张阳全　冯阳贵　康阳全　张阳志　马阳建　刘阳精　李阳新
李阳益　闫阳和　李阳观　刘阳宗　任阳固　唐阳璇　吴阳晋
王阳建　陆阳现　赵阳宝　康阳静　刘阳先　马阳净　卢阳鋈
杨阳进　王阳贞　雷阳和　范阳震　魏阳诚

第十三代：

康来绣　魏来成　贾来宾　刘来庆　赵来发　王来烈　裴来本
唐来秀

第十四代：

魏复林　郭复祥　夏复恒

第十五代：

王本贤　梁本中　康本祥

第十六代：

达合明　曾合典　杨合恒　彭合真　朱合瑜　杨合明　马合真
王合兴　李合英

第十七代：

金教立　孙教林　李教元　罗教荣　段教顺　李教慧　周教成
李教镇　石教玺　苏教文　吴教林

第十八代：

康永会　杨永清　杨永瑞　姬永畅　孔永吉　冯永全　杨永春

王永吉　　王永希　　张永甲　　陆永奎　　黄永秀　　王永西

第十九代：

刘元贞　　余元吉　　焦元乾　　赵元善　　马元海　　任元顺　　蒋元禄

王元慧　　曾元庆　　张元山　　周元珠　　张元发　　郝元义　　刘元清

杨元初　　付元×　　王元山　　牛元林　　王元枫　　王元喜（女）

康元灿　　康元芝　　杨元筮　　杨元吉　　杨元仁　　刘元林

第二十代：

马明成　　邸明忠　　张明山　　王明尚　　冯明禄　　赵明成　　杨明福

胡明清　　赵明宣　　丁明真　　陈明礼　　张明信　　丁明信　　葛明义

董明理　　孙明空　　达明同　　董明正　　张明义　　葛明赢（道长）

邸明忠　　董明理

第二十一代：

李至陛　　李至忠　　张至×　　王至义　　李至清　　余至灵　　穆至×

朱至义　　梁至忠　　石至花（女）　　刘至道　　陶至×　　秦至和

李至道　　马至×　　杨至林　　颜至和　　陈至×　　孙至高　　马至功

赵至忠　　安至×　　姬至×　　李至廷　　周至祥（女）　　余至清

潘至×　　严至和（任过道长）　　冯至真（女）

第二十二代：

赵理臣　　李理保　　裴理亨　　杨理镇　　张理新　　冯理全　　韩理明

张理秀　　邸理忠　　来理乐　　穆理清　　金理南　　蔡理忠　　冯理堂

谢理忠　　陈理和　　段理玉　　王理生　　张理成　　刘理贵（女）

张理穷　　牛理云（女）

第二十三代：

武宗贤　　张宗仁　　王宗贵　　刘宗汉　　张宗正　　张宗义　　高宗智

官宗义　杨宗×　穆宗发　高宗玉　盖宗智　陆宗礼　叶宗柏
陈宗永　赵宗信　张宗×　李宗海　何宗生　赵宗×　康宗信
康宗宪　刘宗玄　胡宗×　水宗灵（女）　　王宗莲（女）
安宗发（女）　　张宗灵（女）

第二十四代：

雍诚仁　李诚方　李诚义　杨诚德　杨诚龙（女）　王诚义
康诚亨　孔诚峡　陈诚功　张诚灵（女）　　张诚杰　夏诚×
王诚德　杨诚山　刘诚云（女）　　赵诚梁　苗诚善　谢诚芳
王诚明　赵诚亮（女）　　蓝诚英（女）　　牟诚兰（女）

第二十五代：

杨信义　岳信清　张信龙　刘信辉　吕信道　李信芳（女）
吕信珍（女）　　韦信珍（女）　　妥信青（女）　　刘信兰（女）
李信慧（女）　　白信香（女）　　陈信兰（女）　　张信诚
杨信发　戴信忠　康信隆　张信庭　刘信全　金信通　满信花
韩信云　刘信斌　张信军

第二十六代：

丁崇真　刘崇莲（女）

"文革"前各庙宇历届道士名单

虚皇殿：

邱明忠　马明成　余至灵　张至×　石至花（女）　李至清

王至义　穆至×　李至中　冯至真（女）　张理秀（连长）

陈理和　谢理忠　邱理忠　来理乐　官宗义（师长）　穆理清

高宗智　武宗贤　杨宗×　张宗义　高宗玉　康宗信　穆宗发

安宗发（女）　康宗宪

玉皇殿：

张元发　丁明信　朱至义　梁至忠　陶至×　刘至道

太白泉：

秦至和　赵理臣　李理保　陆宗礼　叶宗柏

张宗仁（曾任兴隆山道教协会会长、中国道教协会理事）

李诚义　吴教林

二仙台：

郝元义　葛明义　李至道

三教洞：

（未住过道士）

三官殿：

康本祥　李合英　盖宗智　陆宗永

祖师殿：

马至×　蔡理忠　冯理堂　谢理×

圣母殿：

刘元林　达明同　杨至林　颜至和　刘宗玄　张理穷

药王殿：

张理新　金理南　赵宗信　王诚义

大佛殿：

张至×　陈至×　陈理×　杨诚德

菩萨殿：

陈明礼　孙至高　马至功　陈至×

灵官殿：

孔永吉　杨元初　傅元×

老爷殿：

丁明真　李至清　段理玉　张宗×

龙王殿：

刘元清　胡明清　赵至忠　安至×　何宗生

总神殿：

姬至×　王理生　张理成

东岳台：

李宗海　雍诚仁　夏诚×　杨信义

财神殿：

冯永全　王元山　张明信　刘浪然

三清殿：

罗教荣　杨永春　王永吉　牛元林（即牛娃，北京人）

王永西（任过道长）

洞宾楼：

苏教文　张永甲　陆永奎　王元枫　王元喜（女）　张灵娃

火神庙：

焦元乾　董明理

朝元观：

（历来为十方云游道士居住地）

朝阳洞：

秦致通、李至亨二仙修真处

自在窝：

悟元子刘一明著书立说修真处

混元阁：

有一姓董的道士住过，传说诵经时大腿如尖刀刺进，不能行动。待腿好后离开了兴隆山，后来朱至义曾住过。

孤魂殿：

刘理贵（女）

梁家崖湾庙：

李至廷周至祥（女）牛理云（女）水宗灵（女）

张宗灵

据考：兴隆山东山眼光殿、鱼篮殿、西山二公祠、洗心亭、福缘楼、吕祖阁、邱祖堂、黑虎殿、脱洒亭、二仙洞、三圣洞、灵官殿、七真殿、王母宫、寿星庵、拜斗台、斗母宫、雷祖殿、后山门马灵官楼等均未住过道士。

补 记

《道脉传承源流觅考》是受榆中县外事旅游局委托并在师父杨诚龙道士的大力支持下搜集整理的。八年多来，认真查阅了《栖云笔记》，抄录了县博物馆珍藏的"悟元大炼师刘老先生之塔"石碑，拜访了兴隆山周围的众多老人，重点以武宗贤老道长、李诚方（已还俗）、杨生明（1949 年前在兴隆山李子湾居住，1949 年后任城关镇峡口村第一任文书，对兴隆山历届道士花名册清楚）、段有仁、岳兴全（78 岁老人）等回忆提供材料为依据。在整理时又参阅了县政协张文玲先生所著《兴隆山》一书有关道教章节完成草稿。册中人名有"某某×"字样者，经多人订正确有此人，但名字不详，特此说明。尤其对各届道士的生平历史无从考证，未作详记，是一大憾事。万望各位热心者和研究道教历史的专家们进一步补充完善。并对提供资料者表示感谢！

　　最后，将开山祖师悟元子刘一明当年所写的《栖云绝顶一孤松》诗抄于后，以表对他老人家的怀念：

　　　　　栖云绝顶一孤松，不怕寒霜并烈冬；

　　　　　炎日熏时如铁柱，狂风起处似金钟。

　　　　　惟招白鹤逍遥侣，永断青蛙污浊踪；

　　　　　品立高超难测度，行人枉自乱哼哼。

　　这一首七言律诗，余认为祖师刘一明在写他自己。今日无德无才的门外弟子，又像重见了这颗品立高超、独立不倒的古松，感慨而动。我愿和祖师一首，名曰"赞青松"，以表我对祖师的敬佩之心。

赞青松

　　　　青松坚，青松强，永在世上作榜样。

　　　　见权势，不低头，见金银，不弯腰。

　　　　青松坚，青松强，永在世上作榜样。

　　　　见美色，你不爱，见美味，你不馋。

　　　　青松坚，青松强，永在世上作榜样。

　　　　见孤寡，你不弃，见丑陋，你不嫌。

　　　　青松坚，青松强，永在世上作榜样。

　　　　抽打你身不还手，恶毒咒骂如不闻。

　　　　青松坚，青松强，永在世上作榜样。

　　　　烈日炎炎你不怕，数九寒天色更青。

　　　　青松坚，青松强，永在世上作榜样。

　　　　对境无心把道行，清静无为求先天。

　　　　青松坚，青松强，永在世上作榜样。

　　　　竹心空空而受益，松柏以静来延年。

　　　　青松坚，青松强，永在世上作榜样。

　　　　青松梅竹为道侣，三元合一才成真。

　　　　青松坚，青松强，永在世上作榜样。

千辛万苦修庙宇，又著丹经度后人。

青松坚，青松强，永在世上作榜样。

纵观现实，不由伤情也！留小诗两首以作结束：

形神合一歌

身居空门实不空，七情六欲缠周身；

身穿道衣遮人心，道心渺渺不见影。

劝君求真勿求假，身心合一才是真；

蓬莱路上万千千，达到真空有几人？

真修实炼有几人

天涯到处人求我，走遍天涯不见人；

不是天涯没有人，真修实炼有几人？

门外汉自然空静青龙山人（吕信道）于一九九五年元月

附件一:

兴隆山弟子统计表

代		人数
全真	十代	
龙门	十一代	1
龙门	十二代	26
龙门	十三代	8
龙门	十四代	3
龙门	十五代	3
龙门	十六代	9
龙门	十七代	11
龙门	十八代	13
龙门	十九代	26
龙门	二十代	22
龙门	二十一代	29
龙门	二十二代	22
龙门	二十三代	28
龙门	二十四代	22
龙门	二十五代	24
龙门	二十六代	2
龙门	二十七代	
合计		249

附件二：

兴隆山道士弟子羽化材料

秦致通：羽化于兴隆山二仙台；

李至亨：羽化于兴隆山二仙台；

刘一明：龙门十一代，道光元年正月初六羽化于兴隆山，葬于新庄沟；

唐阳琏：龙门十二代，羽化后葬于禅寺沟；

冯永全：龙门十八代，羽化后葬于禅寺沟；原任道长，财神殿弟子，1949 年后在 1952 年秋天羽化于禅寺沟；

杨永清：龙门十八代，羽化于径河县庙中；

葛明义：龙门二十代，二仙台弟子，甘谷县人，羽化于甘谷黑湾老爷庙中。据传，羽化的头一天给庄上人说："我要给大家添些麻烦了"，说完后就回到庙中，第二天都以为葛爷生活上有了困难，去看望他，当推开庙门时他已经坐化了；

王至义：龙门二十代，通称"王爷"，虚皇殿弟子，羽化于临洮莲花山；

潘至×：龙门二十一代，羽化于大兴营龙王庙；

张至×：龙门二十一代，羽化于我县清水驿乡宽台子菩萨庙中；

李至清：龙门二十一代，虚皇殿弟子，羽化于虚皇殿，葬于新庄沟；

李至忠：龙门二十一代，虚皇殿弟子，和李至清是亲兄弟，羽化于黄坪金家湾庙中；

余至清：龙门二十一代，羽化于定西内管营文庙中；

李至庭：龙门二十一代，虚皇殿弟子，羽化于梁家崖湾龙王庙（李至庭和周至祥［女］是夫妇二人出家，均为虚皇殿马明成的弟子。李、周二人是牛理云的师傅）；

张至×：龙门二十一代，虚皇殿弟子，是主修虚皇殿的道士，羽化河州兰家庙；

　　穆至×：龙门二十一代，虚皇殿弟子，羽化于新营观中；

　　石至花（女）：龙门二十一代，虚皇殿弟子，羽化于云雾山，古六月初一坐化，至九月打轿安葬，尸体未腐，观看者成千上万，热闹非凡，穆、石二人系夫妇，同时出家修行，二人羽化后他们的子女多人出家修行；

　　余至灵：龙门二十一代，虚皇殿弟子，羽化于定西县温山寺；

　　来理乐：龙门二十二代，虚皇殿弟子，羽化于虚皇殿，葬于新庄沟；

　　邸理忠：龙门二十二代，虚皇殿弟子，羽化于定西云山寺；

　　高宗智：龙门二十三代，来理乐的徒弟，羽化于虚皇殿，葬于新庄沟；

　　赵宗信：龙门二十三代，药王殿弟子，羽化于城关梁家湾村庙；

　　李宗×：龙门二十三代，东岳台雍城仁的师傅，羽化于东岳台，葬于东岳台；

　　赵宗×：龙门二十三代，通称"赵爷"，榆中城关朱家湾村人，羽化于小康营龙王庙；

　　胡宗×：龙门二十三代，通称"胡爷"，羽化于清水县白沙镇庙中。

　　说明：此材料系84岁高龄的武宗贤老道长提供。有几位羽化道士，是他亲眼所见；有的是他的前辈所讲。具有较高真实性、可靠性，是一珍贵的道史资料，有必要补充在《道脉传承源流觅考》之后，以备后人参考。得到此材料，十分高兴，余对故乡兴隆山有了更深的了解和认识，特作小诗一首《赞故乡》以表怀情。

　　　　兴隆本是一宝山，明珠放光照陇原；

　　　　松柏青青育灵气，百鸟欢唱逗佳宾。

　　　　东龙西虎常争斗，越战越和除间隔；

　　　　多亏中峰作媒介，仙客层出谢黄婆。

　　　　　　门外汉山野小民青龙山人自然吕空静采访收集整理

　　　　　　一九九五年古七月二十九日

附件三：

悟元大炼师刘老先生墓园原貌图

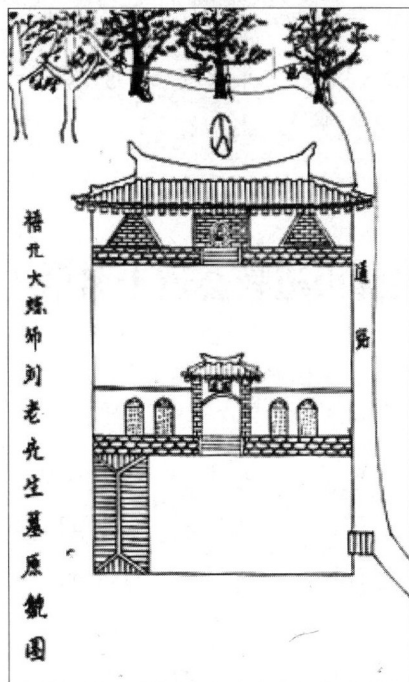

1952年兴隆山住山道士名单（58人）

孙永乐 整理

武宗贤	金理南	来理荣	冯宗云	马至里
张理云	李明性	张明玉	王理慎	张理诚
王诚福	吕元清	戈明赢	张明性	邵至安
姜明喆	杨宗同	赵诚多	华明静	杨元初

张永甲	冯理堂	穆宗法	孔永吉	刘至理
安至平	卢宗诚	盖慧峰	雷宗礼	祁诚林
赵理臣	叶宗柏	张元发	丁明信	朱至一
张宗仁	司诚俊	高宗玉	萧理成	刘理桂（女）
张明义	王诚义	梁至中	张明之	王理西（女）
龚永积	王元山	桑明德	张理新	张宗玉（女）
卢永奎	胡明清	张宗义	雍诚仁	严至和
段至玉	刘浪然	张宗红		

1963年兴隆山道教会道士名单（32人）

孙永乐 整理

张宗红	王理慎	张永甲	孔永吉	张理成
武宗贤	刘至理	刘浪然	张明之	王永西
金理南	赵理臣	雍诚仁	丁明信	梁至忠
卢永奎	卢宗诚	安至平	杨至林	赵诚多
陈明诚	丁至俊	杨元初	段至玉	胡明清
赵至忠	张理新	孙明何	严至和	李茂春
刘理贵（女）		王理西（女）		

1983年改革开放以来兴隆山道士住庙概况

岳信清 整理提供

20世纪50年代，榆中县政府将兴隆山住庙道士迁至峡口村，成立道士生产队集中劳动，除部分道士留山驻守外，大部分道士被迁散；

1968 年部队进驻兴隆山，1970 年，为了保密，将道士全部从山上迁走。

1982 年，中发〔1982〕19 号文件发布，合法的宗教活动逐渐恢复。1983—1984 年，张宗义在阳洼沟挖沙度日（他以前是兴隆山虚皇殿道士）。1984 年，冯至珍（坤道，本县冯家湾人）、康诚亨（和政县人）等相继上山，扎草庵、住窑洞、传道授徒、募化建庙；1985 年，本县武宗贤、陈诚功、岳信清、临夏孔诚霞、宁夏张诚杰等上山学道、修庙；1987—1990 年，张宗义的徒弟坤道杨诚龙、赵诚亮、刘诚荣、满信花和道士王诚明、杨诚山、肖诚荣等上山；1990 年后又有坤道王宗莲、陈诚芳、苗诚善、牟诚兰、韩信云、谢诚芳、韦信珍、陈信兰、李信芳、刘诚云、刘信兰、刘崇莲和道士王诚德、吕信道、丁崇真、刘信斌、张信军、刘信辉、戴信忠、康诚亨、康信隆、张信诚、张信庭、张信龙等近三十人，上山求道学法建庙，后有的又分散到和平牡丹园、云雾山、官滩沟和连搭麻家寺、兰山西洼沟（土名阎王沟）、来紫堡万眼泉等地建庙修观。

改革开放恢复宗教自由，张宗义成为兴隆山第一位开山出家道士，现在兴隆山修行的三十多位道士均为其徒子、徒孙。

1983 年至今兴龙山与栖云山住庙道士

岳信清 整理提供

张宗义：1983—1984 年在阳洼沟挖沙度日，1984 年收和政县人康诚恒、宁夏海原县人张诚杰二人为徒，在兴隆山三教洞搭草庵居住。他是 20 世纪 80 年代兴隆山居住最早的道士，后迁至和平云雾山住庙，2006 年羽化。

冯至真（坤道）：1949 年前在兴隆山出家，1963 年从兴隆山出走；1984 年回归兴隆山，居住三年后，1987 年迁至兰州白云观（羽化）。

陈诚功：榆中三角城庙王营人，1984 年 10 月拜张宗义为师，在兴

187

隆山出家，已羽化。

岳信清：1984年5月出家，师父康诚恒，在兴龙山王母殿居住，现任榆中县道教协会会长，兴龙山、栖云山两山宫观管委会主任。

杨诚龙（坤道）：1987年出家，师父张宗义，现住峡口泰山庙。

吕信珍：2006年出家，师父杨诚龙，现住峡口泰山庙。

王诚明：1987年出家，师父张宗义，现住栖云山朝元观。

王诚德：1988年出家，师父张宗义，现住栖云山朝元观。

张诚灵（坤道）：1977年在临夏市万寿观出家，1989年来兴隆山，师父张宗义，现住栖云山菩萨殿（二公祠）。

刘诚云（坤道）：1990年出家，师父张宗义，住兴龙山灵官殿，已羽化。

刘崇莲（坤道）：1989年出家，师父岳信清，现住兴龙山关圣殿。

丁崇真：1995年出家，师父岳信清，现住陕西楼观台。

王宗莲（坤道）：1996年出家，师父牛理荣，2010年5月羽化。

韦信珍（坤道）：1998年出家，师父杨诚龙，2006年10月羽化。

戴信忠：1999年出家，师父张诚灵，现住兴龙山玉皇殿。

赵诚亮（坤道）：1988年出家，师父张宗义，已羽化。

张信诚：2004年出家，师父王诚德，现住栖云山自在窝，现任榆中县道教协会副秘书长。

张信庭：1996年出家，师父杨诚龙，现住栖云山三圣洞。

康信隆：2010年出家，师父张诚灵，现住栖云山菩萨殿（二公祠）。

刘信兰（坤道）：2009年出家，师父杨诚龙，现住兴龙山灵官殿。

妥信青（坤道）：2013年出家，师父杨诚龙，现住兴龙山娘娘殿。

蓝诚英（坤道）：2006年出家，师父王宗莲，现住兴龙山山神洞。

李信慧（坤道）：2013年出家，师父牟诚兰，现住兴龙山王母殿。

牟诚兰（坤道）：2002年出家，师父张宗义，现住栖云山朝元观。

刘信全：1994年在青海昆仑山出家，师父马诚仁，2012年住栖云山朝元观。

杨信发：2009年出家，师父杨诚龙，现住兴龙山虚皇殿。

赵诚梁：2009 年在西固新城菩萨殿出家，师父张宗义，2014 年 3 月住兴隆山三大士殿。

杨诚山：1989 年出家，师父张宗义，现住朝元观下院——庙坡山关帝庙。

白信香：2014 年出家，师父杨诚山、王诚德，现住庙坡山关帝庙。

金信通：1995 年在栖云山朝元观出家，师父王诚德，现住华山玉泉院道观。

榆中县道教协会资料

孙永乐　整理

1952 年在榆中兴隆山道教会花名册载，住于 24 个庙殿的道士 58 人（包括坤道 2 人）。定西地区公安处 1953 年档案资料载，1952 年土改时分得土地、牲畜、水磨的道士有 51 人。榆中县委统战部 1955 年统计表载明 42 人，项目包括姓名、年龄、籍贯、庙观、出家时间、道内职务及分地与身体状况，出家原因等内容。据当事老道人和峡口村老干部回忆，1957 年在峡口村道人生产队有 38 人；种地 12 人，包工包产；捡粪积肥 5 人；森林防火防兽 1 人；看水磨 2 人；采药、采松花蘑菇和采茶者 9 人；无劳 9 人，吃救济，看庙。1958 年县委统战部有专干动员道人还俗和回乡一部分，1962 年县公安局登记在册 32 人中，有 5 人在 1952 年花名册中未载。1968 年兴隆山住进部队，开始拆庙，1970 年将山内外道士全部疏散，落户于城关人民公社峡口大队 9 人，金崖公社寺隆沟大队白马庙 3 人，三角城公社丁管营大队 3 人，连搭、定远、和平、小康营、清水等公社落户者不到 10 人。

（一）民国时期的三届道教会

1. 1935 年 5 月 5 日，县长叶超在西山朝元观召开会议成立榆中县兴龙山道教会。

选出：

常务理事（会长）：冯永权；

理事：杨元初、陈明礼、张宗仁。该四人又为庙观庙会巡照。

2.1944年5月30日，榆中县道教会改选；8月25日立案；

常务理事（会长）：冯永权（连任）；

理事：张永甲、张理性、丁永明、胡明清；

候补理事：张理教；监事冯理权。

3.1946年7月14日改选，8月2日立案，出席23人；

监选人：汉灿（榆中县参议会议长）。

常务理事（会长）：张永甲；理事：胡明清、张宗仁；

候补理事：王永玺；监事：王元枫（今查为西路军流落红军，四川人，1946年回川后住持四川成都的青羊宫）；

候补监事：杨元印。

会员36人。

经济情况：朝元观负担二分之一，其他庙宇负担二分之一。

（二）1949年后的四届道教团体

1.1950年4月，召开榆中县各族各界人民代表会议，兴隆山道教会长戈明瀛参加会议。领导兴龙山道士三十余人，着道服持法器、鼓、钹参加"五一"大游行。

2.1956年，张宗仁担任榆中县道教会会长，严至和为副会长，金理南为文书（秘书长）；1957年4月，中国道教协会成立，次年张宗仁被推选为中国道教协会理事。

3.1994年7月12日，逐层协商推选全真道士、正一道士、居士共56人参加榆中县第三届代表会议，选举于1935年在兴隆山出家、1971年疏散到三角城公社丁官营大队卫生所当针灸医生一直没有还俗的武宗贤为会长、省市道协理事；榆中县道教筹备领导小组正副组长全真道士岳信清，正一道士赵学俭、徐克林为副会长；特聘道教学者、县志副主编、民族宗教志编写者孙永乐为秘书长；常务理事还有正一道士刘子杰、刘晋恩、牟彦林，坤道杨诚龙；理事坤道张诚林，居士田广成、金桂香等。

第四届理事会，1998年7月4日于县政府大会议室换届，选举上届副会长全真道士岳信清为会长，老会长武宗贤为名誉会长。第一副会长由正一道士徐克林连任；坤道杨诚龙（新任副会长），乾道王诚德（副会长兼副秘书长）。学者孙永乐连任秘书长；常务理事：正一道士白积琛、蔡作文、赵祥勇，居士（会计）金定强；理事：老道士张宗义，坤道苗诚善、陈诚芳，正一道士马学文、赵天斌和居士刘崇莲、田广成等。

1984 年以来兴隆道观复修概况

兴龙、栖云两山建筑在"文革"时期均遭拆毁，仅剩栖云山观音阁和邱祖阁两座建筑保存下来。观音阁于 1986 年由兴隆山管理局出资 2000 元进行维修。邱祖阁于 1986 年由榆中县外事旅游局杨崇德先生捐资 1800 元维修。两座建筑均由段有仁先生掌尺修缮。

自 1984 年后，部分全真道士与民间善士又募化捐资恢复修建部分道观，榆中县外事旅游局和马啣山自然保护区兴隆山管理局也筹资修复了部分庙观。尤其是 1994 年 7 月第三届榆中县道教协会成立后，加快了兴龙、栖云两山庙观修复建设步伐。现将兴隆道观修复情况列之于下：

1. 兴龙山（东山）

（1）虚皇殿

2003—2006 年，由杨诚龙和十方善士信徒募化修建，造价 18.057 万元。

（2）玉皇殿

2002—2004 年，由岳信清、刘崇莲、张诚林、戴信忠师徒募化修建，造价 23.22 万元。

（3）眼光菩萨殿

2004 年，由岳信清、刘崇莲募化修建，造价 8.5 万元。

（4）太白楼

1985 年，由榆中县外事旅游局筹建。在原太白泉遗址恢复修建起脊握角式仿古建筑。太白楼主楼分上下两层，各三楹，坐东朝西。南边建厢房 3 间，北边建门楼一楹，西边修筑围墙成一庭院，总建筑面积 400 ㎡，造价 21.2 万元。由兰州拱星墩第三工程队承包施工，萧默设计，油漆彩绘，魏兴发，监工，单进仓。1986 年 10 月竣工。

太白金星塑像在太白楼二楼。雕塑太白金星站像一尊，站像左右上角浮雕天宫图案一帧，两边胯墙彩绘太白金星传说故事壁画。由平凉市崆峒山管理所戴国华承包制作，总造价 0.25 万元。监工，单进仓。1987 年 11 月竣工。

（5）三官殿（三官阁）

1987 年，由榆中县外事旅游局筹建。位于太白泉与眺远亭之间，采用开敞式庭院布局。院西北建 3 间厢房、5 楹回廊；东南建 11 间厢房和贵宾接待室；西南面建门厅 3 楹，门厅两边建厢房 2 间；院中修建一座两层八角楼阁，形体雍容华丽，是这组建筑的主体，二楼内祀三官大帝塑像。三官阁建筑面积 640 ㎡，总造价 35 万元。由榆中县第一建筑公司承包施工，萧默设计，油漆彩绘，魏兴真。监工，单进仓。1990 年 5 月竣工。

（6）留芳长廊

1990 年由榆中县外事旅游局筹建。位于太白楼与三官阁之间，回廊式仿古建筑。回廊共建 5 楹，依山傍势。由兰州拱星墩第三工程队设计承包施工。监工，金生青。1991 年 10 月竣工（最为可惜的是修建留芳长廊拆除了三教洞）。

（7）朱德纪念亭

1990 年由榆中县外事旅游局筹建。位于祖师殿遗址东北侧，建两层四角亭阁。由兰州拱星墩第三工程队设计施工。此建筑与留芳长廊同时修建，两项总价 12.5 万元。监工，金生青。1991 年 10 月竣工。

（8）眺远亭

1986 年由榆中县外事旅游局筹建。在祖师殿遗址上修建回廊式仿古建筑。建筑面积 62 ㎡，总造价 0.91 万元。由兰州拱星墩第三工程队承包施工。萧默设计，油漆彩绘，魏兴真。监工，单进仓。1986 年 10 月竣工。

（9）喜松亭

1986 年由榆中县外事旅游局筹建。位于三官阁下的山湾处。开敞式八角楼仿古建筑。建筑面积 36 ㎡，总造价 2.7 万元（甘草水泥厂捐资）。由兰州拱星墩第三工程队承包施工。李吉强设计。油漆彩绘，魏兴亨。监工，单进仓。1987 年 6 月竣工。

（10）三霄娘娘殿

1987—2006 年由杨诚龙募化修建，总造价 138.18 万元。

（11）大佛殿（成吉思汗文物陈列馆）

位于兴隆山中腰，原大佛殿遗址。起脊握角式仿古建筑。1986 年由榆中县外事旅游局主持筹资修建。修建大殿 3 间，左右配殿 4 间，建筑主体是混凝土结构。主厅由 3 间正殿、左右各 2 间展览厅以及厅前的 3 间门厅组成。建筑面积 312 ㎡，总造价 40 万元。由兰州拱星墩第三工程队和榆中县第一建筑公司承包施工。段书堂设计，油漆彩绘，魏兴真。监工，单进仓。1987 年开建，1989 年竣工。

大佛殿塑像位于成吉思汗文物陈列馆主殿。包括成吉思汗座像 1 尊，释迦牟尼艺术像 5 尊。由平凉崆峒山管理所戴国华承包制作。总造价 0.96 万元。监工，单进仓。1990 年 5 月竣工。

（12）落霞亭

位于成吉思汗文物陈列馆之下的舞场东北侧，建四角小亭，建筑面积 9 ㎡。由榆中县第一建筑公司五队赞助修建。油漆彩绘，魏兴真。1985 年 10 月竣工。

（13）三大士殿（菩萨殿）

2004—2006 年，由王宗莲募化修建，总造价 27.69 万元。

（14）灵官殿

1995—2004 年，先后由岳信清、刘诚荣、刘信兰募化修建，总造价 70.5 万元。

（15）关帝阁（关帝殿）

1985—2006 年，由岳信清、张诚杰、刘崇莲募化修建，造价 25.736 万元。

（16）王母殿

1985—2006 年，由岳信清、张诚杰、刘崇莲募化修建，造价 8.216 万元。

（17）滴泪亭

位于关帝殿下的滴泪岩前，仿古式八角亭。建筑面积 20 ㎡，总造价 0.85 万元。由城关镇峡口村承包施工。油漆彩绘，魏兴亨。监工，单进仓。1986 年 10 月竣工。

（18）牌刹门

横跨于滴泪亭下的水泥踏步之上，仿古建筑。建筑面积 15 ㎡，总造价 0.42 万元（含彩绘）。由夏官营镇红柳沟村承包施工。油漆彩绘，樊培民。监工，单进仓。1987 年 11 月竣工。

（19）山神洞

云龙桥拐弯上山第一洞，1985 年至 1993 年由岳信清、刘诚荣、蓝诚英、王宗莲募化修建并管理，共计 1.2 万元。

东山共修复庙观、亭、廊、牌刹 19 处，其中道士募化修建庙观 9 处，榆中县外事旅游局修建 10 处景观。

道士募化捐资：321.299 万元；

榆中县外事旅游局筹资：74.79 万元；

兴龙山修缮费用总计：396.089 万元。

2. 栖云山（西山）

（1）二公祠（菩萨殿）

1994 年，在西山蒋公楼上方二公祠原址，由坤道张诚林募化出资修复改为菩萨殿，占地面积 900 平方米，造价 22.5 万元。

（2）刘一明祠堂

1995—2006 年，由赵诚亮和王诚德出资修建，造价 12.8 万元。

（3）观音阁（菩萨楼）

1988 年，由陈诚功募化维修。善士康吉荣捐助，道士张宗义、武宗贤、王诚明等募化金装神像，共计 0.84 万元。

（4）邱祖堂（阁）

1988—1992 年，由善士杨崇德捐资维修，道士岳信清、武宗贤、陈诚功、赵诚亮相继募化维修管理，总计 3.4 万元。

（5）黑虎殿

1985—1994 年，由峡口陈富德受当地善士委托重建，造价 0.55 万元。

（6）七真殿

1989—2013，年岳信清、张宗义、王诚明、吴信斌、张信庚，善士康吉荣共同出资 10 万元建成。

（7）二仙洞、三圣洞

原祀秦李二仙，现误塑为和合二仙。1993—2015 年，由道士王诚明、杨诚龙、张信廷与旅游部门共同出资修整，造价 23.87 万元。

（8）自在窝

1989—2013 年，由陈诚功、大营村裴善士、杨信财、张信诚出资修建，造价 20 万元。

（9）雷祖殿

2015 年，由张信诚、岳信清、刘崇莲募资 1.42 万元建彩钢房。

（10）朝元观洞宾楼

王诚德主持修建，中国道教协会任法融捐款 20 万元，栖云山王诚明、牟诚兰、杨发财、榆中县道教协会和各界人士捐款 46 万元修建，造价 66 万元。

（11）朝元观—三清殿、财神殿

2015 年由善士白合成捐资 800 万元，牟诚兰主持修建。修建双重檐三清大殿 5 间，修建双重檐财神殿 5 间。

（12）混元阁

1994 年由，马啣山自然保护区兴隆山管理局、陈诚功、王诚德筹资修建，建筑面积 519.85 ㎡，总造价 46.99 万元。

栖云山自 1984 年以来恢复修建庙观 12 处，道士募化修建 11 处，兴隆山管理局修建 1 处；

道士募化出资：961.86 万元；

兴隆山管理局出资：46.99 万元；

栖云山修缮费用总计：1008.85 万元；

修缮费用总计：兴龙山、栖云山两山共修复庙观、亭、廊、牌刹 31 处，总投入资金总计：1404.94 万元。

栖云山道观今貌

栖云山混元阁老君殿

栖云山自在窝藏经洞

自在窝——刘一明修真处

自在窝穹顶，该群组建筑用砖石砌筑，有幸保留至今

刘一明修真处栖云山朝阳洞

栖云山财神殿

栖云山二仙洞、三圣洞

栖云山七真殿

栖云山观音阁（刘一明所建老庙之一）

栖云山邱祖阁（刘一明所修老建筑之一）

栖云山刘一明祠堂

栖云山朝元观门楼

栖云山朝元观财神殿、三清殿

栖云山二公祠

朝元观下院庙坡山关王殿

朝元观下院庙坡山观音殿

泰山庙土地祠

泰山庙泰山大殿

兴龙山道观今貌

云龙桥

兴龙山山神洞

兴龙山牌刹——胡耀邦题词：陇右名山（正面）

兴龙山牌刹——朱穆之题词：秀比娥黄（背面）

兴龙山滴泪岩六角亭

兴龙山关帝阁

兴龙山王母殿

兴龙山灵官殿

兴龙山三大士殿

兴龙山娘娘庙山门

兴龙山娘娘庙过厅殿堂

兴龙山娘娘庙大殿

兴龙山大佛殿

兴龙山喜松亭

兴龙山无量祖师殿

兴龙山三官阁山门

兴龙山三官殿阁楼

兴龙山原三教洞旧址修建的留芳长廊

兴龙山太白泉

兴龙山眼光娘娘殿

兴龙山玉皇殿

兴龙山虚皇殿

十五
刘一明创建兴隆山原貌回忆录

吕信道

导 语

　　一代宗师悟元子刘一明住兴隆山 42 年，兴建栖云、兴龙东西两山宫观庙宇 73 座，为后世留下了光辉灿烂的建筑文化、道教文化。可惜"文革"时期惨遭毁灭，只有自在窝、朝阳洞、山神洞、二仙洞、三圣洞因砖石洞窟得以幸存，西山吕祖阁、观音阁两座建筑留存至今，其余建筑有的尚有遗址，有的遗迹难寻。幸有刘一明后世弟子全真教龙门派第二十五代吕信道道长晚年致力于刘一明文化研究，历时十余年，走访调查考证撰写了《兴隆山原貌回忆录》，单进仓先生全力协助，蒋婷霞助印才得以传世。95 岁高龄的赵学俭老先生实地考证校对文献，峡口乡人段有仁先生共赴东西两山查寻遗迹，才使这部遗作得以完善。《兴隆山原貌回忆录》集兴隆山建筑文化、庙宇文化为一体，是一部珍贵的兴隆山道教史料。

217

引言

关于兴隆山的人文景观和自然景观，很多史料和文章都有记载。值得一提的是，清乾嘉年间，道教界一代宗师悟元老人刘一明住兴隆山几十年，修炼课徒，修建庙宇，著书立说，弘扬道法，使兴隆山成为道教名山，道教专著流传后世，兴隆山名扬天下。

可惜的是由于历史的创伤，将一座美丽的道教名山和道教文化毁于一旦，留给我们的只有惋惜和怀念。现在知道兴隆山道观建筑文化原貌的人，已经寥寥无几，有的已经谢世，有的年世已高，不能尽力。只有年近八旬的吕老先生（峡口村人），以他的亲身经历和耳闻目睹，记述了兴隆山道观建筑文化原貌。

吕老先生一生热爱道教事业，尊崇开山祖师刘一明，热爱家乡兴隆山，有不少著作传世。为了给后人留下兴隆山道观建筑原貌的美景，填补历史的空白，了却他人生的心愿，和原兴隆山林业保护专家九十余岁高龄的王家壁老人通力合作，并请熟悉兴隆山历史的段有仁先生共同回忆，参阅了中国著名古建筑学家任震英、洪文瀚合著的《兴龙山》一书，整理写出了《兴隆山原貌回忆录》一文。

吕老先生不畏寒暑冷暖，克服年老体弱、精力不足之困扰，用一年多时间，将兴隆山的原貌，东、西两山各庙宇的地理位置、建筑格局、规模大小、神位塑像、壁画、楹联以及历代名人题书的匾额等，作了详细的介绍，起名《兴隆山原貌回忆录》，留给后人一部珍贵史料，对研究兴隆山的历史和道教文化有很高的参考价值。

吕老先生一再让我写段序言，这是对我的信任，但实话说，深感为难，一无水平，二无资格。作为吕老先生的学生，为了完成师生的共同心愿，只能以上述拙文作为"引子"，不妥之处，请专家学者海涵。

学生石谷山人单进仓敬述

丁亥年冬月吉日

心　愿

无形道人吕信道

兴龙多娇慨万千，秀比娥黄美名传。

再现旧貌怀祖师，不老青山话道观。

兴隆的山长青，兴隆的水长流，可算得上青山绿水。特别是在国家级自然保护区的保护下，近年来使它又焕发出青春的活力，向返老还童的方向迈进。遗憾的是，在历史变革中，兴隆山的古建筑文化，我们无福瞻仰了。

记得十九年前，以原榆中县旅游局局长单进仓同志为首的关心兴隆文化的仁人志士，提出把以前的古建筑作一追记，以备后人查证参考。同时请当地老人、知情者做过调查，岳世武、白雯河也写过记述。至今未达心愿。最近幸阅洪文瀚、任震英二老在民国三十二年所出的《兴龙山》一书，书中有较详细的记述，使我产生了再述兴隆山旧貌之念。特别是我师永存子也再三要求：在我有限的岁月中，给兴隆山做点工作。可是师爷张宗义常说："坏事不能做！好事做不得。"是啊！是可变成非，非可变成是，是是非非，永远在变化。我的所作所为，是也罢，非也罢，让天理去评判！何须自己争辩。最后祝愿老天爷保佑我身体健康，让我顺利完成这一心愿，也算是给兴隆山敬了一点心意。

我不懂古建筑，不懂雕塑，对地理风水、森林等等一无所知，更

219

不会写景，所以凭我这支拙笔，也写不出什么有价值的东西。仅对我所见所闻的兴隆山道教文化，作一记录，以供有志者参考。

概 述

一代宗师悟元子刘一明，云游到金县（即榆中），闻有栖云山，乃宋代秦、李二仙修道之处，即赴山往访仙迹。"观其脉来马寒，向对虎丘，左有凤凰嘴，右有兴龙山，凤凰岭为兜案，牛肚山为朝应，双峡水锁，四兽有情。钻天峰、白草原、九宫台、栖仙崖、翻影庵，皆在指顾间耳，真仙境也！"他不忍离去，日夜辛苦劳作四十二个春秋，把自己毕生精力献给了兴隆山，使这座宝山，败而复兴……

大家不论坐车或者步行而来，到榆中县川，向南而望，就有一座银装素裹的大雪山，收进你的眼帘，这就是马啣山，也称马寒山，它属祁连山的支脉。半山有一眼著名的金龙池，泉水清澈，款款而流，如遇天旱，金龙池则是老百姓取雨的圣地。马啣山脊，为榆中、临洮两县的分界线。它像一条巨龙，向山根急下，到上庄的丁家鏊岘，又猛抬头，向北蠕动而行，一起一伏，形成了一峰一鏊，一沟一岔。这就是青龙山的来历。

大千世界，无奇不有，龙要走，凤要追，谁知马啣山巅有一只凤凰束翅直下，到马坡与羊寨交界的分水岭，又昂头东北而行，在云龙桥对面，用头挡住了青龙的去向。因此这座山头，后人称为凤凰嘴、凤凰台、灵龟台、藏灵壁。刘祖有诗咏道："倒推三涧水，环抱五云丘。壁立藏灵窟，须知有阮刘。"

从分水岭又分出一脉，匍匐东北而行，由独秀峰直下，猛抬头经九宫台到冲虚台、栖仙崖。它又匍匐直下到朝元观山根止，这就是著名的栖云山。栖云山为整个兴隆山的主山，它位镇中宫，青龙山、凤凰山则为客山。

凤凰山头，它像一座屏障，把风水脉气死死堵住，不让它顺峡走了。大自然给我们作了如此神秘而巧妙的安排，我们有责任有义务爱护大自然，保护大自然，再不要人为地主观地去破坏它。我们由县川向南看，有一条山脉把兴隆山堵死，无法进去，正就是屏障"藏灵壁"。

造物者为什么这样偏心？有的地方，天上不飞鸟，地上不长草，风吹石头跑，而把兴隆山这座宝山却装扮得像时尚女郎一般，绿树成荫，松柏参天，白云环绕，山花幽香。山上宫观庙宇、亭台楼阁，在林荫和云雾中时隐时现。山林中走兽成群，百鸟飞翔。春有丁香花放一片红；夏有珍珠梅开一片白；秋有百花重开万紫千红；冬有挺拔松柏披素装，无叶枝头梨花放。有人这样咏道："青龙入定一夜间，仙女撒银饰群山。挺拔松柏披素装，无叶枝头梨花放……"的确是翰海中的岛居，黄土高原上的明珠，出家人的洞天福地，游客们的天然乐园。

兴隆山海拔：东峰 2400 米，西峰 2500 米，全境最高点 3021 米，谷底 2250 米。

兴隆山面积：兴隆山不像西岳华山那样巍峨陡峭，却以松柏长青、鸟语花香而盛名陇原。森林覆盖面积约 27271 亩，其中云杉松 9800 亩，其余扁柏、桦树、野白杨、野柳、青枫和 20 余种灌木林合 17471 亩。这些树木，截然不同地分布在东西两面山坡上，向东北的一面以松柏、翠竹为主，朝西南的一面，以桦、青枫和杂灌木为多。奇怪的是，这么大的森林，油松只有 3 棵，西山七真殿院中一棵，东山刘爷坟两棵。

林木种类：乔木以云杉、刺柏、白桦、紫桦、野白杨、铁杆柳、红心柳为主；灌木以青枫、雄子、银木、黑刺、李子刺、黄选刺、麻板刺、缠条、珍珠杆等为多。各种林木多达四五十种。

药材有党参、贝母、大黄、黄柏、竹苓、益母草、川芎、木贼、黄七、阴阳合、灵芝草等多达一百余种。野菜有乌龙头、松花、蘑菇、木耳、蕨菜、陆儿韭、野韭菜、苦曲、黄花郎等。

走兽飞禽有：金钱豹、狼、狐狸、鹿、獐子、野猪、黄鼠狼、兔子、松鼠等。有鹰（猁鹰、兔鹰、鸡鹰），鹞子、啄木鸟、斑鸠、野鸽、野鸡、红料儿、麻料儿、老拐子等，还有蛇、鱼。

古人说的好:"山不在高,有仙则名;水不在深,有龙则灵。"一座山的外貌好比人的身体,有肉体无灵魂,躯体便是死的,而兴隆山的庙宇文化则为这座名山注入了灵魂。我们的先辈和劳动人民一道,历代辛苦劳作,在东西两山林荫中,修建了不少宫观庙宇、亭台楼阁,纪念着在历史上给人类做出重大贡献的祖先和一些自然之神。因东山地势平缓,建筑多以雄伟壮观为特点,西山因山势陡峻,建筑多以小巧玲珑为主。宋代秦致通咏栖云山诗中写道:"依天危阁贴重岗,细路潆洄玉磴长。"正是很好的写照。这些建筑多隐藏在密林深处,在丽日蓝天、朝霞白云下,时隐时现,真仙境也!福地也!

栖云山

进入兴隆山,首先映入眼帘的是横跨东西像一道五色彩虹的木桥,俗称"握桥",初建时称"唐公桥",后称"迎善桥",现称"云龙桥"。站在桥上,向西可望云雾飘渺的栖云仙阁,向南可观绿波泛金的兴隆争秀,向下可赏涧流清溪,兴隆山青松翠柏,鸟语花香,尽在耳目之中。可是,这座桥也劫难重重,几建几毁。据《金县志》、《栖云笔记》记载,此桥初建于1763年(乾隆二十八年),由邑候唐铭修建,故称"唐公桥",十多年后被洪水冲毁。1785年(乾隆五十年),由道士悟元子刘一明同众仁人志士募资重建,不久又被山洪冲毁。1830年(嘉庆八年),邑候李醇和根据水势依山重建,以迎善男信女之意,取名"迎善桥"。嘉庆十五年六月,夜半大雨,复被山洪冲崩无迹。1814年(嘉庆十九年),由悟元老人刘祖募化重建。1893清光绪十九年五月初八第四次被山洪冲毁。1900年(光绪二十六年),甘肃布政使兼陕西巡抚岑春煊拨白银一千两重修。榆中当时称金县,知县陈昌以"其桥架栖云、兴龙二峰之间",取两山通气之意,改名"云龙桥",并撰联:"云比泰山多年年霖雨苍生岂徒供仙人怡悦,龙入沧海卧面面林峦翠霭独绝有灵气往来。"

云隐龙，龙从云，云龙不离，栖云、兴龙两山对峙，桥名以栖云、兴龙两山的末尾一字相缀而成，曰"云龙"，颇具诗意。"兴龙"这一名词，是多么符合这座神山、宝山。清嘉庆末年，因避讳和败而复兴易"龙"为"隆"。从此，它与栖云姊妹山，仿佛脱节了……

桥西岸，为了保护云龙桥，用石头砌成了一道长堤，顺河道旁又栽植了白杨树，现存的两棵白杨树，高拂云天，不知道它为保护云龙桥默默无闻地做出了多少贡献。这就是"道性似水，水善利万物而不争"的体现。桥西原是广场，场边有潇潇的白杨，婀娜的垂柳，杏黄的酸刺，圣洁的珍珠梅，苍翠的云杉，以及数不清的奇花异草。广场中，在藏灵壁山根，坐西向东建有一座戏楼，专供农历"六月六"山会唱大戏而用。后因戏楼面朝东山，唱戏时西山的祖师们看不上，又因戏楼屁股朝西也不礼貌，便拆去重建了坐东朝西的戏楼，20世纪60年代被火烧毁。

嘉庆十七年，因山根道旁旧泉水不洁净，悟元老人刘祖在原戏楼西北角，重开净水泉一眼，上建亭子一楹，以备两山汲水、供神之用。

广场的南面，修建坐南向北吊脚式殿宇七间，中间一间为过道。殿前回廊，绕以曲栏，殊为雅致。拾级而上，颇觉宽敞。两旁的六间殿内供奉十大天尊及众多神像，有莲台上坐的，有地上站的，众神像各具神态，各归其位，因此该殿称"尊神殿"。十大天尊是：东方玉宝皇上天尊，南方玄真万福天尊，西方太妙至极天尊，北方玄上玉宸天尊，东北方度仙上圣天尊，东南方女子生度命天尊，西南方太灵虚皇天尊，西北方无量太华天尊，上方玉虚明皇天尊，下方真皇洞神天尊和值年太岁至德统煞天尊。想这些各具风采的仙佛，或是栖云、兴龙两山诸殿派驻此间，参加传统的"六月六"盛会的代表吧！

从中再进，又建有硬山式大殿三楹，侧面厢房数间，时住王理慎、张理诚、王诚福等道士。

提起"六月六"朝山盛会，我在童年和青年时代所种下的印象，在脑际又开始播放，一幕幕那样清晰动人。"六月六"山会形成于什么年代已无据可考，为什么兴隆山庙会选定在农历的六月初六，现在赶庙会的人大多都不知道。"六月六"是杨泗将军的圣诞，杨泗将军是兴隆山山主，负责总管全山的山灾水患，也就是兴隆山安全管理的总负责。其次，农历"六月六"是兴隆山附近的农户农闲季节，马寒山麓一带农户夏秋庄稼锄草完工，兴隆山下的农户准备夏收开镰，还有一个最主要的原因，兴隆山山高林大，气候冷凉，而"六月六"是兴隆山最暖和的时候，方便香客和游人在庙廊和野外露宿。

据考，杨泗将军，亦称杨四将军，杨家四爷，斩龙杨泗将军，是最初源于湖南的民间道教水神，广泛信仰于长江中下游地区。明清时期的"湖广填四川"，人口迁徙运动逐步将该信仰向周边传播，包括四川、云南、广东、甘肃和陕西南部地区，因其能斩除蛟龙，平定水患，而被广泛信仰。经过历史的流逝，民间道教更将其拜为除妖斩鬼的一位重要尊神，将农历六月初六作为杨泗将军圣诞，道教尊号为：九水天灵大元帅紫云统法真君水国镇龙安渊王灵源通济天尊。兴龙山杨泗将军庙初建于何年代无据可考，在开山祖师刘一明《栖云笔记·兴龙山记》中已有记载。据《新修迎善桥记》记载，迎善桥修建几次被水冲毁，足以说明兴隆山水患连年，供奉杨泗将军，最主要的是为了管理兴隆山水患和山灾。杨泗将军是栖云、兴龙两山的山主，"六月六"是杨泗将军的圣诞，因而就形成了兴隆山"六月六"山会，一直流传下来。

山会由金县县政府、陕山商会会馆以及兴隆山道教会联合筹办。会期为每年农历六月初一至初十。会前，商界人士，在山根、沟滩等地方搭棚盘灶，摆开摊场，大大小小的帐篷把兴隆山装饰成一片白色的海洋。青山绿水白帐篷，煞是好看。会期，炒菜、拉面、凉面、酿皮子、粽子、油饼子、甜醅子、醪糟子、油茶等特色小吃应有尽有；山民们编制的耱、杈、背斗、扫帚、簸箕、雄条筐和本地产的中草药、杏子、毛桃、樱桃、香瓜、沙葱等土特产品样样都有；东西两山六十多处庙、观、阁、楼，处处道众诵经拜神，香客焚香还愿；山下商贾云集，遍山游人不断。赶会者不仅来自金县山川，还有临洮、渭源、定西、陇西、会宁、靖远、皋兰、永登及陕西、宁夏、内蒙古、新疆、青海等地的香客、商贩慕名前来进香行商；秦腔演出更是红火，分早、午、晚场，观者人山人海；还有算卦的、耍猴的、漫花儿的、卖武的、杂技魔术等让人目不暇接。每年兴隆山"六月六"山会形成了传统的文化物资交流盛会，延续至今。

人们都说，兴隆山是西北五省的道教名山。传统的"六月六"山会，香客信众怀着一颗虔诚的心，身背香匣，扶老携幼，从四面八方接踵而来。兴隆山所有的庙观就是大家的安身之地，香客们白天进香游览，晚上就在大殿台和屋檐下歇息。每年农历五月三十日的后半夜，香客们为了抢烧第一炷香，像潮水般拥上兴隆山。六月初一早上，钟声嘹亮，磬声不绝，殿殿灯火通明，庙庙香烟缭绕。

那时的兴隆山有几个经师班，从初一开始，东山一帮在老爷殿念经，西山一帮在东岳台念经，两帮正好面对面，法器声响彻云霄，诵经声震撼山谷。最为隆重的是朝山，我今天上西山，你今天上东山，互相交换，一个庙一个庙地给诸位神佛上香。经师们穿着法衣，吹吹打打走在前面，持香信众跟在后边，队伍浩浩荡荡，弯弯曲曲盘山而上，从早到晚，络绎不绝，表达着信众们对神的敬仰。他们虔诚地祈求神灵保佑，祷告风调雨顺、五谷丰登、六畜兴旺、国泰民安。

赶会的信众，背着干粮、炒面，围在凉水泉眼周围，一口炒面一口水，有说有笑，心情舒畅。特别引人注目的是，那些从边远山区来赶会的大姑娘们，长长的辫子，穿着绣花鞋，头上插着各种花儿，纽扣上还吊着荷包和小四角手巾，她们也是一道靓丽的风景，惹得城里人围着看稀罕、瞧热闹。

离尊神殿不远就是革命烈士张一悟之墓。张一悟是甘肃省榆中县城关镇人，1925年参加中国共产党，对甘肃党的建立和发展贡献很大。1927年参加过有名的渭华暴动。1929年赴上海参加党的会议，因病滞留北京，未能前往。1932年任山东第一女子中学教员时，因领导抗日爱国运动，于同年三月被国民党逮捕入狱，1937年出狱返兰，任苏联驻兰领事馆中文讲师。张一悟同志在狱六年，受尽各种酷刑，如灌汽油、辣椒水，受尽百般折磨，但他始终坚贞不屈，表现了革命战士的崇高气节。各种的摧残，使他身体受害而患上肺病。从 1937 年到 1948 年，张一悟同志在甘肃从事地下革命，从不顾个人疾病。1948 年 8 月，为了长远利益，党将张一悟同志接赴陕甘宁边区，1949 年由边区赴大连医病。1949 年 8 月兰州解放后，张一悟同志被任命为甘肃行政公署文教处副处长，兰州军事管制委员会委员兼文教处副处长，同年 12 月中央人民政府任命张一悟同志为甘肃人民政府委员，1950 年 3 月政务院任命张一悟同志为甘肃人民政府监察委员会委员。1950 年 10 月，甘肃省第一届各界人民代表会议上，张一悟同志当选为省人民政府委员。12 月 26 日，张一悟同志由大连返抵兰州，因病重无治，不幸于 1951 年 1 月 3 日于民国路寓所逝世，享年 57 岁。政务院总理周恩来发来唁电，甘肃省委省政府为张一悟举行公葬，省委书记张仲良、省政府主席邓宝珊扯纤送行，葬礼非常隆重。张一悟同志，安静地躺在故乡的宝山下，回忆着他走过的历程，放出一道赤红的巨光，教育着后代。

沿张一悟墓上行就是蒋氏行宫。1940 年，蒋介石在兰州，同斯大林密谈苏联援华抗日一事。军统局兰州站将具体地点选择在兴隆山。为了迎接蒋介石来兰同苏联领导人举行会谈，国民党甘肃省政府建设厅在兴隆山修建要员招待所。建设厅派汪祖康、任震英、刘永祯等人负责设计施工，于 1941 年 3 月竣工。招待所位于栖云山下，两层砖木结构建筑，深红色木质地板，一楼设客厅、候见室、侍从室、会议室；二楼设会议室、机要室、化妆室、卫生间、卧室；小楼后面有通道通往防空洞；整体建筑面积 282 平方米。要员招待所建成后，两次接待了蒋介石、宋美龄。第一次是 1941 年 4 月 20 日，同来的有军事委员会委员长、侍从室主任贺耀祖，蒙藏委员会委员长吴忠信。此次来兴隆山的主要目的是视察成吉思汗灵柩的安放情况。当日蒋介石上山谒灵后，在招待所会见了甘肃军政要员，晚上回到兰州，只有宋美龄留宿这里。出于保密，任震英被锁在招待所一侧的楼阁中。后来柳倩有诗写道："要员躲躲复藏藏，谁识栖云有隐庄。暂住庄中六寸地，主修华室也遭殃。"第二次是 1943 年 8 月 3 日，陪同蒋介石同行的有：蒋的机要秘书处主任陈布雷，侍卫长王世和，侍从室主任陈希曾，机要秘书近身侍卫官以及国民党第八战区司令长官朱绍良，甘肃省政府主席谷正伦等人。蒋介石一行会同西北地区军政要员在此开了三天军事会议。参加会议的有：国民党西北行辕公署主任兼新疆省政府主席张治中，国防部长白崇禧，第一战区副司令官兼第四集团军司令孙蔚如，第三战区司令长官顾祝同，青海省保安处处长马步芳，宁夏省政府主席马鸿逵，新疆警备司令宋希谦，第三集团军司令赵寿山（中共地下党员，后为中国人民解放军第一野战军副司令员）。甘青宁监察使高一涵，甘肃省政府秘书长丁宜中等被临时召见。这次会议，将胡宗南一个集团军调至关中淳化，另一个集团军调至陕北洛川一带，围剿陕甘宁边区。这一次蒋介石在兴隆山共住了六天，每天早晚会余餐后，蒋手挂拐杖，或偕同宋美龄坐滑竿上山游览，或在附近散步。

沿蒋氏行宫上行建有三间硬山式大殿，名叫"二公祠"，供奉着两位圣贤。莲台上的塑像，一位头戴纱帽，一位头戴进士帽，他们面目慈祥，神情庄重。据《金县志》记载，在清道光年间金县即现在榆中县，时任县令李县令为官清正，深受百姓爱戴，人称李公。李公任满那年，甘肃大旱，金县久旱无雨。县城有座金龙庙，供奉的金龙爷特别灵验，因天旱无雨，从农历四月初八开始，老百姓便焚香祝告龙王爷降雨解救旱情，可直到五月端阳滴雨未下。于是众百姓便将金龙神轿抬在庙院中祈雨，焚香祝告数日无果，又将龙王神轿轿顶掀开，让龙王爷在烈日下暴晒，体验民众疾苦，以示惩告。恰逢接任李县令的新到县令恩县令已到任上，李、恩二县令商议共同参与百姓祈雨。待天降甘霖后，恩县令再送李县令归里。当日，恩、李二位县令头插杨柳，身背靴帽，赤脚跟随百姓祈雨队伍步行至兴隆山太白泉求雨。兴隆山太白泉道众诵经鸣钟，百姓焚香跪祝，十三四岁的四位取雨童子肃立于太白神泉两旁，信众将用生蜡封口的取水圣瓶倒置于太白泉中，恩、李二位县令和求雨百姓跪在太白泉边，待三炷香焚烧完毕，取出取水圣瓶，瓶中已汲取一马蹄圣水，所谓一马蹄是指香根马蹄形状。取雨百姓大喜，因为取得一马蹄圣水，天就能降一耧雨缓解旱情。可恩、李二位县令不懂民俗，认为圣水取得太少，解不了旱情，遂不听百姓苦劝，启开瓶口在太白泉中盛了多半瓶水，和众百姓蜂拥下山。六月的天，孩子的脸，说变就变，取雨队伍下山时恰逢天降暴雨，突发洪水，恩、李二县令和部分取雨百姓被洪水冲走。朝廷为嘉奖恩、李二县令勤政爱民的事迹，颁旨敕封，众百姓为纪念为民捐躯的二位县令，在此栖云山修庙建祠，永世缅怀。

　　拾级而上，前面就是《金县志》所称的"栖云仙阁"朝元观。此阁初建于宋代，名朝元庵。清乾隆五十年至五十五年间，由悟元老人刘祖募化重建，它是栖云山最雄伟壮观的建筑之一。正面是吊脚式山门楼三楹，中间为拱形过道，山门上方是悟元老人亲书的"朝元观"三字。有联云：道义门光明正大，圣贤理奥妙幽深。进门左手墙壁上是青石雕成刘祖所绘的"栖云山全景图"，右手墙壁上是刘祖撰书青石雕刻的大"寿"字，甚为壮观。楼上供奉的是吕祖神像，身穿黄袍，手持拂尘，面东背西笑坐于神龛中。殿中门联云：依云山起杰阁风光可配岳阳景，对涧水构仙宫规模即同黄鹤楼。中门悬挂蜀东陈昌书"陇右第一名山"匾额。楼前装饰木制雕栏，依栏向东远眺，兴隆山壮丽景色，悠悠北去的流水，无不尽收眼底。再上高台，面东背西建有斜山式正殿三楹，此殿建成后，没彩画，也没塑像，不知什么原因，就拆了。正殿右前方建有卷棚式碑房七间，里面陈设的全是石碑，多是本山宫观修筑碑记。殿左前方建有卷棚式厢房七间，以备参访道士居住。并设有客厅、厨房、丹房。客厅联云：恬澹修身庆贺新节药三品，真常应物宴待嘉宾茶一壶。丹房联云：大道还从疑里悟，元神定在静中生。厨房联云：粒米维艰下喉去细尝滋味，三餐不易入口时自量品行。朝元观是兴隆山道教的管理中心，住持接待、课徒谈道均在此处。县城庙坡山、兰州水车园、白云观等庙观也属朝元观管理，各地参访的道众也在这里居住。悟元老人主持兴隆山道教时，这里盛极一时，人来人往，热闹非凡，不愧为金县八景之一的"栖云仙阁"。

　　由朝元观向东北少行数步，下临陡壁平台，上建六角"洗心亭"一座。此亭是乾隆四十四年至四十六年间刘祖所建。亭内有悟元老人手录的"吕祖百字碑"及他撰书的对联：要上高山抬脚步，欲参圣像洗心田。

亭后在乾隆五十年至五十五年间悟元老人又建福缘楼一楹。联云：洗净心田更进一层探理窟，打通道路再挪几步登天梯。

从朝元观后门走去，北行，后世弟子建有悟元祖师祠堂一楹，内有悟元老人塑像，祠堂门联云：祖祖相传不许为邪作怪，灯灯共续常教炼性修心。朝元观时住道士武宗贤、金理南、萧理成、来理荣、冯宗云、马至里、张理云。祠堂后面的两座岗峦上，各建一座坐西向东同样大小斜山式三楹殿宇。右手是吕祖阁，左手是邱祖堂，均是乾隆五十年至五十五年间悟元老人刘祖所建，后吕祖阁改为观音殿。站在朝元观向上看，"依天危阁贴重岗"；站在观音阁、邱祖堂往下望，"峡水清溪绕山流"。观音阁殿门联云：清净法身非色非空常自在，观音妙相即无即有永虚灵。殿门悬挂何谦书"慈悲广大"牌匾。邱祖堂内祀龙门派祖师邱长春真人，法相慈祥庄严，其德配天地，光同日月！殿门联云：磻溪下苦功阴气尽消还古极，燕地行方便慈云普布益生灵。殿门悬挂吴可读书"道冠群英"牌匾。

从观音阁后上，有一座牌楼，上书"上天梯"三字。悟元老人有诗咏道："本是云中物，如何堕落山。只因开觉路，不碍在人间。"上天梯联云：欲上孤峰登圣域，先来正路稳天梯。穿牌楼再上，为"风月岭"，悟元老人有诗咏道："风来空谷应，月照天梯明。夜静登临望，浑沦一太清。"有一位叫严烺的诗人也写道："兹岭好风月，迥出人间世。道人御清风，明月生萝桂。"由风月岭顺着"细路潆回"往上攀登，在一个悬崖陡峭的山头上，坐西南向东北建有硬山式元坛殿（又称黑虎殿）一楹。内祀黑虎灵官，传说他是《封神演义》中的赵公明，所以也称赵灵官。灵官坐下黑虎，右手拿神鞭，左手按虎头，头戴纱帽，脸是黑的。两眼圆睁，注视前方。除白眼珠和少露的牙齿外，再分不出什么，猛一瞧见，有些吓人。殿内屋檩上挂着长短不一、粗细不等的好多神鞭，这些都是人们还愿而献的。中门联云：执铁鞭镇守元坛缚怪降邪尊正法，骑黑虎踏开宝藏扶危济困利群生。殿门悬挂"威镇元坛"黑色金字匾额。清乾隆四十四年至四十六年间，悟元老人募化重建。

殿后朝西少行数步，便是"脱洒台"。台上建有四角小亭，亭前是万丈石崖。此亭小巧玲珑,隐藏在密林之中。悟元老人有诗咏道:"足下烟云起,座边松柏栽。更无尘俗染,脱洒似蓬莱。"亭柱联云:闲来乍觉精神爽,久坐方知富贵轻。

左上,右手小平台上建屋三间,中建坐西向东青砖箍成洞二孔:二仙洞和三圣洞。二仙洞、三圣洞均是乾隆五十年至五十五年间由悟元老人刘祖修建。二仙洞内祀宋代得道成仙的秦致通、李致亨二仙塑像。三圣洞内祀轩辕皇帝、苍颉帝君和梓潼帝君。梓潼受玉帝册封掌管文昌府,所以又称文昌帝君,主管人间功名利禄。这三位神仙是文化人敬仰和朝拜之神。

由洞后盘旋而上,在岭脊上有一处栖云山第二块较大平地。从朝元观爬到这里,已走了一半。站在这里,朝榆中县川远望,村庄时现,麦浪滚滚,流水北去,公路南来;回头东眺,白云配青山,阳光映琉璃,老鹰山头绕,百鸟枝间跳,钟声送佳音,香烟贯山林,这就是俗称的翰海岛居。

这里,有一棵栖云山独有的油松,它有好多神奇的传说,有位兴隆山人,写诗赞曰:

> 栖云正中一孤松,混俗和光修真身。
>
> 千年炼就金刚体,灵丹已熟显外形。
>
> 神奇古怪一老松,惹来无穷求道人。
>
> 根源就在它极静,对境无心把道行。

在这孤松后面建有坐南向北硬山式小殿一楹,内祀王灵官(王善)塑像。塑像威严,赤面红须,身穿盔甲,足蹬火轮,右手持金鞭,左手掌金砖,口极大,牙外露,两目放光,使人不敢正视。有联云:玉诀无情指点行凶等辈,金砖有眼扶持积善人家。殿门悬挂金县知县李蔚起书"威灵昭聿"匾额。

灵官殿后建有坐南向北硬山式大殿三楹,名曰"七真殿"。悬有"道冠紫虚"和"一味水中金"两块匾额。殿内从中檩处隔为两半,前半面内祀十七尊神像,正面莲台上为七真人:马钰(即马丹阳)、谭处端、刘处玄、邱处机、王处一、郝大通、孙不二。左侧为北五祖:王玄甫、钟离权、吕洞宾、刘海蟾、王重阳。右侧为南五祖：张伯端、石杏林、陈泥丸、薛道光、白玉蟾。诸位神仙聚会一处，各具特色，法相威严。殿后半面神龛中坐着面朝独秀峰的观世音菩萨，称"观音倒骑龙。"殿门联云：倒坐观音三教中各还面目，自在菩提遍尘世须究根源。

攀登独秀峰，仍顺着"细路潆洄玉磴长"往上爬。路右拐弯处建有牌楼一座，上书"瑶池境"三字。再上转弯处，就是朝阳洞。它坐西向东，外墙用石块镶砌，犬牙交错，长满苔藓，杂草遮蔽，内壁用大青砖砌成上小下大的八卦形，内盘土炕。门楣上镶嵌一块扇面形石条，上刻"朝阳洞"三字，古雅苍劲。悟元老人有诗赞曰："石洞正朝阳，绝无阴气藏；光明通表里，别是一天堂。"史书记载，宋代秦致通、李致亨在此修道成仙，清乾隆五十五年悟元老人重修住此。

秦李二仙，南宋宁宗庆元年间道士，祖籍金县（今属辽宁大连市）人。李仙名元，曾为谏议大夫，后隐居嵩山（今河南省）茅舍。他闻衡山（今湖南省）有道人秦保言，勤于焚修，通乎神明，远赴参访。秦知衡山有一隐居者名大帽翁（即太虚真人），同往虔诚叩谒，机缘相投，拜为师尊，授以道要。李改名致亨，秦改名致通，辞师出山，云游江湖，混俗和光，到处安身。后至西秦金城栖云山朝阳洞（今甘肃榆中栖云山朝阳洞）结茅深隐，潜修大道。李仙栖云抒怀诗云："富贵功名久不题，心灰意冷学痴迷。迩来性懒无人事，好向云山深处栖。"秦仙咏栖云诗云："依天危阁贴重岗，细路潆洄玉磴长。曲涧碧流疏宿雨，夹山红叶映夕阳。"道成之后，去栖云远游，不知所终。

据《神仙纲鉴》（栖云峰藏书洞资料，共六十余册，在"文革"中被焚毁）介绍。公元前1120年，西周时就有人在此修行。公元156年，东汉张道陵传道以后，这里便有了道士和简陋的建筑。公元627年唐太宗李世民执政时，在此大兴土木，建造了很多庙宇。《栖云笔记》记载："唐宋时神殿甚多，香火兴旺，称洞天福地焉。"到1195年，南宋宁宗庆元时，秦李二人居此修行。朝阳洞记述着兴隆山的历史，特别是栖云山道教传承史，珍贵无比，要爱护它，保护它。

从朝阳洞向上走一二十步，再顺左手林间小径向东南而行，正面石壁上刻有"白云窝"三字。"白云窝"用石崖作后墙,面向东,建有一间小巧玲珑的庙堂,屋檐下伸出一截,铺有木板供人行走。内祀睡仙陈抟老祖(即华山张超谷中成道的陈抟)。睡像塑于莲台之上,身子紧贴石崖。他老人家修的太好,睡了几千年还睡不醒,给他烧香叩头的人他连看也不看一眼。吕洞宾祖师曾说:"陈抟高卧白云窝",这就是白云窝的来历。殿门悬有"寂在睡中"匾额。悟元老人有诗咏道:"石壁有灵窝,崎岖路怎过?等闲人不到,只见白云拖。"更有悟元老人《题陈希夷睡像(四曲)·寄调四边静》碑文,全录于下,以供玩味:

睡睡睡中快,这个方法不轻卖。傍门足三千,非妖即是怪。金液大还丹,得之超三界。噫!这等自在仙,真个长不坏。

睡睡睡中乐,这个方法谁摸着。始则必有为,终需要无作。性命归一家,人我俱忘却。噫!这等自在仙,真个人难学。

睡睡睡中好,这个方法怎寻讨。捉住天地根,取来混元宝。安在太虚空,无烦也无恼。噫!这等自在仙,真个世间少。

睡睡睡中妙,这个方法人不要。弹的无弦琴,唱的无字调。鸿濛打一盹,醒来呵呵笑。噫!这等自在仙,真个丹书召。

白云窝是清乾隆五十五年间悟元刘祖所建。

从朝阳洞往下走,到"瑶池境"牌楼处,进门顺云杉林中小径向西南而行,左手石壁刻有"寂静岩"三字。此间青松挺拔,欲刺青天,密林中倍感寂静。往前行二三十步,对面石崖上刻有"熊耳石"三字。书法苍劲有力。再往西行进十步,三块大石上刻有"三台岭"三字。悟元老人有诗咏道:"奇石应三台,双双上下开。不从尘世得,却自斗中来。"三石旁建牌楼一座,上书"王母宫"。牌楼向西前行十余步,有一小山嘴,建有背西面东斜山式大殿一楹。内祀王母圣像,两侧仙童站立,天真活泼。殿柱上有悟元老人所作对联:岭后有清溪此间即是瑶池岸,山头生彩云这里分明王母宫。殿门悬有左宗棠书"共沐宏庥"、悟元老人书"玄之又玄"、于右任书"九府神宫"三块匾额。

山人到此心情激动,吟咏几句:"本是云中物,何人移此间。三面临陡壁，唯有震方牵。蟠桃山中有，仙酒涧下流。只候众仙到，共贺太平世。"王母宫，系乾隆五十五年间，悟元老人刘祖修建。

沿着向东南的林中小径，拾级而上，不远就到"细路漾洄玉噔长"的正道了。转弯处建有一座又高又大、工艺精巧、雄伟壮观的牌楼，上悬闪闪发光的"南天门"三个金字牌匾，有联云：敲开众庙门左之右之皆归大道，登上混元阁东也西也尽是正宗。

看到"南天门"三字，使我不由进入一种玄妙而神秘的境界，脑际中浮想联翩。当年这座洞天福地栖云、兴龙两山建设的设计师悟元祖师，他的视野和胸怀是多么开阔，构思力极强，真是一位不同凡俗的匠手。"肚大能容，容天容地"，他把这座宝山装在了脑中。我是一个凡夫俗子，反复捉摸、揣测，认为整个建筑有三大特点：

一、把天宫搬到人间。据余所见，天宫就在人间，祖先们为了教化世人"诸恶莫作，众善奉行"，以待百年之后，到天宫去有个好的归宿。地狱就在人间，设有十八层地狱。先辈们为了教化世人"诸恶莫作，众善奉行"，不要死后到地狱去受苦刑。当然，我希望天宫地狱真的存在，惩恶扬善才能令世人平等和谐相处。

二、按照仙佛职位的高低。建神庙时按神位山顶、山腰、山底合理安排，不能随心所欲，任意所为。

三、不破坏植被。根据自然形成的地形，因地制宜，地面大的建大庙，地面小的建小庙。东山地势平缓，建筑多以雄伟壮观为主；西山山势陡峭，建筑以小巧玲珑为多。

顺着"细路漾洄玉磴长"往上走，路西平地上，建有坐南向北硬山式小殿三楹，名"寿星庵"，内祀寿星，亦称南极仙翁、南极长生司命真君，并称南极真人。真人鹤发童颜，座下一只仙鹤。殿门联云：非洞非亭仙翁别有空灵窍，即星即圣寿老兼全造化根。门庭悬挂"万寿无疆"匾额。清乾隆五十年至五十五年间，悟元老人募化修建。

再上，路西平台上建有牌坊一个，前书"南斗台"，后书"七星岭"。平台上用七块大石布成北斗七星式样，名"拜斗台"。上面这一平台，地面较大，建有坐西向东硬山式大殿三楹，名"斗母宫"。内祀斗母元君，即北斗众星之母女神，先天斗母大圣元君，又称圆明道母天尊（即斗母、北斗星）。塑四头八臂神像，栩栩如生，形威严，面慈善，工艺精巧细致。殿门悬挂"教法西天"匾额。大殿中门联云：济难扶危无上玄元天母主，扫邪除怪真空妙相法王师。金柱联云：气秉金精现四头伸八臂斩怪除妖总在慈悲心上运法力，神居斗府齐七政合五行旋星斡宿皆从造化窝中放毫光。此殿系清乾隆五十年至五十五年间由悟元老人募化所建。

再上，顺西面林间曲径下去，在一小山岭建有坐东北向西南马灵官楼一楹。下为过道，上祀马灵官。此楼也叫后山门，马灵官担任镇守后山门的要职。由楼下过道，顺林间曲径盘旋而下到山根。此路是原来建混元阁时，运料所走的便道。马灵官楼是乾隆五十年至五十五年间由悟元老人刘祖所建。

由斗母宫朝东南下，顺林间小径南行，便到雷祖殿。此殿是乾隆五十年至五十五年间刘祖重建。坐西向东硬山式大殿三楹，因在山头，倒也壮观。内祀九天应元雷声普化天尊，或称太乙雷声应化天尊，并称都天纠察大灵官。殿门悬挂"帝出乎震"和"欲火真形"两块匾额。中门联云：雷声发在云云山决有应元府，阳气生于震震地常开普化门。金柱联云：权握雷霆应在云山有宝殿，神通木气当于震地建琳宫。

进入此地，站在小山嘴上，北望榆中县城，东眺兴龙群山，南见马啣积雪，顿觉视野开阔，心情舒畅。惊叹：大自然真美！

由雷祖殿南行，便进入榆中道教的发祥地，驰名中外的"自在窝"。此建筑，坐西向东，全用砖石砌成。依山势而上，共成三台（三层）。第一台北角，刘祖仿效朝阳洞式样所建，外面石块，里面大青砖，箍成上小下大、螺旋式圆形窑洞，内呈八棱，取"八卦炼丹炉"之意。内盘火炕，是他的卧室。小门联云：洞里有天机难向旁人说破，眼前皆道气又从自性修成。一台中间一洞较大，是其著书立说之地，后塑遗像一尊，以表纪念。洞门联云：栖云山道气凌云，自在窝仙风常在。洞门上挂有张阳全书"悟得元关"匾额。洞前嵌碑两块，一块刻眼药方，一块刻刘祖自题的借字回文诗。其题诗共有六十四个字。据称：纵横可排成十六行，顺逆反复成六言绝句十六首，共得字三百八十四。现在，把原诗六十四个字，写在下面，以供探其中的玄虚与奥妙。

性命全精道正真行

悟了真修本务精固

真常作用形泯度神

谌诚运法消阴炼心

内外精详枉退心清

正净还明疗病纯敬

中虚得药神功性空

净敬铅生造圣谆性

悟元子原注：八行平书，易于诵念，八行共六十四字，反复颠倒念之，成纵横十六行，成六言绝句十六首，得三百八十四字，中藏修真之诀，以此结知音之士。

横读：

性命全精道正，全精道正真行。

行真正道精全，正道精全命性。

悟了真修本务，真修本务精固。

固精务本修真，务本修真了悟。

真常作用形泯，作用形泯度神。

神度泯形用作，泯形用作常真。

谌诚运法消阴，运法消阴炼心。

心炼阴消法运，阴消法运诚谌。

内外精详枉退，精详枉退心清。

清心退枉详精，退枉详精外内。

正净还明疗病，还明疗病纯敬。

敬纯病疗明还，病疗明还净正。

中虚得药神功，得药神功性空。

空性功神药得，功神药得虚中。

净敬铅生造圣，铅生造圣谆性。

性谆圣造生铅，圣造生铅敬净。

纵读：

行固神心清敬，神心清敬空性。

性空敬清心神，敬清心神固行。

真精度炼心纯，度炼心纯性谆。

谆性纯心炼度，纯心炼度精真。

正务泯阴退病，泯阴退病功圣。

圣功病退阴泯，病退阴泯务正。

道本形消枉疗，形消枉疗神造。

造神疗枉消形，疗枉消形本道。

精修用法详明，用法详明药生。

生药明详法用，明详法用修精。

全真作运精还，作运精还得铅。

铅得还精运作，还精运作真全。

命了常诚外净，常诚外净虚敬。

敬虚净外诚常，净外诚常了命。

性悟真谌内正，真谌内正中净。

净中正内谌真，正内谌真悟性。

还可从外旋读到内读：

性命全精道正，全精道正真行。

道正真行固神，真行固神心清。

固神心清敬空，心清敬空性谆。

敬空性谆圣造，性谆圣造生铅。

圣造生铅敬净，生铅敬净中正。

敬净中正内谌，中正内谌真悟。

内谌真悟了真，真悟了真修本。

了真修本务精，修本务精度炼。

务精度炼心纯，度炼心纯性功。

心纯性功神药，性功神药得虚。

神药得虚净外，得虚净外诚常。

净外诚常作用，诚常作用形泯。

作用形泯阴退，形泯阴退病疗。

阴退病疗明还，病疗明还精运。

明还精运法消，精运法消柱详。

法消柱详详柱，详柱消法运精。

消法运精还明，运精还明疗病。

还明疗病退阴，疗病退阴泯形。

退阴泯形用作，泯形用作常诚。

用作常诚外净，常诚外净虚得。

外净虚得药神，虚得药神功性。

药神功性纯心，功性纯心炼度。

纯心炼度精务，炼度精务本修。

精务本修真了，本修真了悟真。

真了悟真谌内，悟真谌内正中。

谌内正中净敬，正中净敬铅生。

净敬铅生造圣，铅生造圣谆性。

造圣谆性空敬，谆性空敬清心。

空敬清心神固，清心神固行真。

神固行真正道，行真正道精全。

正道精全命性，精全命性性命。

命性性命全精，性命全精道正。

　　中间一台，用砖石砌成拱形窑洞三孔，专藏经板，叫"藏板洞"。最后一台，洞身较大，门朝南，是为专藏印好的经书而用，叫"藏经洞"。洞门联云：洞中有灵苗认得时留心采去，门前其道岸见真处着力高登。庄子在《南华真经》中说："无用之用为大用。"这组建筑，没有一点木料，拆下无用，所以才完整地保存到今天，让大家得以参观朝拜，这就是无用之用为大用。刘祖选择的这块地方，冬暖夏凉，藏风聚气，视野开阔，令人心情舒畅，实是一块修行的好福地。

由自在窝背后的小径朝西而去，路边的小台上有一长方形大石，上刻"谈道石"三字。刘祖有诗咏："秦李何处游，谈道空留迹。尘世少知音，高山只二石。"谈道石上面就是著名的混元阁。此殿是清乾隆五十年至五十五年间，刘祖重建。混元阁坐落在栖云山较大的第三块平地上，坐南向北建有斜山式大殿三楹，上覆琉璃瓦，在阳光下闪闪发光。内祀混元老祖塑像，塑像高大，工艺精巧，老祖鹤发童颜，形态端庄。殿门悬挂刘尔炘书"混元一炁"和"虚无自然"匾额两块。中门联云：混元祖气恍兮惚兮圆陀陀直超像外，大道真宗实耶虚耶活泼泼总在规中。金柱联云：假里藏真混元一气成神室，无中生有妙用当时立圣基。

山门朝北，用青砖砌成拱形式样，上有钟楼一间，内挂大钟一口，此钟音量特好，敲时空谷传声，东西两山均能听到。附近百姓常说："峡口上的风，混元阁的钟。"殿前左右各建厢房三间，前面没有装修。据知情者讲，好像封建帝王的朝房一样，大臣们早早起床，坐在朝房里，等皇帝上朝。这里使我想起几句古言来："朝臣待露五更寒，铁甲将军夜渡关。山寺日高僧未起，算来名利不如闲。"

从混元阁西角便门出去，在石壁上刻有"面壁石"三字。刘祖有诗咏："万丈岩头石，端然壁列同。自从秦李去，面坐少香风。"从面壁石西侧一小径上去，就到了栖云山巅的"冲虚台"。刘祖有诗咏："孤峰接正脉，绝顶结灵胎。有此浩然气，虚空亦应开。"台上建六角亭一个，玲珑美观，亭中矗立二米长的六角石柱，叫"通天柱"。上刻《玉皇心印经》，文笔清新而流利。经柱亭系清乾隆五十年至五十五年间刘祖所建。冲虚台上又立"通天柱"，含义深长，使人顿觉冲入云天。冲虚台东南是舍身崖，悬崖千仞，下临无地，探首俯视，不禁股栗。刘祖有诗咏："皮囊为大患，昧却本来面。现有舍身崖，教人仔细玩。"从冲虚台向南俯视而下，小山岭叫"九宫台"，刘祖有诗咏："诚然造化奇，发现九宫机。理路分明有，在人自上梯。"从独秀峰到冲虚台这一山錾叫"苍龙岭"。刘祖有诗咏："空中现本像，山内养精神。莫道形苍老，须知久炼真。"舍身崖正中有一石洞，叫"炼真岩"，也叫"栖仙岩"。刘祖有诗咏："虎卧又龙眠，空中石壁悬。风云相际会，正好炼先天。"南面和我们正对的那个山头叫"独秀峰"。

爬上栖云山山顶，喜看红日西坠，晚霞满天。栖云山庙宇建筑文化与大自然融为一体，和谐璀璨，美不胜收。从背山下山，云杉参天，曲径幽幽，沐浴晚风，别具洞天。

兴 龙 山

兴龙山的景色更是幽美壮观。宏敞的庙院，沿着山麓，叠砌而上。兴龙山茶、各种野花，交相辉映。自成吉思汗的灵榇移到这里后，更是游客接踵，兴龙山声名远播。

过云龙桥，北下坡数步，为龙王殿。建坐东向西硬山式大殿三楹。内祀龙王，中门上方挂水梓书"五龙宫"匾额。金柱联云：雨赐时适神功大，物阜年丰圣德宏。殿前左右各建两檐水厢房五间，大殿北有一小屋，内祀太白宫移来的几尊神像。山门朝西，上挂张治中题"霖雨苍生"匾额。时住胡明清、赵至中、安至平道士。

由龙王殿向东南上坡，左手有石凿山神洞一个。洞见方二米左右，祀山神土地，挂"万物载焉"匾额。洞门联云：威镇陵岗驱虎豹，恩施物类净山林。

由山神洞向东直上，右手有滴泪岩一处，水珠像眼泪一样，从石缝中滴滴答答滴入水池中，这里有一个优美的传说故事。转弯在石壁上刻有"枕流"二字。向南前行，建有关帝阁，也称老爷殿。清嘉庆十八年，悟元老人刘祖重建关帝阁并创建石菩萨殿。移关帝庙在前，石菩萨殿在后为正殿。开展地基，或帮或斩，量其地形，改移坐向，离虚就实，易殿为楼，建卷棚式木楼三楹。楼上祀关帝圣像，莲台下左右站立周仓、关平塑像，魁梧异常。门上悬挂"精忠贯日"匾额。中门联云：庙门对石泉奸臣贼子早洗心田朝帝面，圣像当山口义士忠良再抬脚步上云楼。楼前建四角看河亭一楹,有联云:水秀山青未许寻常人领趣,松声竹韵还须脱俗者知音。

关帝阁后的高台上,建石菩萨殿。楼后殿前为过道,中有一泉,名"玉液泉"。此间是上下山必经之路,原来玉液泉南北各起穿路小楼一间,楼上南面一间供水神(水星),北面一间供火神(火星),取水火既济之意。小楼下一层,叫穿廊,南北均用青砖箍成拱形山门。上有砖雕对联"客至空林联芳草,门通幽境归白云",工艺精巧,非常受看。最上一台,建硬山式大殿三楹,内祀石菩萨,石雕佛像工艺粗糙。殿侧南北建厢房数间,以供道士居住。时住孔爷(中医先生)和段至遇、李明性。上中下连成一气,配合成局,倒也雅观。

从关帝阁穿廊南门出去,向东上坡少许,建有灵官殿,此殿清乾隆五十六年悟元老人刘祖重建。坐东向西建硬山式大殿三楹,内祀王灵官,塑像威严,栩栩如生,赤须红发,足蹬火轮,右手持金鞭,左手掌三角有眼金砖,双目圆睁,口大张,牙外露,非常吓人。殿门联云:鞭下无情恶党凶徒须当退后,砖头有眼仁人君子更要向前。大殿后面小台上,建两檐水小殿一楹,内祀萨真君神像,小台俗称"萨脱岭"。据传说,萨真君原是回族,为王善的师傅。正殿前为一间两檐水山门,殿北有厢房三间,时住道士杨元初。

从灵官殿南侧再东上数步,便是三大士殿。此块地方比较宽大,院内坐东向西建有硬山式大殿三楹。内祀华严三圣:观音菩萨、文殊菩萨、普贤菩萨。塑像工艺精巧传神。大殿中门悬挂"慈悲广大""教垂南海""寻声赴感"三块匾额。殿门联云:总一菩提须在真空寻本面,是三大士当从妙相究根源。院西北两边各建厢房三间,南面建卷棚式山门三间,中间为青砖箍成的拱形山门,两边间为耳房,向南开圆形窗子,像两只眼睛,非常好看。四周围墙,殿后围墙上题有汉译的成吉思汗遗嘱:"广土众民欲御辱,必合众心为一。"此院建筑,从设计工艺等方面看,虽不宏大,但整齐壮观,清乾隆五十八年悟元老人刘祖重建。时住陈明礼和孙姓道士,其为高功,引领的经师班在兴龙山经师中为最好,名声很大。

三大士殿后，顺萨脱岭而上，便是太白宫（亦称大佛殿）。这里院落宽阔，房舍整齐。太白宫，初建年代不祥，明末毁于兵火。清嘉庆年间，刘一明"帮助善信成工"。修建大殿5间，正殿3间，两边各有陪殿1间。正殿中供奉如来法身，两厢陪殿中供奉孔子塑像和悟元子塑像。殿门悬挂"教法西天"匾额。大殿中门联云：如来真如如如自在无来亦无去，寂灭圆寂寂寂常灵不灭亦无生。殿前左右各建厢房三间，正对大殿西面，建吊脚式山门楼三楹。楼正中檐下悬"大佛殿"匾额。楼下中一间，青砖箍砌拱形山门。山门联云：三世法身净裸裸赤洒洒舜若多有无不应，一灵真性光灼灼圆陀陀波罗蜜物我归空。从楼下过道到院中，山门楼的上盖是卷棚，屋檐下边间前后共开四个圆窗，好像有前眼也有后眼，两目圆睁，窗口大张，非常受看。这种建筑是兴隆山古建筑的一大特色。外面看是两层楼房，从山门进入院内看，实为一层，下实、上虚、中空。时住道士张明玉、杨宗同、赵诚多。

1937年7月卢沟桥事变后，抗日战争全面爆发，中国北方的大部分领土被日军占领，各种文物、古迹受到种种破坏。1938年末，投降日军的德穆楚克栋鲁布密谋，要将鄂尔多斯的成吉思汗灵柩、苏律定神物劫走，民国政府为了防止成吉思汗灵柩陷于异族之手，辗转千里，于1939年（民国二十八年）6月28日，将成吉思汗灵榇运抵甘肃榆中兴龙山，7月1日在太白宫举行安榇典礼后，主持道士离去，部分塑像转移。成陵迁移到兴隆山后，供设在正殿中央。成吉思汗油画像悬挂于正中，魁威刚毅。像前置成吉思汗银棺（此为"大伊金霍洛"，内有大汗遗物马鞍、马镫、马头胡等），银棺长120公分，宽77公分，高99.5公分，棺椁前放着苏联石刻上摄下来的镜框照片，周围镶嵌着金黄雕琢的龙凤图案。其右为成妃忽阑哈敦棺椁（此为"小伊金霍洛"，实为成吉思汗第二夫人"中宫夫人"及其儿媳名"西夫人"的陵寝），形状、装饰与成吉思汗棺椁相近。其左竖立着苏律定神物（包括一个大矛四个小矛）大矛长20公分，柄长250多公分。苏律定神物前面陈桌一张，上置宝剑一把。而两厢陪殿由守灵蒙民和宪兵居住，其中的孔子塑像和悟元子塑像被移至山下龙王庙中。成陵自1939年7月1日移至兴龙山，历时十年，于1949年农历七月初六，被马步芳迁往青海塔尔寺。门厦两旁的厅柱上，分别悬挂着邓宝珊和阎锡山于1939年成陵西迁过程中榆林大祭时撰写的对联。邓宝珊撰联：勋业满乾坤想当年叱咤风云纵横欧亚，寇氛连华夏看此日仓皇戎马凭吊英雄。阎锡山撰联：铁骑任纵横一代武功成大统，威名震欧亚千秋盛业说元朝。

出了太白宫（大佛殿），上坡便是药王殿。建坐北向南硬山式大殿三楹，内祀药王孙思邈，药王爷是救死扶伤的神。大殿中门悬"普济众生"匾额。金柱联云：一粒金丹龙可治虎可医得心应手，三关妙诀性能全命能保起死回生。殿前左右各建厢房三间，正南修山门一楹。据现存石碑记载，此殿由皋兰县与山西汾州府介休县善男信女捐资，清乾隆五十年悟元老人刘祖重修。时住赵道和王诚义、张明性。

出药王殿山门稍上，便是有名的百子宫，俗称圣母殿，也叫娘娘殿。此院建筑雄伟壮观，是兴隆山四大名建之一。坐北向南建有高大宽敞硬山式正殿三楹，正殿左右各建一楹配殿，上瓦琉璃瓦，在太阳照射下，闪闪发光。正殿内祀送子娘娘云霄、碧霄、琼霄和两个童儿。塑像后面假山背景，塑有一百二十个天真烂漫、形态各异、表情丰富的孩童，供世间缺儿少女的善男信女求儿女时，用自己的头发和红扣线拴住喜爱孩童塑像以求子女。正殿中门悬挂左宗棠撰书"德配乾元"和黄楚南书"灵感有众"匾额。金柱联云：树桂栽兰先从好心地上培养根本，生麟产凤早向灵明窍中凝结胞胎。院中建卷棚式过厅三楹，中一间为过道，左边一间内祀杨泗将军站立法像，右边一间供奉女青真人。正对过厅南面，建两檐水山门一楹，上有钟楼，内挂大钟一口。山门联云：心田善时决定根深叶茂，德园存者必须兰桂藤芳。正殿左右各建厢房七间，前院方形，建厢房三间，后院长形，建厢房四间，山门内东南角为厨房和便门。厨房门联云：粒米维艰下喉去细尝滋味，三餐不易入口时自量品行。西面厢房对正殿的跨墙内侧，立有"百子宫"石碑一块。此组建筑一进两院，雄伟壮观。清嘉庆四年由悟元老人刘祖重建时，因钱谷难办，延至嘉庆十一年，方得告竣。时住道士杨至林、张理穷、严至和。

　　值得一提的是，兴隆山自古有两个传统的盛会。一是"六月六"朝山会，二是每年四月八娘娘殿庙会。民谣曰："四月里来四月八，娘娘庙上把香插。"缺少儿女的人们前来娘娘殿求儿女，以前求子生了孩子的，高高兴兴怀抱宝宝，牵着羊、抱着鸡和香表蜡烛前来还愿；还有的父母亲，不是求儿女，也不是还愿，而是为了让自己的孩子健康吉祥，也来给送子娘娘烧香磕头。庙周围插着彩旗，经师们扬幡挂榜，鸣钟诵经，愿单榜文、彩纸旗幡把庙院装扮的五彩缤纷。法器振山谷，经声荡心魄，人声鼎沸，香烟缭绕，盛况空前，热闹非凡。

　　由百子宫山门出去，顺着高大欲刺青天的云杉林中曲径向南斜上，在一拐弯处有张治中在1942年所建的六角"喜松亭"。亭上挂有张治中撰、水梓书联：静调琴韵听流水，更历岁寒爱老松。

　　再向东北而上，转弯向西攀登便到山巅。这条山脊是从虚皇殿处抽出一脉，向西直下，到此猛止，形成南、西、北三面临悬崖陡壁的小山嘴平地。地势十分险要，庙宇非常壮观。在这块宝地上，建坐东向西硬山式大殿三楹。内祀无量祖师，亦称祖师万法教主、玄天荡魔天尊。莲台上塑有他的尊像：头披发，右手掌七星宝剑，左手卡雷诀，一足踏龟，一足踏蛇。莲台上站龟蛇二将，下站马、赵、温、岳四大灵官，猛一瞧见，真叫人毛骨悚然。大殿中门悬挂"玉虚师祖"匾额，金柱联云：金阙化身弃假归真开觉路，武当显道调元赞运镇妖氛。殿前左右各建厢房三间，正对大殿西面建两檐水山门一楹。山门联云：足下踏龟蛇坎离相济成大道，眼前有婴姹震兑交欢复元仁。时住道士冯理堂。

　　1958年7月6日，朱德总司令携夫人康克清来兴龙山游览，在此山顶休息，接见了兰州大学生物系实习学生并和彭高棋对弈。后修建了一座二层仿古建筑，名"朱德纪念亭"。

　　顺着山脊东上不远，右手旁有一条细小山径向东南方向而下，这是去二仙台的必经之路。二仙台建坐北向南硬山式大殿一楹，内祀秦致通、李致亨二仙。殿东侧建厢房两间，时住戈明赢道士。此处地僻人稀，视野开阔，坐北向南，是一块修真养性的宝地。殿前山嘴下的石崖上凿有一个石洞，是道士坐功的地方。有一段鲜为人知的传说故事：相传悟元老人刘祖建修百子宫时，有一天来了两位蓬头垢面的不俗之客，一见刘祖便说："刘一明，你为什么干这劳民伤财的事情？"刘祖答道："善士捐建，劳工付酬，善事善行，何为劳民伤财？"二人笑而不语，刘祖并未在意，给每人各斟了一小碗山茶，便照应施工去了。不一会儿过来，不见人影，两个茶碗扣在桌上。刘祖翻过茶碗一看，只见一个碗底写着秦，一个碗底写着李。刘祖恍然大悟，便去追赶。人影不见，忽听空中在喊"刘一明，刘一明"，刘祖顺着声音一直追到这里，只见俩人正在此地下棋。刘祖双膝跪地祈道："晚辈有眼无珠，冒犯仙颜，敬请赐教！"二人朗声道："刘一明，栖云、兴龙建庙功将圆满，切记身后大事。"言毕，二仙忽然不见。事后，刘祖为了纪念秦、李二仙在此显道，建大殿一楹，内塑尊像，并建厢房数间，安排道士早晚焚香，这就是二仙台的来历。此后刘祖除继续完善建庙大事，更把精力主要放在注著经书上，留下了著名的《道书十二种》和各种医书流传后世，成为稀世瑰宝。二仙台前两颗大树，一为云杉，一为青枫，一样高低，一样粗细，据传为秦李二仙之化身。有诗赞曰："二仙何处游，空留弈棋石。八百九十春，为啥还不回！"

原路返回，顺着山脊而上，就是三官殿。站在这块高地上，看见南面的那座大山，叫马啣山。山高云淡，茫茫一片，有无数的牛羊马匹在吃草、奔驰、玩耍。半山腰，有一处冰还未化，白白的一点，那是一眼山泉，叫金龙池。马寒山的积雪，有时到六月天才能化完。站在马寒山顶，俯视兴龙山，兴龙山就像个小孩子一样，马啣山最高峰海拔 3670 米。

站在三官殿眺望栖云山，独秀峰、苍龙岭、冲虚台、混元阁、自在窝和西面的凤凰山都会收进你的眼帘。

三官殿又名三元殿。一进两院，坐东向西建硬山式正殿三楹。内祀三官大帝，即天官、地官、水官。传说是人间历史上的尧、舜、禹。天官身穿红袍，地官身穿黄袍，水官身穿绿袍，均头戴九六珠，各持朝笏，端坐在莲台上。台下左右各站一位，一曰日查神，一曰夜查神，日夜在查恶。一位鹰嘴，面目非常可怕；一位手掌善恶薄，一手拿算盘。

正殿中门悬挂"万物清焉"和"纲维造化"匾额。门上联云：考校功过为列仙登阶之领袖，宥赦愆尤作群生瞻仰之宗君。金柱联云：上元中元下元德高望重立华夏千秋业基，天官地官水官励后诸君扶炎黄万代子孙。正殿前左右各建厢房七间，院中建卷棚式过厅三间，内祀杨泗将军。西方青砖箍砌拱形山门一楹。山门联云：位列三元上中下斡旋气运皆归一道，智周万物天地水解脱灾愆总是同心。山门外有一土地堂，有联云：土地处处灵岂仅云台受福，坤德方方厚亦教争秀生荣。清嘉庆十三年，三官殿柱朽下挫，墙倒像歪，栋宇将脱，刘祖起立重修，补塑神像，金装彩绘，收拾崖墙水道，两年方得告竣。时住道士盖慧峰、庐宗礼、祁诚林。

从三官殿山门前右拐弯向东南少行数步，便是三教洞。此洞坐北向南，全用砖石箍砌而成。内祀儒释道三教圣人老子、如来和孔子。洞门上方挂"玄之又玄"匾额，门上联云：均是圣人何分儒释道三教，总归正理要会身心意一家。门东侧建厢房三间，时住道士穆宗法。清嘉庆七年刘祖曾补修三教洞。三教洞原在娘娘殿下湾，为何移建到这里？这里有一段神话传说。三教洞旧址，偏僻简陋，没有人去朝拜，且因年深日久，多半倾圮了。有一年三月间，突然来了一只斑鸠，它悲伤地往来飞鸣，仿佛凄怆地叫着"三教洞，三教洞……"可惜，它悲鸣了三年也没有人能领悟它鸣叫的意思。后来，有一位名叫金教立的羽士，一日凝神静坐，忽有所悟：此鸟必是三教主的青鸟使，它专呼三教洞的缘故，是欲令人代为重修三教洞。这位羽士于感动之余，大发善愿，四处募化，将三教洞移建今址。待工程告竣后，那悲鸣的小鸟便从此不见了。

从三教洞向东南稍下坡坎的山湾中便是有名的太白泉。常言说："山有多高，水有多高。"其名就名在这眼清澈见底的泉水了。此泉原名三元泉，清咸丰年间改称今名。建坐东向西有斜山式木楼三楹。楼上祀太白金星，塑像鹤发童颜，手持拂尘，从云霄飘然而下。中门联云：泉涌峰巅天降瑶池液，阁隐林间云捧太白楼。楼下祀麒麟送子娘娘，塑像工艺精巧，娘娘骑一头麒麟，怀抱一个天真可爱的孩子。莲台前有三个一样大小的圆形小泉，圆形小泉前是一个半月形水池。池中放了不少小石头，以供求儿女的人摸石而用。金柱联云：抱来天上麒麟子，送与人间积善家。这清可鉴人的山泉，在太白楼下，水由石缝中流出，一左一右，以石槽导水入槚。上铺木板，槚底前端，开有三个小孔，分注于槚前三个像水桶一样的泉内。小圆泉前，半月形的水池是盛那三个圆泉中注入的泉水的。水池前面，修筑暗沟，通至楼前的台阶下。然后，由那个地方，置一圆形石槽。槽上缀一石雕龙头，泉水就由龙的嘴里吐入槽中。石槽上凿一小孔，将泉水导入暗沟，流至院前的深渊中去了。楼南侧，有厢房三间。院子西北角修两檐水山门一楹，山门联云：玉泉长流圣仙水，宝山遍种不老松。山门内，坐北向南又建木楼二间。楼上为客室，明窗净几幽雅宜人。时住道士赵理臣、李理保、张宗仁、李诚芳、叶宗柏。

出太白泉，顺着曲径东北而上有一小平台，建有鱼蓝菩萨殿，内祀鱼蓝菩萨。再上，又一平台建有两檐水小殿一楹，内祀眼光娘娘，有眼疾的人求她医治护佑。

再上便是玉皇殿。建坐东向西斜山式正殿三楹，内祀玉皇大帝，塑像头戴九龙珠，端坐莲台正中，面容伟严而慈祥，左右童儿护持，莲台下站四大天王。中门悬挂"其尊无对"和"道统诸天"匾额。正殿金柱联云：妙乐分形三千劫里完功德，玉京说法十七光中化圣凡。殿前左右各建厢房三间。正殿西面，建吊脚式卷棚山门楼三楹，楼下中一间，青砖箍砌拱形山门。山门联云：道证觉王如来总在三千苦行中修就，位登上帝玉皇原从十七光辉里得来。上层建卷棚式房屋三间，内有齐天大圣神轿一个。边间前后共开四个圆窗，有前眼亦有后眼，山门为口，圆窗为眼，特别好看。上虚下实中空，外面看是楼，进山门看，则非楼房。时住道士张元发、丁明信、朱至一。

据考，玉皇行宫是明朝万历二十八年庚子（1601年）由金邑侯王公同山西沃水县善人张梅倡修建。清嘉庆十二年二月，悟元老人刘祖协同众善起工重建。大展地基，续建东西两廊、山门、灵官楼、道房、厨房。工将完成，秋雨连绵月余，山门地基走挫，栋宇上下皆倾斜开裂，欲为重做，限于钱谷无出，不得已而往固原，盐茶募化，始得完工，为兴龙第一壮观之所。

玉皇殿后东上，便是兴龙山最高的一座庙宇——虚皇殿。坐东向西建硬山式正殿三楹，内祀虚皇大帝，莲台塑虚皇大帝神像。殿前左右各建厢房三间。西面建山门楼一楹，楼下为山门过道。时住道士马明成、石至花、穆理清、周至祥、高宗玉。

从虚皇殿向北，顺着小道前行，到一山脊拐弯，向东南方向走去，有一溜道，转东北向，顺着灌木林中的小径，东北而上，看见两颗又高又大的家白杨树，就到了著名的刘爷坟。此坟共两台，第一台西北角建静室两间，门上联云：斗室容身袖里乾坤无界畔，蜗居乐道胸藏日月永光明。院中建抱一亭，有联云：陋室幽闲安身静坐无思虑，山弯偏僻定性深居养谷神。第二台前沿中间有一小门，门上悬"寂寥"二字。门两侧各立石碑一块，一块为交友所立，一块为众弟子所立。碑上的大字均为唐琏所书。

正对门后，就是用砖石箍砌而成的墓洞。墓后有油松三棵，东北角有白杨树两棵。从东北方向或西南方向前来拜墓的人，都先到第一院，然后上台阶进寂寥之门，到墓洞塑像前去纪念。时年，刘祖自知归期已近，自卜吉地于新庄沟山顶之阳，乙木行龙，坐艮向坤，辛戌水口。相识善人预为之箍墓洞，建冥塔，立祭台，修围墙，以备临时方便办事龙飞。清道光元年正月初六亥时，刘祖忽入墓洞而坐，呼集众门人嘱以"性命为重，功行为先"。言毕脱然而逝，享年八十有八。众门人遂封墓口。从洞中砌一隔墙，后半部为遗体，前半部在莲台上塑有刘祖遗像，身穿蓝色补丁道衣。

从云龙桥顺公路北行一里许，右手有一山沟，名禅寺沟。清嘉庆十二年，刘祖因附近贫人无地埋葬，募化善信，置买禅寺沟山坡为义冢地，使贫人随便葬之。并建禅寺沟孤魂殿一楹，内祀孤魂，殿内塑像全是人的骨头架子，也很可怕。建厢房三间，为守义冢之人常住之处。时住道士刘理桂、张宗玉、华明静。后来当地群众在孤魂殿后又建救苦天尊殿三楹，内祀救苦天尊，塑像头戴五老冠，端坐莲台上。中门联云：一粒神丹点化千般罪过，九头狮子踏翻六道轮回。禅寺沟下面的山头内侧有一院道士住的厢房，大门上悬"复还庵"三字。

从云龙桥顺着公路南行里许，左手有一小山头，称"西番台"，当地老百姓叫"石堡子"，研究风水地理的人称它为"地胆"，又称"山心"，即兴隆山的心脏。由此可知这个不高的小山头，在整个兴隆山的作用和价值。此山头的庙宇中供的神也众说不一，有人说是太白金星，有人说是玉皇大帝，有人说是孔子，当地群众则说供的是火神，所以通称"火神庙"。还说："火神庙上住了个焦道（焦元乾），越烧越焦。"根据传说，记录三事：

其一，民国十八年，榆中大旱，民生凋敝。百姓以为水源枯竭，不敷引灌农田，是因为西番台上建有一座火神庙，把东来的水源压住了。于是，得到榆中县长的同意，众百姓手持铁镢、铁铣，排山倒海似的一拥而上，把火神庙拆毁了，焦道也只好下山了。不几天，果然倾盆大雨，庄稼得救。

其二，那小山包，名西番台，原无庙宇。甘肃巡抚升允，有一年到兴龙山求雨，遍览山中脉象，认为龙神居住的地方就在西番台，如误在台上兴建庙宇，免不了要遭受旱灾。民国四年，兰州有一位烟商，忽捐三百两银子，偏在西番台上建筑太白庙。民国二十一年夏天，不出升允所料，榆中遍地闹旱灾。百姓对那十几年前兴修的太白庙，立刻起了仇视之心。于当月初八、十三两天，齐集千余人，拆平该庙。至十五日，果降甘霖，农民莫不拍手称快。

其三，1949年后高级社时期，气象部门在石堡子上设了气象站，安装了仪器。正好天又大旱。峡口及附近的社领导派人上去，把气象站上的东西搬到山下。管理气象站的工作人员和社领导商谈，社长给他们谈明了西番台若有设施，天就不下雨了。他们通情达理，主动搬仪器到别的地方去了。不几天，也下了一场透雨，庄稼得救。

凤凰山（即凤凰岭）

　　以上对栖云山、兴龙山的建筑文化作了介绍，再去看看凤凰山。凤凰山还有四个名字：凤凰嘴、东岳台、灵龟台、藏灵壁。悟元老人有诗咏道："倒推三涧水，环抱五云丘。壁立藏灵窟，须知有阮刘。"藏灵壁上建有三座庙宇：东岳殿、财神殿和三清阁。

　　上藏灵壁有两条路，一条在藏灵壁山根，一条在均利桥北。远远看到一座高大的牌坊楼，上书"东岳台"三个大字。东岳殿根据山形坡度，分建一进三院（三台），正面建坐西向东卷棚式山门楼三楹。楼下中间为山门，左右为耳房，耳房前开两个圆形窗子。山门前守护着两个铁狮子，狮背上插两根比房檐还高的铁旗杆，旗杆顶端是铁制的上大下小的方斗，非常壮观。这种旗杆，兴隆山仅此一处。榆中县城陕西会馆门前也有，其他并不多见。楼上祀太乙救苦天尊，塑像头戴五老冠，背西面东，端坐莲台之上。中门联云：五色莲台化作慈航开觉路，九头狮子踏平地狱度孤魂。楼前设有木制栏杆，正对东山老爷殿。进山门为第一院，左右各建厢房三间，供道士居住。上台阶第二院为十王殿，亦称十殿阎君。左侧五间正殿内祀秦广王、楚江王、宋帝王、五倌王、阎罗王，门柱对联"凛凛阎罗殿孽镜台上称自然，赫赫神鬼堂地狱门前谁说情"，上悬刘祖题匾"善恶分明"。右侧五间正殿内祀卞城王、泰山王、平等王、都市王、转轮王，门柱对联"对照一台孽镜善者不觉恶者苦，试看两廊地狱活时容易死时难"，上悬刘祖题匾"报应不爽"。墙上画满壁画，都是在人间做了恶事，在此受各种苦刑，如炸油锅、上刀山、改肉板、推磨子、剜眼睛、拔舌头等等。

　　最后靠山根建坐西向东硬山式正殿三楹，又高又大，即东岳大殿。正殿左边看墙上立有草书"灵龟石"三字的一块石碑，因此东岳台又称"灵龟台"。悟元老人有诗咏道："不爱在深渊，蹲身登峻岭。淤泥一点无，独卧固形影。"

五岳楼：二楼中间对东山祀五岳神像，东岳天齐仁圣大帝（黄飞虎）、南岳司天昭圣大帝、西岳金天朝圣大帝、北岳玄天崇圣大帝、中岳中天玄圣大帝，悬挂竖匾"五岳行宫"。左侧一院为圣母宫，建三楹大殿，内祀三霄圣母，中间稳坐云霄圣母、左祀琼霄圣母、右祀碧霄圣母，悬挂匾额"慈悲远荫"。正殿内祀东岳大帝，头戴九六珠，全称为东岳天齐仁圣大帝，又称东岳天齐大帝、东岳泰山君。莲台下左右站立牛头马面。正殿中门悬挂梦九周撰书"帝德崇高"匾额和刘祖题匾"大造无私"。金柱联云：岳在东庙在西金木交并或德或刑乃维持造化，监其生察其死善恶分明至灵至圣而燮理阴阳。从正殿西北角便门出去，在一空地上，又建有厢房数间，房屋整洁，环境清静。时住道士雍诚仁、刘朗然。

出东岳殿山门，向南少行数步，就到财神殿。财神殿建坐西向东硬山式大殿三楹，内祀福禄寿三大财神。中门悬挂何珍玉书"寿与天齐"匾额。金柱联云：遍地有黄金高抬脚步义中取利，到处藏白银大放眼眶明里生财。殿前左右各建厢房三间，厢房前建两檐水山门一楹。山门联云：头上有神明存一点良心财源滚滚隆山出宝藏，眼前皆金玉具三分义气福禄绵绵就地作琼林。悬挂朝山社匾额"共木洪庥"。前楼为王母楼，中间大殿供奉王母神像，左右供奉八仙，意为八仙庆寿，前檐于右任题匾"九府神宫"。院西南角有便门出入。时住道士吕元清、张明义、王理西、巩永积、王元山。

出财神殿便门，向西南方向上坡，有一高台，地面宽阔，建有三清殿，亦称三清阁。清乾隆四十四年至四十六年间由悟元老人所建。在平地东边建坐西向东吊脚斜山式楼阁三楹，楼上南、东、北三面置有栏杆，内祀道祖三清，莲台上坐西向东供奉玉清圣境大罗元始天尊、上清真境禹余灵宝天尊、太清仙境混元道德天尊三清大帝，神像栩栩如生，工艺精巧。殿门悬挂"道统三元"和"三清一炁"匾额。中门联云：得一以清非色非空全大道，无三不化至元至妙合灵元。正对三清阁后山根建厢房三间，殿后左右各建厢房三间。楼北侧建山门一楹。

山门联云：太清上清玉清一清彻底，是象非象真象万象归空。院子西南角有便门出入。此组建筑非常整齐，其特点是正殿在前，如果站在楼前的屋檐下瞭望东山的来龙去脉、宫观庙宇清清楚楚。如果你站在山下仰观，三清阁真有直挂云天之感。时住道士王永玺。

由原路返回，下到均利桥。这座桥是悟元老人在清乾隆四十四年至四十六年间募化而修。他有诗咏道："云里现敖背，空中架虹梁。行人休向渡，几步到仙乡。"不过桥，顺着向西的大路前行，向西北拐弯处，建有一座高大的牌坊楼，上书"白云观"三字。右手路是去马场沟的，左手道是去大洼沟的。大洼沟、马场沟中间夹着一条山脉，这条山脉的顶端，建有八仙之一的吕洞宾神庙"洞宾楼"。楼东北角和庙院北面三间厢房东北角处，建有山门一楹，门口朝北。进山门对面建坐南向北厢房三间。靠山根建坐西向东硬山式大殿三楹，内祀圣父圣母神像（吕洞宾父母）。院内正中建坐西向东硬山式大殿三楹，内祀吕洞宾祖师，莲台上塑有高大神像，头戴庄子巾，长须飘洒，身背青锋宝剑（亦称斩魔剑），手持拂尘，真乃神仙中的状元。正殿中门联云：背后青锋斩妖邪破混沌采铅花超凡入圣，袖中丹诀度贤哲化愚迷示天梯继往开来。金柱联云：依云山起杰阁风光可配岳阳景，对涧水构仙宫规模即同黄鹤楼。山门联云：三铅妙理分邪正，百字灵文辨吉凶。时住道士张永甲、王元枫、王元（道姑）。

尾　声

一代宗师悟元子刘一明，系邱祖门下十一代弟子，山西曲沃县人，生于清雍正十二年九月十九日寅时，道光元年正月初六亥时坐化登真，享年 88 岁，墓在东山新庄沟刘爷坟。刘祖自幼慕道，青年出家，拜龛谷老人和仙留丈人为师。前半生云游天下，访求高明，46 岁，因访秦李二仙仙迹，来栖云山，观其脉来马寒、向对虎丘，真是一块修行的好福地，不忍再去，便结茅于自在窝。设坛演道，度化众生；精研道学，著书立说；行医救人，不收分文。同善男信女共建东西两山宫观庙宇、亭台楼阁70余座，著有释道著作、哲学著作、医学著作、艺文著作等37部，其中17部著作结集为《道书十二种》，在清嘉庆光绪、民国、1949年后多次出版发行，并被译为世界十多个国家的文字广为流传，为我们创造并留下了光辉灿烂的建筑文化和道教文化，后人尊他为开山祖师与一代宗师。在榆中道教、甘肃道教、中国道教史上记有他光辉的一页。

作为后人，应学习他高尚的道德品质，钢铁一般的意志，虔诚的信仰和勇于实践的精神。

参考资料：《栖云笔记》《悟元老师本末》《兴隆山历史简介》和任震英、洪文瀚所著《兴龙山》一书。

说明： 既然是回忆录，难免有失真之处，请知真者指正。

问题： 1.西山的自怡楼、澹然亭、一间楼、过道楼，均找不见地址，所以没有记述。

2.西山有吕祖阁、浮佑阁、洞宾楼，吕祖在西山有好几处庙，不明原因。

2005.1.31

道内教外无形道人于朝元观时年73岁

2007年9月

空静吕老恩师传

刘崇朴

师俗姓吕，名富华，出生在陇右道教名胜兴隆山脚下的榆中县城关镇峡口村，于公元 1933 年阴历六月三日降世，羽化于 2008 年阴历二月二十五日，住世 76 年。其家世代务农，敦厚质朴，友爱乡邻，积善人家也。

吾师少小聪慧、好乐诗书，20 世纪 50 年代后期，以优异成绩考入陇西师范学校，后又转入兰州师范大学中文系学习，毕业后回故里从事教育工作多年，启蒙化贤，诲人不倦，以致桃李芬芳，享誉乡间，自此之后人多以吕老师称之，久之竟不知其名矣。

师性格活跃，在校期间演话剧、弹钢琴、拉二胡、唱秦腔，真可谓多才多艺之士。中岁淡泊名利，看破浮华，仰慕刘一明祖师仙风，遂终日游心于道典，足迹遍履兴隆诸峰。20 世纪 90 年代末期，于晚年依止东山三霄娘娘殿杨诚龙道长为师，自此遁入玄门，法名吕信道，字空静，号自然道人、无形道人，又号青龙山人，乃我太上玄门东华正宗全真教下龙门派邱祖第二十五代"信"字辈玄裔弟子。

师于初出家时，独居兴隆山自在窝。其地系清初乾嘉时期西北龙门派高道刘一明大师修炼之处。20 世纪 60 年代"文革"期间，当年刘一明募资修建的位于兴隆山东西两峰的数十处殿宇被毁殆尽，祖师修炼著书的自在窝亦未能幸免。劫后，有善心人士倡导筹措，得以简单恢复自在窝昔日原貌。我空静师接手之后，悉心呵护遗存，孤峰之上虔诚侍奉祖师香火，斗室之中一心研读道教经典及素朴散人刘一明的《道书十二种》。师每日与云山为邻，和青松作伴，闲敲渔鼓唱道情，手握简板奏玄音。饮食方面，粗茶淡饭，极其简单，日常用度少之又少，其于一己甚为俭朴，但对于刘一明祖师相关的文物、典籍及兴隆山道教历史，则尽力搜集、整理和挖掘，几至废寝忘食，经年乐此不疲。每得刘祖师一物一书一传一迹，则欣欣然而喜不自禁，务求补修完备，妥善安置。同时热忱接待全国各地寻访刘一明祖师仙踪的好道者，广结善缘，接引后人。其于道家事业可谓"精勤"两字而不为过。

我于 2000 年 5 月 1 日访道兴隆山时得遇恩师，时师居西山自在窝，俨然仙者之风，望之令人肃然起敬，与之交谈，犹如沐春风化雨，似游子而顿还于道乡，其殷殷教诲之情令我终身难忘于片刻，慈育爱怜之心激励我时时不忘于道家事业。当天我又下西山上东山，经师爷杨诚龙道长于太上神位前敬香卜卦后允准拜师，当晚复回自在窝，师父写好表文盖好印章后，择亥子交会时于刘一明神像前焚香进表，叩拜祖师后，又行拜师礼，正式皈依了道门。师为我取法名曰刘崇朴，号了一子。关于收弟子的事，后来师父告知他只正式收过两个弟子，除我之外尚有师兄曰陈龙者，号得一子，系南京军区陆军总医院医师。吾与陈师兄一直未曾谋面，且俟他日有缘相见了。

从 2000 年到 2008 年间，吾于工作闲暇时间自宁夏来往兴隆山多次。每次向师父请益道家修行之理，师父均以太上无为大道引导，吾当时对修道与在世间的生活这两者之间存在对立的偏见，故恩师屡次嘱咐我修道要将世出世间两者兼顾起来，于社会工作尽职尽责、对同事诚信包容，于家庭方面要孝养父母、和谐夫妻关系、尊重子女意见，尽人事而听天命，世间所遇的一切都有前因，要把这些看成是对自己的磨炼，没有磨炼是成不了道的，若能处处不迷、在在无碍，方可合道。其所倡导者，以善为门，以德为根，常言德为道门、修道先修德。其所教人者，以《玄门早晚课》、《道德经》、《清净经》、《玉皇心印妙经》和《南华》诸经为主，不尚怪异，不谈流俗，不事虚伪。其于修道主张以敦品修德为本，以法术为末，具体到修炼方面主张以清净为基，以自然为用，空其所有而实其所无，能空能静，自然得道。关于修道志向，恩师郑重嘱咐于我，要以弘扬道德、德化人间、继承祖业、重在医世为目标，以上乃恩师亲口所传授于弟子者。

　　恩师为了编辑整理《甘肃兴隆山近代道脉源流觅考》，遍访在世的老修行和兴隆山周边的耄耋老人，随访随记，多方比对，历经多年终于完成了这本专著。书中尽其所能记录了近代以来特别是1949年前兴隆山各处神殿住山修行的道士名号、籍贯及传承，尽管还有一些道人的情况因年代久远而湮灭无闻，无从查考，但总算弥补了这一领域的空白，为后人了解兴隆山的道教发展状况提供了目前为止最为详尽的珍贵资料。除此之外，恩师还系统的查阅各种历史资料，编辑印刷了《兴隆山楹联匾额集》、《兴隆山道教名人》、《秦李二仙传》、《世人评刘爷》、《世评高道悟元老人》、《悟元老师本末》、《悟元子刘一明年谱》、《学人二十四要》等有关刘一明祖师和兴隆山的书籍。另外，恩师对修真名著《西游原旨》、《西游真诠》、《伍柳仙宗》和民间传唱本如《达摩宝传》、《湘子得道传》及《蓬莱方剂》药书、《玄灵功功理功法》均逐字抄录，字数达百万字之多，同时自己还做了几十万字的读书笔记《觅道集》（上、中、下共三册），实令人感叹不已。要知道六十多岁的老人，在那样艰苦的环境下有不容易，非有相当定力而不能为之，也由此可见恩师对修道事业的挚爱与执着。

　　师为人也仁慈宽厚、谦虚礼让，同时兼具刚烈之气。吾每此于自在窝暂住时，见其接待来访者，无论远近亲疏、有职无职、男女老幼，皆一视同仁，平等相待。在其所整理编辑的许多文章中均以"门外汉"、"山野小民"自称，时时以不足来提醒自己。但他对于不正之风亦直言针砭，毫不留情。记得昔日闻师谈及一事：有来自东北之少年好道者，到兴隆山时衣衫褴褛、足跟溃烂，当时正值严冬，师遂收留其于自在窝小住休养。一晚，偶有外地来的中年道人前来留宿，因屋内地方狭小，师当时让该中年道人与少年同睡于屋内铁床上。半夜师忽闻少年有睡梦中呻吟之声，而道人有作怪之状，知其乃行采阳邪道之人，师厉声呵斥，起身以拐杖猛击书桌，振聋发聩。师曰："汝若行邪道，请即刻下山。若想继续留宿，请自重！"该道人闻之惊恐，遂自愧而静卧。是夜师通宵打坐，看护少年，天明即赶中年道人下山。至今自在窝丹房内书桌边沿尚有半公分深的凹痕，即师当时用力击打所致。于此一事，吾师脾气之刚烈中正，可窥一斑。

　　师于故乡山水热爱之情每每溢于言表，所作诗文之中亦多有表露，他曾专门撰著了《兴隆山原貌回忆录》，详细介绍兴隆山各处殿宇及景点的历史渊源与沿革。为真实还原兴隆山的建筑原貌和所供奉神明情况，恩师曾详细询问山上山下在世的老道人和年长者，反复印证每个人所回忆的内容，并实地对照修正，为后世留下了兴隆山珍贵的建筑文化。

　　2008 年恩师羽化之后，在兴隆山管理局的批准和支持之下，得以埋葬在凤凰岭山巅向阳处，其地系恩师生前所选之地，过后住山道众特为他老人家设坛醮度，以示纪念。纵观师之一生，生于栖云山脚下，终归蜕于栖云山顶上，可谓得尝平生夙愿矣！

据载，刘一明原名万周，字一之，号秀峰，道名一明，为道教全真龙门派第十一代传人，号悟元子、被褐散人、素朴子、素朴老人等。

清世宗（爱新觉罗·胤禛）雍正十二年（1734）

甲寅年九月十九日寅时生于山西平阳府曲沃县一巨商家。

清高宗乾隆十五年（1750）17岁

大婚，在家养病。读《吕祖传》黄粱故事，遂有物外之思。

清高宗乾隆十六年（1751）18岁

云游山西稷山，陕西西安、泾阳，甘肃南安，在南安治病。

清高宗乾隆十七年（1752）19岁

大病三次，久治不愈。赴甘肃巩昌省亲，在泾阳遇异人，得调治伤劳"灵应膏"良方，服用月余，久病顿去。

清高宗乾隆十八年（1753）20岁

于甘肃会宁铁木山换道服，埋名访道，三月，第一次至甘肃靖远开龙山。六月至金城（兰州），九月访金县（榆中）龛谷老人，并皈依门下，赐法名一明，号悟元子。

清高宗乾隆十九年（1754）21岁

辞师云游，二至开龙山，于宁夏海原遇父，同至陇西月余。

清高宗乾隆二十年（1755）22岁

二造龛谷，得引路之诀，遵龛谷老人言，归里奉亲。

清高宗乾隆二十一年（1756）23岁

三造龛谷，再遵师命回乡尽人事。奉父命，捐国学、务举业，游京都，托辞访道，来往二次，五年有余。

清高宗乾隆二十六年（1761）28岁

游京都，因母病回晋，为母治病。

清高宗乾隆二十七年（1762）29岁

母病愈后，游河南，明行医道，暗访高明。

清高宗乾隆三十年（1765）32岁

离河南，返晋省亲。

清高宗乾隆三十一年（1766）33岁

遍游家乡名山胜景，访道。父亲病故，赴陇西奔丧。四至金县奉师，龛谷老人东游秦川。

清高宗乾隆三十三年（1768）35岁

走陕西勉县（褒城）仙留镇，拜齐丈人为师，悟丹道，撰现存诗词首篇《汉上遇师》。

清高宗乾隆三十四年（1769）36岁

搬父柩归晋，离家出走，渡禹门，过蒲城、庆阳、延安、定边、灵州。龛谷老人羽化于凤翔太乙村，终年一百零三岁。

清高宗乾隆三十五年（1770）37岁

去灵州、宁夏，游固原、平凉、彬州、梁山、凤翔，著《阴符经注》。

清高宗乾隆三十七年（1772）39岁

住南台山，建庙观。于秦岭麻峪河修桥补路。

清高宗乾隆三十八年（1773）40岁

西游甘肃，过两当、徽城、西和、礼县、岷州、二郎山、狄道、金城。

清高宗乾隆三十九年（1774）41 岁

离岷县，过狄道，访兰州异人赵贵。二至宁夏银川，著《西游原旨序》。

清高宗乾隆四十年（1775）42 岁

三上开龙，辗转靖远红山寺、西閤门寺，草拟《西游原旨》。

清高宗乾隆四十二年（1777）44 岁

云游青海西宁、湟中，居金城白塔山罗汉殿，削改《西游原旨》。

清高宗乾隆四十三年（1778）45 岁

初秋三日，为《西游原旨》撰《自序》于金城白道楼，为兰州西关礼拜寺（清真）撰写疏文。四月曾西游平番（今永登）、凉州（今武威）、肃州（今酒泉），赴西宁拜张真人冥塔作传、作散曲。继至河州（今临夏）、狄道。《西游原旨》告竣。

清高宗乾隆四十四年（1779）46 岁

至金县栖云山，访宋代秦李二仙真迹，誉此山为仙境，惜庙观残破，仅存一宇，遂留驻、修路、结识善士、筹备复兴栖云山。

清高宗乾隆四十五年（1780）47 岁

游平番、凉州、西宁、河州、狄道，又至金县栖云山，修建灵官殿、洗心亭。

清高宗乾隆四十六年（1781）48 岁

建栖云山三清殿、黑虎殿、五图峰、均利桥。

清高宗乾隆四十七年（1782）49 岁

赴南台后又返栖云，募化布施，三清殿诸工完成。

清高宗乾隆四十八年（1783）50 岁

游秦川，又至南台。

清高宗乾隆五十年（1785）52 岁

返栖云山，建混元阁、经柱亭、雷祖殿、斗母殿、寿星庵、王母宫、白云窝、二仙洞、吕祖阁、邱祖堂、福源楼、自怡楼、澹然亭。

清高宗乾隆五十五年（1790）57 岁

混元阁等诸殿阁告竣。买水地六十亩、山旱地五十四亩，峡内旱地一十八亩，作主持焚修养膳之用。撰《创建栖云山三清天真元坛诸殿记》刻碑。

清高宗乾隆五十六年（1791）58岁

重建兴龙山灵官殿，购香火地二十六亩，在栖云山建拜斗台、朝阳洞、三圣洞等。

清高宗乾隆五十八年（1793）60岁

重建兴龙山三大士殿。

清仁宗嘉庆元年（1796）63岁

下汉南，游湖北，朝武当，冬月，四至南台。

清仁宗嘉庆二年（1797）64岁

赴凤翔太乙村拜龛谷老人墓，住南台，过凤翔、陇州，至景福山龙门洞访邱祖仙迹，后去平凉崆峒山、固原、三至宁夏，返归金城，又去平番、西宁。《三易注略》写成并撰自序，梁溪（无锡）杨芳灿作序刊刻。《羲易阐真》十二卷亦成，有自在窝刻本。

清仁宗嘉庆三年（1798）65岁

调病。《周易阐真》、《神室八法》、《修真九要》、《阴符经注》、《百字碑注》成稿。

清仁宗嘉庆四年（1799）66岁

重修圣母殿厢房、厨房、山门、围墙。《参同直指》、《悟真直指》完稿。开新庄沟山坡地五十余垧，取租为庙观补修之费。

清仁宗嘉庆五年（1800）67岁

招刻工于自在窝藏书洞刻印道书、医药书等。是年夏，杨芳灿为《周易阐真》作序刊印，《三易注略》等书付梓。率徒在新庄沟开荒一百亩，又平整地基一块，建房八间。

清仁宗嘉庆六年（1801）68岁

《敲爻歌直解》、《修真后辩》、《会心集》完稿，作序刊刻，为宁夏将军甘肃提督苏宁阿修改《烟霞录问答》，遂成莫逆之交。

清仁宗嘉庆七年（1802）69岁

补修三教洞，重修鱼蓝菩萨殿，《无根树解》完稿刊刻。

清仁宗嘉庆八年（1803）70岁

著《孔易阐真》。

清仁宗嘉庆九年（1804）71岁

著《参同契直指经文》、《参同契直指笺注》、《参同契直指三相类》、《黄庭经解》。

清仁宗嘉庆十年（1805）72岁

募化善信，置买禅寺沟山坡地为义冢，为贫人义葬。是年冬月，清水驿缙绅梁、刘二公，西宁张公助银，准备重修东山玉皇殿。

清仁宗嘉庆十一年（1806）73岁

重修玉皇行宫，大殿三楹、金妆神像，重建山门楼三楹，重塑灵官殿神像。

清仁宗嘉庆十二年（1807）74岁

续建玉皇行宫，建成两廊山门、灵官楼、禅寺沟孤魂殿。去固原募化。《金丹四百字解》完稿。

清仁宗嘉庆十三年（1808）75岁

重修兴龙山三官殿。

清仁宗嘉庆十五年（1810）77岁

《悟道录》二卷八十条并叹道歌七十二段完成，撰序并刊刻。

清仁宗嘉庆十六年（1811）78岁

《象言破疑》成稿。门人魏阳诚刊梓。迎善桥完工，撰《重修迎善桥记》，立碑，《悟道录》撰成作序。

清仁宗嘉庆十七年（1812）79岁

开净水泉，备两山取汲供神。《通关文》成稿，并作序刊刻。

清仁宗嘉庆十八年（1813）80岁

重建关帝阁、修杨四将军庙、拆移鱼蓝菩萨殿于岭右。次年，撰《重建兴龙山关帝阁水火楼记》，立碑。

清仁宗嘉庆十九年（1814）81岁

修建大佛殿、东岳殿、十五殿、六曹殿、圣母宫、财神殿、三清殿、五岳楼、单房等。

清仁宗嘉庆二十年（1815）82岁

兴龙、栖云两山工程告竣。辑《会心集》未收之吟咏、传记、序言、书信、杂记及部分楹联作品，为《栖云笔记》四卷，撰序刊刻。所有著作刊刻完成，作《绝言歌》表示心愿已了，于自在窝静养。

清仁宗嘉庆二十一年（1816）83 岁

是年，门人夏复恒作序，重刊《悟道破疑集》。按昔日自卜之地新庄沟山顶吉地，有善人箍墓洞，建冥塔，立祭台，修围墙，后人称为"刘爷坟"。

清仁宗嘉庆二十二年（1817）84 岁

著《经验杂方》、《经验奇方》、《眼科启蒙》。不与外事。

清仁宗嘉庆二十三年（1818）85 岁

著《了愿歌》、《自题形乐》。不与外事。

清仁宗嘉庆二十五年（1820）87 岁

著《瘟疫统治》、《杂疫症治》。不与外事。

清宣宗道光元年（1821）88 岁

正月初六亥时，入墓洞而坐，遗嘱毕，脱然羽化。葬于新庄沟山顶之阳。

十七 刘一明著述选录

导　语

　　刘一明为道教全真教龙门派一代宗师,其著述涉猎广泛,博大精深,囊括丹道、易学、艺文、医药等方面。他的《道书十二种》在清代嘉庆、道光、光绪、民国时期及 1949 年以来多次刊行,并被翻译成世界上十多个国家的文字广为流行,享有盛誉。我们选录刘一明《修真九要》、《神室八法》、《通关文》等经典著述以飨读者,旨在弘扬刘一明文化,使广大读者修养身心、净化灵魂、弘扬国粹、振奋精神。

　　这三篇著述不仅仅体现了刘一明的修道思想,更是刘一明性命双修之道及三教合一思想的深刻阐述。《修真九要》提出修丹的九个要点与步骤,计有:勘破世事、积德修行、尽心穷理、访求真师、炼己筑基、和合阴阳、审明火候、外药了命、内药了性等,包括了"功"、"行"两方面的内容。在《神室八法》中,刘一明认为修丹的根本在修心,把人心称作神室,劝人把刚、柔、诚、信、和、静、虚、灵等八种德性作为建筑神室的材料，以为修丹的基础，从中又表现出浓厚的糅合儒家理学的色彩。《通关文》将世人最难勘破的世事，概括为五十关（如色欲关、恩爱关、荣贵关、财利关等），劝人一一勘破，以为修丹悟道的起步。从中反映出强烈的佛教思想色彩。

《修真九要》

序

修真之道，乃天下第一件大事，亦天下第一件难事。以其至大至难，古人皆谓之天下希有之事。是事也，非深明造化、洞晓阴阳、存经久不易之志、循序渐进者，不能行之。后世学人，不究此事为何事，未曾学道，即欲成道；未曾学人，即欲作仙。无怪乎修道者如牛毛，成道者如麟角也。予自幼慕道，未遇正人，不辨是非，乃乱乃萃，几乎受害。幸逢吾师龛谷老人，略闻香风，始知自己从前之错，亦知天下道人大半皆错。因述吾师之意，提其修真纲领，总为九条，名曰《修真九要》。其法由浅及深，自卑登高，为初学之人作个梯级。不论学道修道，依此"九要"，循序而入，终必深造自得，且能识的盲师明师，辨得邪道正道。纵不能行此天下稀有之事，亦可以知有此天下稀有之事，庶不至空过岁月，虚度一生矣。

时大清嘉庆三年岁次戊午菊月九日栖云山素朴散人悟元子刘一明自叙于自在窝中

勘破世事第一要

吁嗟！人生在世，如梦幻泡影，百年岁月，瞬息间耳。无常一到，纵有金穴银山，买不得性命；孝子贤孙，分不了忧愁。若不及早打点，临时手忙脚乱，阎王老子不肯留情，一失人身，万劫沉沦。有志于道者，须将这个关口急急打开，方有通衢大路。否则，尘缘不断，妄想成道，虽身已出家，而心未曾出家，一举一动，无非在世事上用工夫，一行一止，总是在人情上作活计，不特不能成道，而且无由闻道，何贵乎出家？古今无数学人，多蹈此辙，所以学道者如牛毛，达道者如麟角。

《悟真》云："试问堆金如岱岳，无常买的不来无？"《了道歌》云："先将世事齐放下，后把道理细研精。"是言世事皆假，性命最真，欲知其真，先弃其假也。何则？一认其假，则心为假役，一假无不假，与道日远，便不是自惜性命之人。不自惜性命，悬虚不实，空过岁月，老死而已，何益于事？昔吕祖因一梦而群思顿脱，马祖因悟死而成道最速，是盖先勘破世事而后修真，所以成真了道易于他人。况出家修行原系勘破世事而然，若未勘破而强出家，有名无实，本欲登天而反坠地，适以取败，岂不枉费心机耶？

吾愿学人，不论在家出家，若欲办切身大事，将世事先须尝探一番，尝探来，尝探去，尝探到没一些滋味处，始知万缘皆空，性命事大；从此把身外一切虚假之事一笔勾销，脚踏实地，寻师访友，勇猛精进，为道忘躯，自然一诚格天，祖师暗中提携，当有真人度引矣。

积德修行第二要

《悟真》云："若非修行积阴德，动有群魔作障缘。"可知积德修行乃修道者之要务。倘离德以言道，便是异端邪说，旁门外道，差之多矣。故古之圣人，必先明道；古之贤人，必先积德。未有不明道而能圣，未有不积德而能贤。然欲希圣必先希贤，若欲成道必先积德，道德两用，内外相济，圣贤之学业得矣。

道者，为己之事；德者，为人之事。修道有尽，而积德无穷。自古及今，仙佛神圣成道之后，犹必和光同尘，积功累行，直待三千功满，八百行完，方受天诏。况金丹大道为鬼神所忌，非大忠大孝之人不能知，非大贤大德之人不敢传；即强传而知之，鬼神不喜，势必暗降灾殃，促其寿数，非徒无益，而又害之。

予自得龛谷、仙留之旨，以大公为怀，每遇志士，便欲接引。间或略示端倪，徐观其后，未几自满自足，不能深入，竟至日久懈怠，志气尽丧，其悭贪烦恼，甚于常人。前后数人，俱皆如此。噫！此等之辈，必是祖先无德，自己无行，以是始勤终怠，迷失真宗，而不可挽回矣。予因自不小心，失言匪人，亦屡遭魔障，幸喜无大关系，真宝未被窃去。有鉴于此，后遂结舌，不敢轻露圭角，是必待有大力者倾囊付之耳。

世之学人，方入门户，直视神仙为至易之事，而遂骗化十方，罔知所忌，绝不思一丝一粒，俱十方之血汗；一饮一啄，皆众生之苦力。或有以口头禅笼人者，或有以假道法摄财者，或有以黄白术谋骗者，千方百计，不可枚数。异日欠下十分债账，不知如何消化。古人谓："两只角或有或无，一条尾千定万定"者，必此辈欤？有志斯道者，须当以德行为重，自立节操，不要糊涂作事，担误了前程。

何为德？恤老怜贫，惜孤悯寡，施药舍茶，修桥补路，扶危救困，轻财重义，广行方便者是也。何为行？苦己利人，勤打尘劳，施德不望报，有怨不结仇，有功而不伐，有难而不惧，见义必为者是也。能积德，能立行，愈久愈力，德服鬼神，品超庸俗，高人一见，决定入目，大道有望。

否则，不积一德，不修一行，妄想成道，偶遇高人，掩其不善而著其善，自谓可以欺人，殊不知人之视己，如见其肺肝然矣。更有一等不务本分之流，作孽百端，朝酒肆而夕花乡，口道德而心盗跖，损人利己，千奇百怪，不知自悔，反怨自己无福无缘，乃毁谤丹经尽属诳言，真地狱种子，当入异类，求其为人而不可得，何敢望仙乎。

吁！德者，自己人世之事；道者，师传成仙之事。不积德而欲修道，人事且不能，仙道怎得成，可不三思乎？

尽心穷理第三要

《说卦传》曰："穷理尽性，以至于命。"可知尽性至命之学，全在穷理上定是非耳。穷理透彻，则性能全，命能保，直入无上至真之地；穷理恍惚，则命难修，性难了，终有到老落空之悔。

今之学人，糊涂出家，糊涂学道，糊涂修行，生则既然糊涂，死时焉能亮净？性命何事，而乃如此妄为耶！金丹之道，包罗天地之道也，窃夺造化之道也，至尊至贵，至神至妙，非容易而知。学人不想自己性命为何物，不辨祖师法言是何义，饱食终日，无所用心，妄想一言半语之妙，即欲成道。日则浪荡打混，夜则高枕安眠，以丹经为无用之言，以子书为哄人之套。诈称有道者，以错引错；妄冀成真者，以盲诱盲。即有一二信心之士，亦不过是走马看花，何尝深用心思穷究实理。

古人亦有谓"若还纸上寻真义，遍地都是大罗仙"之语，是特为不求师者而发，非言丹经子书为无用。后人不知古人之意，多借此为凭证，而即置经书于不问，大错大错。夫仙真法言，一字一意不敢妄发，一言半语尽藏妙义，不知费尽多少老婆心，为后人作阶梯，与教门留眼目，而反毁之谤之，其罪尚可言乎！即后之高人贤士所作所为，总在古人范围之中，究其实落，未必高过于古人。今之高人不哄学人，则古之仙真不误后世也，可知矣。

吾劝有志之士，取古人之法言，细穷细究，求师一诀，通前达后，毫无一点疑惑，方可行持，甚勿自恃聪明而有己无人，亦勿专听梆声而任人误己。至于不通文字之学人，亦须于俗语常言中，辨别实义。盖俗语常言中有大道藏焉，特人未深思耳。如"没体面"，"没人形"，"有窍道"，"好自在"，"颠三倒四"，"随方就圆"、"随机应变"、"沙里淘金"、"无中生有"、"七死八活"、"有己无人"、"不知死活"、"不顾性命"、"只知有己，不知有人"、"走三家不如守一家"、"礼下于人，必有所得"、"只知其一，不知其二"，此等语天机大露，何妨拈出一二，作个悟头，朝参暮思，虽大理不明，而知识渐开，与道相近，亦不空过了岁月。

此穷理之学，不论贤愚，人人可做，果能工夫不缺，日久自有所悟。但所悟者一己之私见，不得冒然下手。倘遇明师，必须彻始彻终，追究个清白，真知灼见，得心应手，方不误事。若知前不知后，知后不知前，知阴不知阳，知阳不知阴，知体不知用，知用不知体，或知有为而不知无为，或知无为而不知有为，或见玄关而不知药生，或知药生而不知老嫩，或知结丹而不知服丹，或知结胎而不知脱胎，或知文烹而不知武炼，或知武炼而不知文烹，或知阳火而不知阴符，或知进火而不知止足，或知温养而不知抽添，毫发之差，千里之失，未许成真。不但此也，且阴阳有内外，五行有真假，性命工夫两段，先后二天各别，有真有假，有真中之假，有假中之真，有真中之真，有假中之假。此等机关究之不彻，即行之不到；辨之不清，即作之不成。是以吕祖三次还丹未成，后得崔公《入药镜》而始完功；紫清有夜半风雷之患，重复修持而方了事。如二翁者，神仙中之领袖，些子不明，犹有不虞，而况他人乎？学者须当三思之。

访求真师第四要

古仙云："若无师指人知的，天上神仙无住处。"又《悟真》云："饶君聪慧过颜闵，不遇真师莫强猜。"诚哉！性命之学，必有师传，非可妄猜私度而知。昔道光顿悟圆通，自知非向上事，后得遇杏林而成大道；上阳既得缘督之诀，不敢自足，犹必见青城而备火候；三丰嵩山苦历十余年，一无所得，后感郑、吕二仙指点，方知大事。虽世间微艺薄技，尚赖师传而知，况性命大事，岂能无师而晓？盖性命之道，乃窃阴阳、夺造化、转生杀、扭气机、先天而天弗违之道，鬼神不能测，蓍龟莫能占，得之者立跻圣位，直登彼岸，是天下第一件大事，是天下第一件难事，苟非圣师附耳低言，如何知之？

独是旁门三千六百，丹法七十二品，以邪害正，以假乱真，谁为盲师，谁为明师，甚难辨别。然辨别亦易：大凡高人出世，自命不凡，独弦绝调，不滥交，不谄世，不同党，不要名，不恃才，不谋利，不欺人，不怪诞；一言一语，俱有益于世道，一行一止，大有裨于圣教；贪、嗔、痴、爱而俱无，意、必、固、我而悉化；品节清高，人人所不能及，胸襟脱洒，个个所不能到。间或援引志士，亦必千磨百折，试其真假，果其白玉无瑕，方肯指示端倪；如其非人，决不敢轻泄天机。此所以为明师也。

若夫盲师，无而为有，虚而为盈，不肯自思己错，更将错路教人。或有指男女为阴阳者，或有以经粟为黍珠者，或有以炉火为外丹者，或有炼心肾为内丹者，或有以存想为凝神者，或有行子午为抽添者，或有转辘轳为周天者，或有认顽空为无为者，或有以运气为有为者，或有以忘形为修静者，或有以炼睡为退阴者，或有服硫黄为进阳者，或有避五谷求延年者，诸如此类，不可胜数。此等之辈，功德不言，节操不立，身衲衣而腰钱囊，头簪冠而心蛇蝎，见富贵而留心，遇困苦而忘道；饮酒啖肉，不顾十方血汗，丧名败教，那知万劫沉沦；行步时，只在钱财上用工夫，举动处，尽于衣食上费心思；一头一拜，即收为徒，一茶一饭，即便传道；借圣贤之门户而自欺欺世，窃仙佛之法言而捏怪作妖；只知一身饱暖，那管他人死活。学人若听其言而不察其行，以有道目之，未有不入于网中而伤害性命者。况一惑其言，认假为真，固结不解，虽有高真圣师欲为提携，亦无门可入。天下道人遭此难者，不一而足。缁黄之流，东走西游，谁无几宗公案？谁无几句话头？只以口头三昧取人，则人人是佛，个个是仙。试问学道者千千万万，成道者能有几人？大抵圣贤不常见，仙佛不多得，以其不常见、不多得，所以为高人。高人者，出乎其类，拔乎其萃，岂得以口头三昧为高人乎！

当年予师秘授试金石一方，善识人之高低身份：若遇修行之人，以酒色财气试之而不能动者，必非凡品；更以《悟真》、《参同》诘之而随口应者，即是明师。屡试屡验，百发百中。愿以此法，共诸同人。

炼己筑基第五要

《沁园春》云："七返还丹，在人先须，炼己待时。"《悟真篇》云："若要修成九转，先须炼己持心。"盖修真之道，还丹最易，炼己至难，若不炼己而欲还丹，万无是理。夫还丹者，如房屋之梁柱；炼己者，如房屋之地基。未筑地基，则梁柱无处建立；未曾炼己，则还丹不能凝结。学者得师口诀，急须炼己，炼己纯熟，临炉之际，左右逢源，得心应手，铅汞相投，情性相合，自无得而复失之患。

特以人自有生以来，阳极生阴，先天走失，后天用事，当年故物，尽非我有；加之百忧感其心，万事劳其形，精漏、神昏、气败，将此幻身如破锅烂瓮相似。锅破瓮烂，盛不得水；人之身体衰败，还不得丹，同是一理。故虽后天假物，非还丹药料，然未还丹，尚藉赖以成功，而亦不可有损伤。古人云："若无此梦幻，大事何由办？若还大事办，何用此梦幻？"又云："不怕先天无真种，只怕后天不丰光。"盖后天足则先天可复，先天复则后天可化，炼己筑基之功，岂可轻视乎！

何为炼己？少贪无爱，炼己也；牢固阴精，炼己也；打炼睡魔，炼己也；苦己利人，炼己也；大起尘劳，炼己也；心地下功，全抛世事，炼己也；勇猛精进，以道为己任，炼己也；脚踏实地，步步出力，炼己也；富贵不能淫，贫贱不能移，威武不能屈，炼己也；披褐怀玉，大智若愚，大巧若拙，炼己也。炼己之功居多，总以无己为归着。老子云："吾之所以有大患者，为吾有身，及吾无身，吾有何患？"炼己炼到无己时，外其身而身存，后天稳当，基址坚固，先天真阳来复，混而为一，"先天气，后天气，得之者，常似醉"，"一时辰内管丹成"矣。若未炼己，遽行一时之功，则后天不固，先天虽在咫尺，未许我有。盖其铅至而汞失迎，坎来而离不受，彼到而我不待也。

噫！"筑基时须用橐龠，炼己时还要真铅。"炼己筑基，岂易事哉！

和合阴阳第六要

修真之道，金丹之道也；金丹之道，造化之道也；造化之道，阴阳之道也。《易》曰："一阴一阳之谓道。"又曰："天地氤氲，万物化醇。男女构精，万物化生。"是孤阴不生，独阳不长，阴阳相合，方能生育。

金丹之道，惟采取先天真一之气也。先天之气，无形无象，视之不见，听之不闻，搏之不得，乃自虚无中来者。圣人以实而形虚，以有而形无，实而有者，真阴真阳；虚而无者，二八初弦之气。初弦之气即先天气，此气非阴阳交感，不能有象。若欲修金丹大道，舍此阴阳，别无他术矣。

但阴阳不一，倘认假为真，徒劳心力，无益有损，不可不辨。男女之阴阳，尘世之阴阳也；心肾之阴阳，幻身之阴阳也；日月之阴阳，天地之阴阳也；冬至夏至，一年之阴阳也；朔旦望后，一月之阴阳也；子时午时，一日之阴阳也；二候四候，一时之阴阳也。凡此皆非金丹之阴阳。金丹阴阳，以我家为阴，以他家为阳；我为离，他为坎；离中一阴为真阴，坎中一阳为真阳。取坎填离，是以真阴求真阳，以真阳济真阴也。且阴阳又有内外之别：内之阴阳，顺行之阴阳，生身以后之事，后天也，人道也；外之阴阳，逆运之阴阳，生身以前之事，先天也，仙道也。内外阴阳皆无男女等相，非色非空，即色即空，非有非无，即有即无。若着色空有无之形，便非真阴真阳实迹矣。

既知阴阳，须要调和相当，不多不少，不偏不倚，不急不缓，不有不无，不即不离，不躁不懦。或阳动而阴随，或阴感而阳应，或阴中用阳，或阳中用阴，或借阴以全阳，或用阳以制阴，或以内之阴阳而助外，或以外之阴阳而济内，内外合道，金丹自虚无中结就，取而服之，长生不死。

《参同》云："同类易施功，非种难为巧。"《悟真》云："内药还同外药，内通外亦须通。丹头和合类相同，温养两般作用。"三丰云："世间阴阳男配女，生子生孙代代传。顺为凡，逆为仙，只在中间颠倒颠。"调和阴阳之道，尽于此矣。

审明火候第七要

古经云："圣人传药不传火，火候从来少人知。"则是药物易知，火候最难。盖药物虽难觅，若遇明师点破，真知灼见，现在就有，不待他求，所以易知。至于火候，有文烹，有武炼，有下手，有休歇，有内外，有先后，有时刻，有爻铢，有急缓，有止足，一步有一步之火候，步步有步步之火候，变化多端，随时而行，方能有准，若差之毫发，便失之千里，所以最难。

何为火？煅炼之神功也；何为候？运用之时刻也。运用时刻，在鸿蒙将判、阴阳未分之际；煅炼神功，在天人合发、有无不立之内。且有外火候，有内火候。外火候，攒簇五行，和合四象；内火候，沐浴温养，防危虑险。虽内外二药相同，而火候运用大异，不遇真师，焉能知的？

夫攒簇五行，和合四象，是盗天地之生机，窃阴阳之祖气，回斗柄而转天枢，开坤门而塞艮户，其妙在乎积阴之下一阳来复之时。此时与天地合其德，与日月合其明，与四时合其序，与鬼神合其吉凶，所谓"一年只有一月，一月只有一日，一日只有一时"者是也。惟此一时，易失而难寻，易错而难逢，得之则入于生道，失之则入于死道。圣人于此一时，运动阴符阳火，拔天根而钻月窟，破混沌而拈黍珠，回七十二候之要津，夺二十四节之正气，水火相济在此，金木交并在此，铅汞相投在此，安身立命在此，出死入生在此。若过此时，阴阳分离，真者藏而假者用事，已落后天，不堪用矣。

至于"曲江岸上月华莹"，生药之火候；"风信来时觅本宗"，采药之火候；"水生二，药正真，若待其三不可进"，老嫩之火候；"铅遇癸生须急采，金逢望远不堪尝"，急缓之火候；"忽见现龙在田，须猛烹而急炼。但闻虎啸入窟，宜倒转以逆施"，用武之火候；"慢守药炉看火候，但安神息任天然"，用文之火候；"未炼还丹急须炼，炼了还须知止足"，温养之火候；"只因火力调和后，种得黄芽渐长成"，丹成之火候；"托心知，谨护持，照看炉中火候飞"，保丹之火候。此皆还丹之火候。

若夫大丹火候，别有妙用。"受气吉，防成凶"，结胎之火候；"混沌七日死复生，全凭侣伴调水火"，固济之火候；"送归土釜牢封固，次入流珠斯配当"，养胎之火候；"用铅不得用凡铅，用了真铅也弃捐"，抽添之火候；"丹灶河车休矻矻，鹤胎龟息自绵绵"，沐浴之火候；"一日内，十二时，意所到，皆可为"，防危之火候；"婴儿是一含真气，十月胎完入圣基"，胎成之火候；"群阴剥尽丹成熟，跳出凡笼寿万年"，脱胎之火候。此大丹始终之火候。

更有内外两用之火候："凡俗欲求天上事，用时须要世间财"，采药火候中之火候；"偃月炉中玉蕊生，朱砂鼎里水银平"，结丹火候中之火候；"第七日，阳复起首。别妙用，混合百神"，结胎火候中之火候；"有无俱不立，物我悉归空"，脱胎火候中之火候。

内外二丹火候之秘，于此尽矣。其中又有细微奥妙之处，是在神而明之，存乎其人，临时变通，非可以文字传矣。

外药了命第八要

《悟真》云："休施巧伪为功力，认取他家不死方。"缘督子曰："先天之气自虚无中来。"曰他家，曰虚无，则知非一身所产之物。说到此处，诸天及人皆当惊疑也。

天以阴阳五行化生万物，气以成形。人得天赋之正气，为万物之灵，具此气即具此理。气者，命也；理者，性也。是性命者，天之所与也。天始与之，而天终夺之，此势之所必有者。若以后天幻身之物与天争权，总在造化规弄之中，焉能脱的造化？不有金液还丹之道，妄想保全性命，万无是理。金液还丹之道，先天之道也。先天之道，包罗天地，运动阴阳，系天地之外机秘，故能了生死而避轮回，出凡尘而入圣基。但此机秘远隔千里，近在咫尺，可惜世人不肯认真，日远日疏，绝不返顾，自送性命。若有志士，穷究实理，忽地打破疑团，截然放下，直超彼岸，则"赫赫金丹一日成"，不待三年九载也。

然丹成虽易，而修炼甚难，使无虚实相应、阴阳变化、以术延命之道，而金丹不结。以术延命之道，乃夺天地造化之权，窃阴阳消息之机，转生杀，扭斗柄，先天而天弗违之道也。《阴符》云："其盗机也，天下莫能知，莫能见。"《悟真》云："始于有作人难见，及至无为众始知。但见无为为要妙，岂知有作是根基。"盖人自先天失散而后，真阳有亏，形虽男子，其中皆阴，倘执一己而修，不过涕唾津精气血液，不过眼耳鼻舌身意，不过七情六欲、五蕴八识、三彭百穴，是以阴济阴，命何由接，丹何由结？故《参同》云："牝鸡自卵，其雏不全。"此其证也。

夫丹经所谓外药者，以其我家真阳失散于外，不属于我，寄居他家，而以"外"名之。迷人不知，错会"他"字、"外"字，或猜为御女闺丹，或猜为五金八石，或猜为天地日月，或猜为云霞草木，以及等等有形之物。殊不知，真正大药，非色非空，非有非无，乃鸿蒙未判之始气，天地未分之元仁，顺则生人生物，逆则成仙作佛。圣人以法追摄，于一个时辰内，结成一粒黍珠，号曰阳丹，又曰还丹，又曰金丹，又曰真铅。以此真铅，点一己之阴汞，如猫捕鼠，霎时干汞，结为圣胎，此外药之名所由有也。

试细申之："药出西南是坤位，欲寻坤位岂离人"，外药也；"初三日，震出庚，曲江岸上月华莹"，外药也；"金鼎欲留朱里汞，玉池先下水中银"，外药也；"取将坎位心中实，点化离宫腹内阴，"外药也；"偃月炉中玉蕊生，朱砂鼎内水银平"，外药也；"坎离之气和合，黄芽自生"，外药也。

但药本在外，如何得向内生？药属于他，如何得为我有？经云："五行顺生，法界火坑；五行颠倒，大地七宝。"木本生火，今也火反生木；金本生水，今也水反生金；金木水火中藏戊己二土，和四象而配五行，一气运用，复成一太极。火功到日，炼成一粒至阳之丹，取而服之，长生不死，与天地同春，与日月争光，所谓"一粒金丹吞入腹，始知我命不由天"者，此也。

噫！"万两黄金买不下，十字街前送至人。"金丹大道，万劫一传，至尊至贵，得之者立跻圣位，不待他生后世，眼前获佛神通，人何乐而不积德修道哉？

内药了性第九要

《道德经》云："有欲以观其窍，无欲以观其妙。"此二语乃金丹大道之始终，古今学人之要诀。

外药不得，则不能出乎阴阳；内药不就，则不能形神俱妙。上德者修内药，而外药即全；下德者修外药，而内药方就。外药者渐法，内药者顿法。外药所以超凡，内药所以入圣。"有欲观窍"者，外药窃夺造化之功，幻身上事；"无欲观妙"者，内药明心见性之学，法身上事。

倘外药已得，而不修内药，即吕祖所谓"寿同天地一愚夫"耳。况大丹难得者外药，外药到手，即是内药，圣胎有象，阴符之功，即在如此。《参同》云："耳目口三宝，闭塞勿发通。真人潜深渊，浮游守规中。"所谓"无欲观妙"者，此也。"无欲观妙"者，无为之道。但"无为"非枯木寒灰、绝无一事之谓，其中有朝屯暮蒙、抽铅添汞、防危虑险、固济圣胎之功，所以融五行而化阴阳，以至道法两忘，有无不立，十月霜飞，身外有身，极往知来，归于真如大觉之地，即佛祖所谓"正法眼藏，涅盘妙心"最上一乘之大道也。若非了命之后而遵行此功，根本不固，虚而不实，未曾在大造炉中煅炼出来，纵然了得真如之性，若有一毫渗漏，难免抛身入身之患。

后人不知古人立言之意，多以性理为不足贵。试问世间学人，有几个能明涅槃之心乎？有几个能见真如之性乎？涅盘心、真如性，净裸裸，赤洒洒，圆陀陀，光灼灼，通天彻地，非可以后天人心血性而目之。古人亦有"了性不了命，万劫阴灵难入圣"之语，是特为未修命而仅修性者言之。若已了命，焉得不修性？若不修性，则应物固执，空有家财而无主柄；若不修性，虽幻身已脱，而法身难脱；若不修性，只可长生，而不能无生；若不修性，虽生身之初能了，而未生之前难全。内药了性之功，所关最大，无穷的事业，皆要在此处结果，何得轻视性乎？

吾愿学道者，未修性之先，急须修命；于了命之后，急须了性。阴阳并用，性命双修，自有为而入无为，至于有无不立，打破虚空，入于不生不灭之地，修真之能事毕矣。

《神室八法》

序

古仙云："道本无为，而法有作。"则是道为体，法为用，体用俱备，性命双修，循序渐进，未有不能入于圣贤堂奥者也。余自遇龛谷、仙留之后，知性命必用法以修之，阴阳必用法以调之，造化必用法以夺之，四象必用法以合之，五行必用法以攒之，有为无为，各有法则，毫发之差，千里之失。可叹世之修真者，不识邪正，入于旁门，每多碌碌一生，到老无成。余不敢自私，尽其生平所得，别立"神室八法"，以结知音。虽其言平淡，而其理精微，至于材物大小，尺寸长短，攒簇规矩，无不俱备。特以修道即所以修神室，神室完全，大道成就，永无渗漏，脱灾免祸，入于安然自在之境矣。若有知音志士，于中寻出个孔窍，直下立定主意，收拾利器，勇猛精进，采取真材实料，依法修造，完成神室，安身立命，作宇宙间一个无事闲人，此余之愿也。

　　时大清嘉庆三年岁次戊午中秋节素朴散人自叙于栖云山洗心亭中

刚

　　刚之一法，乃神室之梁柱。梁柱之为物，刚强不屈，无偏无倚，端正平直，不动不摇，所任最重，其责最大，神室斜正好歹，皆在于此。故梁柱稳当坚固，神室永远常存。

　　孔子曰："吾未见刚者。"或对曰："申枨。"子曰："枨也欲，焉得刚！"则是欲为碍道之物，刚为行道之本。夫刚者，强也，健也，果断也，壮盛也，锐气也，利器也。善用其刚者，富贵不能淫，贫贱不能移，威武不能屈。如孟夫子然，昔孟夫子善养浩然之气，四十不动心者，能刚也；如仲夫子然，昔仲夫子人告之以有过则喜，有闻斯行，唯恐有闻，后遇卫难，死必正冠者，能刚也。其次关夫子、岳武穆、雷万春、铁铉、方孝孺等，忠心不改，临难不屈，无非刚气致之，虽死如生，特可死者幻身，而正气不死。

　　修道者若能以性命为一大事，看破尘缘，一刀两段，万有皆空，脱然离俗，不在衣食上留心，不于火坑中打闹，千魔百障，顺其自然，生死存亡，任凭天断，立大丈夫之品行，抱铁罗汉之志念，具此一点刚气，有始有终，愈久愈力，则攸往攸利。昔抱朴子闻道二十年，家无积蓄，不能成道，志念愈坚；纯阳遇正阳之后，经历十试，毫无更变；丘祖欲心不退，净身三次，睡魔不减，磻溪六年；三丰为道忘躯，衣破鞋穿，愈老愈力，七十逢师。以上诸公，皆从艰难处苦来，一日苦尽甜来，因缘得遇，大道即成。盖刚气不立，四大无力，全身放下，逡畏不前，锐气尽散，六贼搬弄，三尸张狂，主意不定，狐疑不决，又怕饿着，又怕冻着，又怕修道不成，误了现在，又怕魔障来侵，苦楚难受，又怕缘法不兴，行道阻滞。噫！"人而无恒，不可以作巫医"，而况性命大事乎？故修道者欲修神室，先立刚气，欲立刚气，先去其欲，欲去刚立，神室梁柱稳妥，根本坚固，大道有望。

何为刚？斩断恩爱、挖除根尘是刚；不怕生死、不怕魔难是刚；整顿精神、勇猛前进是刚；废寝忘飧、是非立断是刚；一心无二、经久不易是刚；和而不同、群而不党是刚；诸恶莫作、众善奉行是刚；人贪爱的不爱、人难受的能受是刚；内外如一、工夫不歇是刚。如此立刚，一往直前，不到极乐之地，不肯休歇，何患性不了、命不立耶？

柔

柔之一法，乃神室之木料。木料之为物，其性顺金，可曲可直，可方可圆，随材而用，大以大用，小以小用，无处不宜，锯也受的，斫也受的，刻也受的，打也受的。欲修神室，先办木料，木料周全，从此修为，应手而成。

《玉枢经》曰："夫道者，以诚而入，以柔而用。"《参同契》曰："弱者道之验，柔者道之强。"则是柔弱为进道之首务也，明矣。夫人自有生以后，秉血气之性，染积习之偏，争胜好强，以苦为乐，日在名利之场，夜入酒色之境，贪嗔痴爱，般般俱全，喜怒哀乐，样样皆有，以假为真，以虚为实，不知回头，罟擭陷阱，无处不入。怎晓得石崇富贵，草上之霜；韩信功勋，镜中之花。倒不如范蠡归湖，勇于自退；留侯入山，早已知几：此柔道之所以贵也。

夫柔之为义，顺也，弱也，克己也，自屈也，自退也，自卑也，无我也，有人也，无妄也，淳朴也，老实也。善用其柔者，有若无，实若虚，犯而不校，修天爵，轻人爵，求法财，远世财，不与世争。如鲍靓然，如抱朴子然，如许旌阳然，如淮南子然，如徐从事然，如正阳翁然，如重阳子然。以上诸真，皆显宦中人，一时有悟，即便脱然远去，自顾性命，受尽无数苦楚，终得成道，是皆能用柔者也。如毗陵师然，毗陵师受杏林之传，弃僧复俗，和光于通邑大都，隐于张环如家，潜修暗炼，不露圭角，能用柔也。如郝太古然，太古因马、刘斥责之后，居赵州桥，人欺不知，水涨不晓，数年成道，能用柔也。

柔之一字，所关非小，所用最大。修道者若能知其世事皆假，此身亦虚，不于大火坑中着意，乃于无色界里留心，屈己求人，诚叩真诀，认定当年原本，化去血性浊气，为功日增，为道日减，减之又减，以至于无，性命可了。盖柔为顺道，顺时顺理，渐次用功，即能上达，所谓"后其身而身先"者也。若不能柔顺，磕着撞着，无明火发，不能自遏，三宝受伤，全身失陷，神室木料为大火焚化，一无所有，终归空亡，岂能完成大道哉！老子云："专气致柔，能如婴儿乎？"果能柔如婴儿，则万缘皆空，知雄守雌，知白守黑，木料周全，动工造作，神室有望。

何为柔？有打我者顺受，有骂我者笑迎，疾病不管，是非不入，礼下于人，傲气俱除，习气渐化，时时省察己过，处处检点面目，戒慎乎其所不睹，恐惧乎其所不闻，素位而行，不愿乎外，一切人情世事付于不知，诸般邪思妄想扫去无踪。昔有仙人，卸去两腿，高挂壁间，等闲不安于身，久坐不动者，即此意。如是用柔，低头作事，不矜奇，不求异，不妄诞，不自恃，抱元守一，行动如处子，举止若死人，忘物忘形，意冷心灰，日日自有进益处。

诚

诚之一法，乃神室之基址。基址之为物，坚实敦厚，无物不载，神室成败，皆在于此，乃造神室之第一要着。故基址筑就，平正稳当，永无坎陷崩塌之患。

夫人性相近而习相远，天真丧尽，私欲纷纷，内之所有者，邪思妄想，外之所处者，火坑刀山，即有一二自惜性命者，亦不在根本上打点，只于枝叶上搜求，隔靴搔痒，望梅止渴，空费功力，临死方悔。盖"道也者，不可须臾离也，可离非道也"。不离之道贵乎诚，能诚则大道可学，大道可知，大道可成。不诚则心不纯，心不纯则疑惑生，疑惑生则妄念起，妄念起则脚根不实，一行一步，入于虚假，一举一动，俱是烦恼，隔绝大道，闭塞灵窟，而欲明道，不愈远乎？

夫诚者，醇厚也，专一也，老实也，无欺也，不隐也，不瞒也。善用其诚者，返朴归醇，黜聪毁智，主意一定，始终无二。昔赵真人奉师命出外，遇色不迷，见虎不惊，悬崖取桃，陡壁舍身，卒感祖天师传授心印；丘祖因自己福缘浅薄，狠力下功，饥饿不怕，生死不惧，感得空中神人报信。如二真者，皆能用诚者也。诚之一字，乃修道始终不离之物，如其可离，则何由而成神室？何由而全性命？

何为诚？安危不计，一心向前，出言无伪诈，行事不怪异，随地而安，遇境而就，到安乐处不喜，逢困难时不忧，择善固执，顺守其正，至死抱道，永无变迁，有过即改，遇善即行。如是用诚，纤尘不生，万物难移，内念不出，外念不入，三尸遁迹，六贼灭踪，神室基址成矣。从此造修大业，无不随心应手。

故修道者必脚踏实地，下死工夫，换却生平心肠，钻破混沌，取出宝杖，处处归真，事事守正，以本分为要，以老实为先，性命之外，别无所知，道德之外，余无所晓，"人一能之己百之，人十能之己千之，果能此道矣，虽愚必明，虽柔必强"。诚之一法，岂小补云哉！

信

信之一法，乃神室之椽瓦。椽瓦之为物，攒簇一气，遮蔽上下，护持全室，椽瓦周密，外挡邪风，内蓄和气，神室得以坚久不败。

至圣云："自古皆有死，民无信不立。"道祖云："恍兮惚兮，其中有物；杳兮冥兮，其中有精。其精甚真，其中有信。"《周易·中孚》卦辞曰："中孚，豚鱼吉。"观此，则知信为人生之根本，神室之要着。信若不立，四象不合，五行不和，两仪各别，三宝俱漏，大业废矣。昔吕祖一梦而入大道者，信也；丹阳悟死而脱尘情者，信也；神光断臂求法者，信也。得此一信而成道，失此一信而败道，信之得失，道之成败关之，故修道者以信为本。

何为信？忠孝廉耻，俱尽其道；仁义礼智，各得其宜；是非不杂，邪正分明；初念不改，正念常存；应事接物，不逐风扬波；日用夜作，不昧性迷心；对景忘情，在尘出尘；遇境不迁，住世离世；宜缓则缓，宜急则急；宜后则后，宜先则先；宜进则进，宜退则退；宜放则放，宜收则收；彼我如一，身心不二。至于鸿蒙一气不散，太极圆满无亏，采药物于不动之中，行火候于无为之内，假中求真，真中去假，无非一信而运用。

夫信者，中孚也，无惑也，不易也，见真也，有主也。大道始末，以信为归结；酒色财气，皆以信验；喜怒哀乐，皆以信正；视听言动，皆以信印；品行高低，皆以信分；有无邪正，皆以信别；五行四象，皆以信攒。知此者，希贤希圣；迷此者，为人为鬼。故至圣云："人而无信，不知其可也。大车无輗，小车无軏，其何以行之哉？"信与不信，性命生死即于此分，吉凶悔吝即于此别，可不畏乎？

修行者若得其信之一法，则神室严密，永无渗漏之患，可以长生，可以不死矣。但这个关棙子，说时易，知时难，行时更难。盖信之为义最深，为理最妙，非寻常言语之信，乃大道之信，乃天宝之信，知得此信，则天宝顺手可得，其他皆余事耳。奈何学人多无信心，何哉？

和

和之一法，乃神室之门户。门户之为物，光明通透，绝无遮碍，出入随便，开阖有时，防外谨内，门户一立，神室成就。

有子曰："礼之用，和为贵。"《中庸》曰："和也者，天下之达道也。"盖不和不足以为礼，不和不可以为达道。和之义，无大小，无内外，无边岸，无形色。天得之而四时顺，地得之而万物生，人得之而性命凝，所谓达道者，诚不虚也。

夫和者，通也，顺也，悦也，从容也，徐缓也。欲成神室，非和不可。昔达摩观见东土神州有大乘气象，入于中国，以了大事，行和也；惠能不思善，不思恶，犹未为的，后隐于四会猎人之中，以了大事，行和也。至于河上公隐于园圃之中，缘督子隐于商贾之内，王十八隐于仆人之列，是皆混俗和光，依世间法修出世间者也。故善用和者，不惊俗，不骇众，不固执，不偏僻，随方就圆，内刚外柔，大智若愚，大巧若拙，潜修密炼，人莫能识。若夫有己无人，行为执着，不失之太过，即失之不及，欲其窃造化，合阴阳，无中生有，有中生无，造成神室，永为无漏金屋，难矣。

何为和？礼下于人，谦恭自小，心平性柔，暴燥全无，忿怒不生，大而能小，强而能弱，无人我寿者之相，无贵贱贫富之分，化气质之性，消嫉妒之心，言行相顾，动静随时，无好恶，无无明，无怪诞，无伪诈，和处极多，只在机活神圆，因物付物耳。

吾劝同志者，速将人我山放倒，急把龙虎穴冲开，将已往高傲欺心，滞气血性，小见偏识，与夫一切不平不顺、不中不正等事，一笔勾消；另换出个和平性情，温柔姿格，神明默运，以求先天至真之药，点化后天至浊之阴，自然有无一气，动静自如，还我本来良知良能之面目，登于圣人之基矣。

噫！谦受益，满招愆，学者可不自勉哉！

静

静之一法，乃神室之墙壁。墙壁之为物，根本端正，高低相称，无缝无隙，所以稳定梁柱，坚固上下，墙壁一起，神室有象。

老子云："致虚极，守静笃，万物并作，吾以观其复。"又云："人能常清静，天地悉皆归。"可知修道者不到至清至静之地，而天心不复，神室不成。盖虚极则静，静极则动，动静之间，有天心现之。天心者，天地之心也。天地之心复，即"天地悉皆归"，苟不到静极之时而不能也。

夫静者，定也，寂也，不动也，内安也，无念也，无欲也。无念无欲，安静不动，宥密洁净，邪风不入，尘埃不生，神室墙壁紧密，而材木长久如新，永远不坏。故善用其静者，得意处不喜，失意处不忧，专心致志，对景忘情，不动不摇，如明镜止水。夫人之灵窍，自先天失散而后，为私欲所蔽，为尘情所挠，终日碌碌，无有片刻宁静。心不宁静，妄念纷纷，所作所为，皆是以苦为乐，以假为真。真假不分，大道怎成？修道者欲修神室，先须习静，果到静地，神室易成。

静者，非顽空寂灭之学，亦非参禅打坐、忘物忘形之说。乃常应常静，身在事中，心在事外之意。盖真静者，一意不生，一念不起，言不苟造，身不妄动，事前不想，事后不计，人短不知，己长不觉，时时顾道，处处返照，不以饥渴害心，不以衣食败道，生死顺命，人我无别，非礼勿视，非礼勿听，非礼勿言，非礼勿动，境遇不昧，幽明不欺，妄念去而真念生，道心现而人心灭，是谓真静。真静之静，本于太极，不为造化所移，神室四面如铁桶相似，风寒暑湿不得而入，虎狼虺豹不得而进矣。

吾劝修道者，速将活络心肠放下，急把娘生面目拿出，主心一定，止于至善，净裸裸，赤洒洒，作世间无事闲人，开道中正法眼藏，其受用无穷。

虚

虚之一法，乃神室之堂中。堂中之为物，主乎空阔洁净，尘埃扫尽，杂物不留，所以供设宝珍，迎待佳宾者也。

《悟真》云："道自虚无生一气，便从一气产阴阳。阴阳再合成三体，三体重生万物昌。"又古仙云："先天之气，自虚无中来。"特以虚者实之基，实者虚之验。盖道视之不见，听之不闻，搏之不得，本至无也，至无则为至虚；然至虚则无物不包，无物不容，故神室以虚中为要。虚中，则阴阳顺序，精神圆满，一气浑然，无内外，无左右，无前后，无上下，而在恍惚杳冥中矣。

夫虚者，空也，无也，宽也，无形也，无色也。道至空虚，无形无色，四象五行，三元八卦，混而合一，浑沦太极，神室圆成矣。故善用其虚者，俯视一切，量同天地，心如太虚，以身为桎梏，以形为赘疣，以四大为灰土，以六门为孔窍，以富贵如浮云，以名利如霜露，以世事如梦幻，以情欲为寇仇。盖有所志者在，而不为假物所惑也。夫人自有生以后，积习之气，填满胸中，无一物不有，无一事不存，将本来珍宝抛丢于外，性无所寄，命无所赖，性乱命摇，与道日远，不特神室有伤，而且幻身亦败。是以保全神室之道，以虚中为主。

何为虚？却除杂念，变化气质，挖去历劫轮回种子，看破一切恩爱牵缠，一切假事不留，一概外物不受，万法归空，四大放下，无眼耳鼻舌身意，无声色香味触法，无恐怖烦恼，无好恶爱憎，无谄无骄，无矜无诈，无狂无妄，毋意毋必，毋固毋我，不爱一物，不纳微尘，有无不立，身心无累。修道者果能如是，神室堂奥开阔明净，无一毫滓质，与太虚同体，自然先天之气自虚无中来，浑沦不散，水火不期济而自济，金木不期并而自并，大道可成。

吾劝修道者，诸缘须空，一尘莫染，欲实其腹，先虚其心，欲生其白，先虚其室，从一切不着不住处留神下脚，不怕不到深造自得之地。

灵

灵之一法，乃神室之主人。有室无人，久必渗漏，神室枉然。

王冲熙先生曰："一灵妙有，法界圆通。紫阳真人之谓欤？"昔紫阳得海蟾之传，真知灼见，随机应变，和光同尘，纵横自在，无拘无束，所以成道大异他人，为南宗初祖。盖修真之道，能灵则圆通无碍，不灵则固执着空。固执必不通，不通，不失之太过，即失之不及。太过、不及，失其中正之道，又安能得药物于恍惚杳冥之间，行火候于无为自然之内？必至进退失节，急缓失度，老嫩失时，阴阳乖戾，去道远矣。

何为灵？先发制人之谓灵，义不及宾之谓灵，追摄先天之谓灵，夬决后天之谓灵，调和性情、外圆内方之谓灵，被褐怀玉、心死神活之谓灵，静观密察、炼己待时之谓灵，窃夺造化、从无守有之谓灵，不欺不瞒之谓灵，常应常静之谓灵，虎不伤人之谓灵，龙不起雾之谓灵。修道者具此一法，可以动，可以静，可以刚，可以柔，诚信得中，和静得正，性命得了，神室有主，永久不坏，大道成矣。

吾劝同道者，回光返照，敲竹鼓琴，十二时中，莫要昧了自己。还须检点当前，磕着撞着，自醒自悟，如空谷焉，呼之即应；如金钟焉，击之即鸣；如宝镜焉，照之即见；寂然不动，感而遂通，神而明之，存乎其人耳。此法无火无候也，无药物斤两也，无次第工程，一直行去，工夫不缺，了命了性，可以于理决之矣。

虽然，真灵岂易知哉？亦岂易行哉？不易知者，不可以有心求，不可以无心得，有心求之则着于有，无心求之则着于无。不易行者，非勉强而为，非顺事而作，勉强而为则真者不真，顺事而作则灵者不灵。是在有无不拘，逆顺并用，机活神圆，灵之一法得矣。但恐人不认真，弃正入邪，不落于中下二乘，即归于执相服食，非徒无益，而又害之，可不叹诸！

《通关文》

序

修真大道，窃阴阳，夺造化，了性命，脱生死，为超凡入圣、成仙作祖之大事，非尘世一切草霜水泡、忽有忽无、虚而不实之小事可比。奈何天下道人管窥蠡测，以大事为小事，以小事为大事，重其假而轻其真，道不远人，人之为道而远人。所以古人谓："学道者如牛毛，成道者如麟角。"吾曰："今人学道者如牛毛，闻道者如麟角。"何言之？古人闻道者多而成道者少，今人学道者多而闻道者少，今人学道之数倍于古人学道之数，今人闻道之数少于古人成道之数，以致今人学道者如牛毛，而闻道者如麟角矣。原其故，皆因学人一身偏病，满腔邪气，所以感不动师友，以故空过岁月，枉劳跋涉耳。

余自得龛谷、仙留之旨，不敢自私，大公为怀，因将所得于师者，尽发泄于《阐真》、《会要》、《直指》、《会心》、《原旨》、《指南》、《悟道》、《破疑》等书之内，以结知音，吾愿足矣。然犹恐学者舍近求远，不知先尽自己之事，而即妄想他人之事，因著《通关文》一书，为学者助一炬之明。先学个无病好人，自卑登高，由近达远，庶乎明师得遇，良友得逢，大道可闻。书内节目虽小，关事甚大，言辞虽鄙，益人甚多。虽曰"通关"，而性命修持之功，亦由此进步，见者甚勿以小节鄙言而弃之。若是上智高明之士，原自大路开通，一遇明师，不难得真，通关之功，无所用之也。

时嘉庆十七年岁次壬申冬至日素朴散人自序

色欲关

吕祖云："二八佳人体似酥，腰中仗剑斩愚夫。虽然不见人头落，暗里教君骨髓枯。"丘祖云："从正修持须谨慎，扫除色欲自归真。"

又云："割断丝萝干金海，打开玉锁出樊笼。"此皆祖师大慈大悲，教人去色欲而趋生路也。

夫色欲一事，为人生要命第一大关口，最恶最毒。何以知其为要命关口？凡人一见美色，魂飞魄散，淫心即动；淫心一动，欲火即起，气散神移，形虽未交，而元精暗中已泄，性已昧，命已摇。而况在色场中，日夜贪欢，以苦为乐，以害为快，有日油涸灯灭，髓竭人亡，虽欲不死，岂能之乎？故修道者，戒色欲为第一着。

但色欲最不易除，亦所难防。人自无始劫以来，从色道中而生，从色道中而死，生生死死，大半是色魔作殃。色魔有动之于天者，有出之于人者。动之于天者，是历劫根尘，发于不知不觉之中，起于无思无虑之时；出之于人者，见色而情生，遇境而神驰。古今多少英雄豪杰，诸般大险大难境遇，能以过去得，独于色魔一关，皆被挡住，四大无力，不能挣扎跳出。若非金刚铁汉，丈夫烈士，摆不开，丢不下。

修道者，须知的色魔是讨命阎王，务必狠力剿除。即美如西施，姣若杨妃，犹如臭肉皮囊，视之不动不摇，不迷不昧，遇如不遇，见如不见，时时防备，刻刻返照，不使有毫发欲念潜生于方寸之中。亦如农夫务田锄草，渐生渐锄，宿根锄尽，不容异日复生。果若锄尽色根，自然灵苗发生。何以知其锄尽？果若真实色根锄尽，虽遇美色，不知其为美，虽见女子，不知其是女子。若见美色女子，犹知是美色女子，纵能当场强制，不动欲念，尚有宿根未拔干净，日久难免潜生。

世间顽空守静之辈，人前夸口，自谓已绝欲念，每每梦中泄精，无法可制，自己吃了昧心食，欺己欺人。殊不知，我不生欲，却有生欲者在内窝藏，欲念岂是容易而绝？特以有根尘未尽也。然虽不易尽，必要狠力勇猛，下一番死工夫。不能除而勉强除，不能去而勉强去，功深日久，终有除去之时。若色根拔尽，则色身坚固，而法身易修，其余关口，皆易为力。若色根不能拔尽，这一关口过不去，则一切关口俱不能过去也。

吾劝真心学道者，速将色欲关口打通，畏色如畏虎，防欲如防蝎，外而对景忘情，内而欲念不生，防危虑险，保养精神，学道有望。不但出家者当如是，即在家者，虽绪人伦、延后代，亦宜寡色欲。能寡色欲，精旺气足，后天充实，足以却病延年，且能广种子嗣。昔黄帝、文王多子，皆是寡欲之效。不论出家在家，俱当以戒色欲为首着。否则，色欲之心未去尽，妄想明道，难矣。

恩爱关

《悟真》云："人生虽有百年期，夭寿穷通莫预知。昨日街头犹走马，今朝棺内已眠尸。妻财抛下非君有，罪孽将行难自欺。大药不求争得遇？遇之不炼是愚痴。"又云："为道须要猛烈，无情心刚似铁。直饶男女妻妾，更与他人何别？"此皆教人看淡世事恩爱，急修性命也。

人生在世，万般皆假，惟有性命是真。举世之人认假为真，将"性命"二字置于度外，恩爱牵绊，为衣为食，百忧感其心，万事劳其形，昼夜奔忙，千谋百计，损人利己，贪图无厌。水火刀兵之处也去，虎狼烟瘴之处也去，生死不顾，存亡不管，碌碌一生，无有休歇，为子孙作长久计。及至精神耗散，气血衰败，大病临身，卧床不起，虽有孝子贤孙，替不得患难，姣妻爱妾，代不得苦楚，生平恩爱，到此一无所恃，三寸气断，一灵不返，彼是谁而我是谁？言念及此，生平恩爱，有何实济？既无实济，则知恩爱为人生之大苦，须要早早看破。

欲要看破，须先将此恩爱利害，暗中尝探一番。尝探来，尝探去，尝探出甜中有苦，恩中有害，是实实知的恩爱是假事，晓的恩爱是多事，自然不在泥滩上着脚，火坑中安身，别有个主见在内，而不为恩爱所牵扯矣。果能尝探出恩爱中苦味，欲出世，则大解大脱，得以修持性命而无拘无束；即住世，亦明明朗朗，物来顺应，可无伤无损。盖悟的恩爱是苦，即能逢场作戏，自由自专，不受恩爱之害矣。

然父子、兄弟、夫妇既聚会在一本戏中，为父者亦必做出为父的道理，为子者亦必做出为子的道理，为兄者亦必做出为兄的道理，为弟者亦必做出为弟的道理，为夫者亦必做出为夫的道理，为妇者亦必做出为妇的道理。当知各尽道理，自己本分中应当如是，但不过心中明白是逢场作戏，大家合伙将这一本戏顺顺序序作个完结，彼此便了事也。如是应去，既不伤天伦，又不昧本性，便是在家出家，在尘出尘，有多少便宜快活处。昔庞居士、傅大士、葛仙翁、许真君、张天师、三茅真君，皆是在家出家，而能大成其道者。此住家者当如是。

若是出家者，除事亲、养生、送死而外，其余恩爱，必须一刀两段，脱卸绳索，绝不可有一毫沾染牵挂。稍有一毫沾染牵挂，便坏大事，不但不能修道，而且不能明道。特以心中有"恩爱"二字搅扰，既有恩爱搅扰，便是看不开恩爱，看不开恩爱，便被恩爱关口挡住，如何奔得前程？

吾劝真心学道者，速将恩爱关口打通，无牵无扯，脱脱洒洒，一心学道，自有进益。否则，恩爱舍不的，常挂心胸，妄想明道，难矣。

荣贵关

《道德经》曰："虽有拱璧以先驷马，不如坐进此道。"至圣曰："富与贵，是人之所欲也。不以其道得之，不处也。"《悟真》曰："不求大道出迷途，纵负贤才岂丈夫！百岁光阴石火烁，一生身世水泡浮。只贪利禄求荣显，不顾形容暗瘁枯。试问堆金如岱岳，无常买的不来无？"丘祖曰："心安不说三公位，性定强如十里城。"此皆教人以道义为重，而不可贪恋荣贵也。

夫荣贵，有天爵之荣贵，有人爵之荣贵。天爵者，道德仁义是也；人爵者，功名禄位是也。求人爵者，读书攻苦，十年寒窗，日夜用功，废寝忘飧，不知费尽多少心思，耗了多少精神，方得功名到手。虽得功名，而大小又不可必，或有发秀而不能发科者，或有发科而不能会进者，或有会进而不能登仕者，或有登仕而得失存亡又不可保者。如此艰难，耗散精神，消化气血，以真换假，图此虚名，荣在何处，贵在何处？更有功名未得而伤痨早发，痰喘气促，行动艰难，性命莫保，岂不可伤可叹！其所谓荣贵者，不过所坐者轿，所乘者马，所衣者纱罗绸缎，所食者羔羊海味，徒以妆身体，充口腹，耀人耳目。究之，身心大伤，受福无几，大限即到，临时荣贵莫恃，与无荣贵者同一泯灭，何贵乎荣贵？

修天爵者，饱仁义而味道德，敛浮华而就朴实，蓄精神而养正气，尊德性而道学问。不肯以真换假，不肯以苦为乐，自尊自贵，自足自满，宠辱不到，咎誉难加，造化不能拘，阴阳不能移，吉凶不能近。完成本来乾元面目，天地喜悦，鬼神尊服，方且披天衣，食天禄，享天寿，其荣贵永久长存，较之尘世霜露之荣贵，何啻云泥之异！

吾劝真心学道者，速将尘世虚假荣贵关口打通，好作出世真正荣贵事业。打通尘世荣贵关口，不是教避荣贵，是要于荣贵境遇处，做出不贪荣贵的实落工夫。或处荣贵而恃荣贵，或居荣贵而贪荣贵，或出荣贵而不忘荣贵，或见荣贵而知是荣贵，或遇荣贵而谄媚荣贵，皆是不曾打通关口。若实实悟的荣贵能乱人之性，荣贵能迷人之心，荣贵能骄人之气，荣贵能败人之德，荣贵能纵人之恶，荣贵能伤人之身，荣贵能送人之命，荣贵是大苦，荣贵是火坑，荣贵是泥涂，方是打通关口，可以入乎荣贵之中而不为荣贵所伤矣。

昔人亦有在荣贵场中成道者，如鲍靓、淮南子、东方朔、许旌阳、梅真人、葛仙翁、抱朴子、罗状元，俱是大隐居朝，成就大事。盖缘早已看得开，识得透，故在大火里栽莲，泥水中抛船，借世法而修道法，显晦逆顺，人莫能测，非贪荣贵也。不但出世者要看破荣贵，即入世者能看破荣贵，自然别有个主见，得志则忠君爱民，尽心竭力，做出一番经纶大事，绝不与虚位素餐者相同；不得志则独善其身，修道立德，品行高超，亦不与庸愚混世者相等。昔伊尹相汤，非图荣贵，盖欲以斯道觉斯民也；孔子周游列国，孟子游食诸侯，岂是求荣贵？盖欲行其道以救世也。至于周、程、张、朱，皆是不贪荣贵，可仕则仕，可止则止。自古大圣大贤，皆是以道为重，不在荣贵上着意也。

世间糊涂学人，看不破荣贵，或居荣贵又舍不得荣贵，或自不荣贵而羡慕荣贵，或结交势力之家而谋利，或来往公侯之门以为荣。既贪荣贵，又想修道，迷迷昏昏，邪思乱想，捉东捞西，无怪乎碌碌一世，到老无成。

吾劝真心学道者，速将世路荣贵关口打通，处荣贵者忘其荣贵，无荣贵者莫羡荣贵，以明道为贵，以成道为荣，庶乎志念归真，前程有望。

否则，以假荣贵为真荣贵，荣贵一念结于胸怀，茅塞灵窍，妄想明道，难矣。

财利关

至圣云："君子喻于义，小人喻于利。"老祖曰："不贵难得之货。"又云："不见可欲，使心不乱。"吕祖曰："堆金积玉满山川，神仙冷笑应不采。"此皆教人不可贪图财利，有坏大事也。

但财有世财、法财之别。世财者，金银珠玉是也；法财者，功德精诚是也。图世财者，重金银而轻功德，千谋百计，明取暗窃，损人益己，轻出重入，恨不得天下之财为我一人所有，世间之利为我一人独得，无财不觅，无利不搜，舍身拚命而不顾，瞒心昧己而不管，有了十贯想百贯，有了百贯想千贯，有了千贯想万贯，贪心不足，至死不肯回头。殊不知大限一到，纵然富如石崇，财似万山，买不转阎王老子，避不过生死轮回，只落得罪孽随身，满载而归，分文银钱不能带去。到的此时，悔之何及？更有一等迷瞪汉，只知积财，吃也舍不得，穿也舍不得，又不肯恤孤怜寡，又不知扶危救困，独为看财奴、悭贪鬼，断气在于眼前，而犹吩咐子孙如何生财，如何聚财，何人少我债，何处有我钱。呜呼！三寸气断，万有皆空，此身亦不属我，何况于财？岂不愚哉！积法财者，重功德而轻金银，俯视一切，万缘不起，积功累行，苦己益人，广行方便，以性命为珠宝，以仁义为金玉，以惜气养神为货利，以存诚保真为富有，以清净无为为家业，至于尘世金银财宝，犹如石土视之。盖以所求者，先天之真宝，而尘世一切假宝，何足恋之。

学道者若有些儿贪财谋利之心，便碍大道。虽修行人此身未离尘世，不能全废世财，亦当见利思义，随其自然，不得分外贪求。即遇自然之财，还当审其来历，可取方取，可弃则弃。所谓以义为利，外虽取而心未尝取，何碍于取。昔孔子周游列国，孟子游食诸侯，未尝不受诸侯之赆馈，皆出自然，非强求也。即我长春祖师，始而粒米文钱不敢妄贪，劳其筋骨，饿其体肤，受人之所不能受，忍人之所不能忍；及至苦尽甜来，否极生泰，为宋、金、元诸帝王之隆宠，有赐未尝不受。然受之而祷雨救旱，禳灾扶国，与夫修造宫观，大兴教门，皆用财得当。然亦是先积法财，而后借世财立功也。

世间糊涂学人，不知急求法财，而只以世财为重，哄骗十方，为衣为食，挪账累债，又一功不行，一德不积，来生与人填还，求其为人，尚不可必，何敢望仙？更有一等造孽头，指东化西，拐骗善信，不做一件好事，赌博闹酒，每每因几文钱，轻则口角争吵，重则打架横行。又有一等假道学，口道德而心盗跖，妆模做样，俨然神仙，一见钱财，便露马脚，争论多寡，不顾廉耻。吾尝谓"性命不如二百钱"，诚然也。

吾劝真心学道者，速将财利关口打通，不可见利忘义，心生贪图。须知的堆金积玉，买不得生死，财多累多，利多害多，与其背道而亡，莫若守道而死，还有好处。否则利心重而道心轻，正不胜邪，妄想明道，难矣。

穷困关

至圣曰："君子固穷。小人穷，斯滥矣。"《中庸》曰："素贫贱，行乎贫贱。"孟子曰："贫贱不能移。"紫阳翁曰："贫子衣中珠，本自圆明好。不会自寻求，却数他人宝。"此皆教人守死善道，处穷困而不为穷困所移也。

夫修真之道，与世法相反，原欲弃富贵而就贫贱，去奢华而守恬澹。必先苦其心志，劳其筋骨，饿其体肤，空乏其身，磨炼切磋，去假求真，即刀兵水火，疾病灾患，皆所不计，何论穷困？若受不得穷困，遇饥寒而生烦恼，值艰难而起无明，便是"以饥渴之害为心害"，"养其小者为小人"，认假弃真，与道相隔，何时能进道岸乎？殊不知性命事大，衣食事小，重衣食而轻性命，如何修的性命？夫图衣食者，仅可养皮肉，修性命者，却能保天真。天真若失，虽身肥体壮，如豕如牛，外人形而内兽心，即生如死，岂是务道之人？昔长春真人，龙门七载，磻溪六年，常受饥饿，至死不变；太古真人赵州桥定坐，饥寒不避，生死不顾；丹阳真人弃巨富而入铁查，去饱暖而就贫淡，把茅盖顶，岩居穴处。以上诸公，受人之所不能受，苦人之所不能苦，皆从穷困中而成大道。

世间糊涂学人，受不得困苦，耐不得饥寒，稍遇艰难，受些澹泊，即便自生烦恼，恨天怨地，邪思乱想，不守本分，设法编转。如此行为，穷困且不能受的，如何能在大危大险之中过去的？故学人必以受的穷困为要着，若稍有惧怕厌恶之心，即此一事，便是挡路高山，害道大魔，寸步难移。

吾劝真心学道者，速将穷困关口打通，心如铁石，意若寒灰，随缘度日，饿也如此，冻也如此，即冻饿身死，也是如此，绝不以穷困小事，忘却性命大事。如此行去，一心一意，真履实践，以道为己任，未闻道者终须闻道，已闻道者终须成道，祖师暗里自有安排，决不教冻饿坏真正学道人。否则丰衣足食，自自在在，作事受不得一些苦难，当不得一些贫淡，妄想明道，难矣。

色身关

老祖云："吾所以有大患者，为吾有身。及吾无身，吾有何患？"又云："后其身而身先，外其身而身存。"《金刚经》云："不可以身相见如来。"逍遥翁云："须知诸佛法身，本性无身，而以相好庄严为身。"临济禅师云："真佛无形，真性无体，真法无相。"庄子云："悲夫！世之人以为养形足以存生，而养形果不足以存生，则世奚足为哉？"古仙云："莫执此身云是道，此身之外有真身。"自古成道仙佛，皆不重色身而修法身也。

举世之人皆认此色身为真实，而遂爱之惜之，欲厚其生，恋恋不舍，图贵显以荣此身，积财货以养此身，啖肉饮酒以肥此身，华衣美服以饰此身，日夜谋虑，时刻打算，费尽心血，耗散精神，与鬼为邻，虽曰厚生，实是伤生。殊不知色身者，天地之委形，四大假合，一旦阳气消尽，阴气独盛，魂飞魄散，直亭亭一团浓胞臭肉，不过壮地而已，真在何处，实在何处？既不真实，则必是假，爱惜色身者，岂不假中又添其假乎？

世间糊涂学人，妄想修真而又不知穷真，妄想成道而又不知辨道。

不穷真，不辨道，不晓得真道是何事，迷迷昏昏，以此色身为真。怕苦着此身，怕劳着此身，怕饿着此身，怕冻着此身。暖衣美食，保爱此身，自在安稳，将养此身。一切出力好事不做，偏是要命路上无益有损之事，不惜精神，不省力气，反能做的。认假为真，以虚为实，殊不知此身内外，皆是伤生之物，并无一件益生之物。眼见好色则喜，耳闻恶声则怒，鼻嗅香气则爱，舌尝美味则思，意有所法则欲，身有所触则惧，外而六门，内而六识，内外交攻，斲丧真元。原其故，皆色身所招。若无色身，六门六识之害，从何而生？况天地间万物，凡有形者皆有坏，若爱此色身之假，而不穷性命之真，大限一到，我是谁而身是谁？身与我两不相干。

吾劝真心学道者，速将色身关口打通，莫被瞒过。视七窍为窟窿，视四肢为木节，视皮肉为脓胞，视五脏为痞块，舍此色身于度外，另寻出个无形之形、无象之象的真身，方能延的性，明的性。盖以舍的假方能求的真，认的假始能见的真，邪正不并立，善恶不同途也。否则，不识其假，便不能脱离其假，不能脱离其假，如何寻见其真？不能寻见其真，如何能修其真？若爱色身而不醒悟，妄想明道，难矣。

傲气关

《易》曰："君子以虚受人。"又曰："谦，尊而光，卑而不可逾。"《道德经》曰："不自见，故明；不自是，故彰；不自伐，故有功；不自矜，故长。"此皆教人屈己尊人，不可有高傲自是之心也。

盖学道者，先要虚心下气，自卑自小，不满不盈，只见己短，不见己长，敏而好学，不耻下问，尊师敬友，毫无高傲浮躁之气，方能感动真师指点，良友劝勉。大凡真师良友，多不浅露圭角，果是真正有志之士，不恃才，不称能，如愚如讷，明眼者一见，暗中留心，不肯弃舍，日久试确，即便提携。若是自矜自是之辈，纵然聪明过人，学问出众，置于不问而已。

世间糊涂学人，才入门户，即想成仙，方见高人，即要口诀，不思大道是何物，修持是何事，亵慢轻视，妄想走路拾宝。或学些旁门工夫，自负有道，心高气傲，予圣自雄，人前卖弄；即遇明人，不肯低头，当面错过。或有读过几卷儒书，解得几句文义，又记些丹经子书，执象泥文，自谓大彻大悟，高谈阔论，目空四海，再不聆教高明，冒然下手，混作乱做，非徒无益，而反受害；及弄得大病临身，方知自错，无法医治，后悔不及。又有一等无知文人，仗自己才学，妄猜私议，似是而非，偶遇缁黄，即以丹经考较，倘不应酬，便谓无道；即遇真师，亦不诚敬，大模大样，高坐妄谈，略无忌惮。如此之类，懈怠欺心，怎能闻的香风，近的道岸？

夫道者，窃阴阳，夺造化，超生死，脱轮回，为天地所宝，鬼神所秘，苟非大贤大德，真心实意之士，岂敢轻泄，岂容轻听？况大道秘旨不在文字，丹经子书乃历代祖师开明理道，为后人引路，使其扩充识见，就证于师耳，非是教人执书为道也。在不通学问者，往往只听梆声，不辨是非，以盲引盲；在稍知文义者，每每胶执己见，不肯低头，将错就错。凡此其病在于气傲自足，气傲自足便是无有真心，既无真心学道，谁肯真心指道？岂不枉劳精神，自坏大事耶？

吾劝真心学道者，速将傲气关口打通，寻访明师良友，诚敬求教，把一切自见自是、自伐自矜等弊扫去，不容有些子埋藏于内，作个虚心屈弱小人，未闻道者即能闻道，已闻道者即能成道。盖以惟小故能大，惟卑故能高，惟屈故能直，惟虚故能实也。否则，傲气满胸，目中无人，妄想明道，难矣。

嫉妒关

《易》曰："君子以朋友讲习。"《大涅盘经》曰："自未得度先度他。"《金刚经》曰："若善男子善女人，于此经中受持，乃至四句偈等，为他人说，而此福德胜彼福德。"孟子曰："善与人同，舍己从人，乐取于人以为善。"此皆言与人为善，而不可有嫉妒私心也。

夫修真者，修性命也。"性命"二字，人人具足，个个圆成，处圣不增，处凡不减，不论富贵贫贱、贤愚高低，谁无个性命？既人人有性命，则知大道为公共之物，人人可以明大道，人人可以作仙佛，是在信心志士自修自证耳。然修证之法，须要求明师指引，借良友资益。明师所以提整纲领，良友所以扩充识见，明师须要诚求，良友亦当尊敬，盖以良友之益，有半师之功。借彼之有知，以益我之无知，借彼之所能，以济我之不能，利益甚多，岂可轻慢？故祖师教人寻师访友也。

比如同师学道，俱是同心同事，朝夕聚处，须当彼此相敬相爱，有善同劝，有过同规，患难扶持，疾病照应，如同伙求财，打夯扯船；彼不知者，借我讲说之；我不知者，求彼开明之，彼此相济，其功加倍。况同堂学道，是性命之友，道义之交，理宜亲爱和气，彼有所得，如我之得，彼有所失，如我之失，方是同心学道之士。《诗》云"人之有技，若己有之；人之彦圣，其心好之。不啻若自其口出"者是也。

世间糊涂学人，自无志气，朋友劝勉，反加不爱；自有过犯，朋友规戒，即起无明，不但不听，且怀嗔恨；自己不肯钻研道理，久无所知，见他人殷勤用功，能解能悟，师尊见喜，暗生嫉妒，故意搬弄是非，败人好事，不悔自己无能，反忌他人有能，绝不思学道学的何事。夫学道者，所以迁善改过也，以不善而学之，欲迁于善；以有过而学之，欲改无过。今见人善而不知迁之于善，自本无过而嫉人，自致其过，居心拐杖，日学日下，学于下愚不移之地矣。更有一等不知高低之匪类，见人言道，当面齿笑，见人修行，暗中毁谤。既不信道，何必入道？即入道门，又不喜道，冠祖师之冠，服祖师之服，违祖师之言，背祖师之行，罪孽不知，因果不究，何为道人？昔地藏菩萨愿人人成佛后，方自成佛；吕祖愿度尽世间人，方自飞升；七真同师重阳帝君，帝君登真后，丘、刘、谭、王、郝、孙六人皆师事马祖，皆得马祖提携，完全大事。大抵学人，先要存大公无私、与人为善之慈心，利人利己，方有进益。

吾劝真心学道者，速将嫉妒关口打通，大同无我，只把自己攻苦磨炼，尊人之长，示己之短，低头作事，诚心前进，走过一步是一步，行的一功是一功，存圣贤之心，行圣贤之行，终久了的圣贤事业。否则，嫉妒满腔，愈学愈坏，好人且不能作，何敢望圣贤？妄想明道，难矣。

暴燥关

《易》曰："君子以惩忿窒欲。"《阴符经》曰："火生于木，祸发必克。"曾子曰："心有所愤懥，则不得其正。"孟子曰："持其志，无暴其气。"《了道歌》曰："未炼还丹先炼性。"此皆言其暴气燥性有害于道，必须用心除去也。

夫真正学道之士，行动如处子，养气若婴儿，以柔弱为先，以和平为本，以因物付物为应世，以饶人让人为要着。昔释迦牟尼五百劫为忍辱仙人，终得成佛；太上老君"呼我以牛，应之以牛；呼我以马，应之以马"，终为道祖；长春真君曾尝人之粪，故能大成；三丰真人受尽旁人骂，故了大事。特以心慕于道，性命事大，而外来恶言恶行等等不顺境遇，尽置度外而无识无知也。

世间糊涂学人，自不思出家为何事，道巾道衣是甚人，昏昏迷迷，糊涂过日。喜人奉承，好人抬奖，只爱人顺己，自不去顺人，稍有磕撞，燥性发作，怒由此而起，忿由此而生，水火刀兵而不顾，坑井崖河而不怕，甚至以力争胜，彼此两伤，入于死地，自丧性命者有之。不仅此也，暴气燥性一发，元神出室，大火烧身，津液涸而正气散，三宝受伤，五德归空，内而丧真，外而败德，性乱命摇，未得于人，已伤其己，暴燥之为害，岂小焉哉！

吾劝真心学道者，速将暴燥关口打通，作个有气死人，妆个无心痴汉，如愚如讷，如聋如哑，人骂也如此，人打也如此，人憎嫌也如此，人毁谤也如此，心似冷灰，性如冻冰，无一些热气藏内，方是跳出暴燥关口。倘有些儿热气在内，虽外不现其形，而内实栽其根，如遇不顺之境、不平之事，未有不大发者。《道德经》曰："上善若水，水善利万物而不争，处众人之所恶，故几于道。"盖以能下于人者，方能上于人，能弱于人者，方能强于人。否则，暴燥不去，只知有己，不知有人，只知用强，不知用弱，任性而行，随心而作，妄想明道，难矣。

口舌关

《易》曰："艮其辅，言有序。"又曰："修辞立其诚，所以居业也。"至圣曰："君子欲讷于言而敏于行。"老祖曰："闭其兑，塞其门，终身不勤。"此皆教人谨言而不可妄言也。

盖口舌者，出纳之门户，是非之根苗，关乎人之节操，系乎人之德行，君子小人于此分，正人邪僻于此别，招祸致福，成事败事，无不于此而定。故君子议之而后言，可言方言，不可言不言。或言而益于世道人心，或言而使人迁善改过，或言而劝人去邪归正，或言而为人方便解难，或言而为人隐恶扬善，绝不妄言、轻言、虚言。非是闭口不言，特以一言既出，驷马难追，立见祸福，言不可不慎也。倘言有不谨，不是伤人，便自致咎。口舌为害，其利如刀，其毒如鸩，岂小焉哉？

世间糊涂学人，不知利害，以口舌之动为小可，以利便为才能，以善辩为得意，或形人之短，或夸己之长，或谎言诡语，或说是论非，或前言而后失信，或空言而行不速，或狂言而起祸端，或高谈而无实事，或白口咒诅，或巧言谗佞，或以言败事，或以言伤人。凡此皆有损无益之言，何贵于言？不如不言为妙。

吾劝真心学道者，速将口舌关口打通，口莫妄开，舌莫妄动，非礼勿言，言必以礼，修其辞而立其诚，谨于言而慎于行，绝不轻于言，言必有中。况言语者心之声，舌者心之苗，口舌之动不正，即知心田不正。心田不正，根本已坏，性已昧，命已摇，精神暗伤，妄想明道修道，难矣。

嗔恨关

《般若波罗蜜多心经》曰："无无明，亦无无明尽。"傅大士曰："扫除心意地，名为净土因。无论福与智，先且驱贪嗔。"百丈禅师曰："若脏腑中都无所得，都无所求，此人诸尘不生，人我不起，是纳须弥于芥子中，不起一切贪嗔，是能吸四大海水，不受一切喜怒语言入耳中。于一切境，不惑不乱，不嗔不喜，刮削并的干净，是无事人，胜一切知解精进头陀。"《敲爻歌》曰："嗔不除，态不改，堕入生死轮回海。"

此皆言嗔恨为碍道之物，必须狠力除去也。

夫"嗔恨"二字，如蛇如蝎，最恶最毒，若结心胸，积久成蛊，伤生陨命，为祸甚烈，外而损人，内而坏己，无医可治。学人度量必如天之廓大无边，醇厚必如地之无物不载，容纳必如海之众水朝宗而后可。试观天之廓大，无物不覆，无物不生，日月来往由他，星辰运转由他，云雾遮蔽由他，人欺瞒也由他，人尊敬也由他，人感戴也由他，人毁恨也由他，一切善恶邪正、凶顽愚劣而皆不知也。地之醇厚，无物不长，无物不载，泰岱崧华至重也能负，江河溪涧冲崩也能受，树木草石穿压也能忍，飞禽走兽嗛踏也能随，耕锄挖刨也能顺，一切欺侮残坏而皆无心也。海之容纳，众水会流，日夜不息，千年万载，不见有余，清水来入不见其清，浊水来入不见其浊，甜水来入不见其甜，苦水来入不见其苦，鱼鳖虾蟹横游也由他，鼋鼍蛟龙奔腾也由他，一切秽污臭垢等等不洁不净之物而无不容也。学道者能如天之量、地之厚、海之宽，便是无事仙人，保生妙诀，与道相邻，大有便宜。

世间糊涂学人，不知嗔恨之害事最大，或境遇不顺而生嗔，或所谋不遂而生嗔，或因物有失而生嗔，或嫉人之能而生嗔，或情性不投而生嗔，或衣食不足而生嗔，或为人触犯而生恨，或记人小过而结恨，或求人不应而有恨，或人不顺己而积恨。凡此嗔恨等病，总由自己昏愚，无有真心学道而然，果是真心学道之人，决不如此。故至圣"躬自厚而薄责于人"，颜子"犯而不校"，以其无嗔无恨，所以为圣贤。举世之人，有嗔有恨，所以为凡夫。圣凡之分，只在有无之间耳。但嗔恨不但形于外者能害其事，即隐微之中稍有丝毫烟尘不尽，亦能伤真。务须内外干干净净，如雪之白，如镜之明，应事接物，皆以无心处之，庶乎神气不伤，性情和平，大道可冀。

吾劝真心学道者，速将嗔恨关口打通，学个无心道人，轻也过去，重也过去，低也过去，高也过去，因物付物，随事应事，应而不纳，过而不留，何有嗔恨害事乎？否则，生嗔生恨，阴毒暗恶凝滞方寸，真性早昧，妄想明道，难矣。

人我关

《易》曰："艮其背，不获其身。行其庭，不见其人。无咎。"又曰："同人于野，亨。"《金刚经》曰："无我相，无人相，无众生相，无寿者相。"圣人云："忠恕违道不远，施诸己而不愿，亦勿施于人。"上阳子曰："速将人我山放倒，急把龙虎穴冲开。"此皆言修道必须无人我之见也。

然欲无人，先须无我。盖一有我，则私心起；私心起，一言一行，一举一止，总要为我；既要为我，必不顾人；既不顾人，必损人利己，伤天害理，无所不为矣。原夫有生之初，不论贤愚贵贱，同一性命，同一形骸，何有彼此之分？既无彼此之分，则我如人，人亦如我，人我如一，即是天地大公无私之心，即是圣贤"民胞物与"之道，即是修真"人我两忘"之法。学者能守此心、此道、此法而行持之，便是圣贤胚胎，仙佛种子，大道可冀。

世间糊涂学人，不知大公无私、物我同观之理，执着此身，以为是我。一认是我，即便有人；有我有人，即分彼此。一分彼此，轻乎人而重乎我，内于我而外于人，日谋夜算以肥己，千方百计以取人，一行一事，不肯让人，一货一利，要讨便宜。不但应事接物，处处争胜，事事好强，即至亲好友、同事同业者，亦要分出尔我。恨不得他人贵物，为我独得，世间好事，为我独成，有利处钻头探手，无利处缩肩藏身。殊不知三寸气断，万有皆空，即此身亦不属我，到的那时，我在何处，人在何处？人我俱无，何苦在世枉用心机，强分人我，独结冤仇，岂不愚哉！

吾劝真心学道者，速将人我关口打通，必如生初无人无我的面目，必如死后无人无我的模样，视万物为一体，视天下为一家，见人有喜如我之喜，见人有忧如我之忧，见人有得若我之得，见人有失若我之失；有财者可以济困，无财者不妨方便，处处益人，事事积德；横逆之来，付于不知，凌辱之加，置于不晓，得饶人时且饶人，宜退步处即退步，方是学人的举止，慕道真心。否则，有人我之见、彼此之分，私欲堆积，茅塞心窍，妄想明道，难矣。

冷热关

老祖云："外其身而身存。"文始云："冬御风而不寒，夏御火而不热。"吕祖云："求生而不生，未死先学死。"此皆言其为道忘躯，而不避寒暑也。

夫修道者，先要看破幻化之身，置色身于度外，死且不惧，何况冷热？故神光少林寺求法，雪拥过膝而不知；太古赵州桥冷坐，水淹将没而不晓；释迦佛雪山修道，受尽多少苦楚；长春祖磻溪磨性，受尽多少饥寒。即近世白石镇梁真人，破衣垢面，长年不倒身，未曾歇息；西宁府张睡仙，水泉长卧，赤身露体，四十余年犹如一日；梭罗仙河滩磨炼，狗皮仙冰滩睡眠，仙留师黄沙下苦：皆是不避冷热，舍的色身，成的法身也。

世间糊涂学人，不知香从臭出，甜向苦来，误认色身为真实，而遂爱之惜之，只图自在将养，遇冷而即想暖处，逢热而即思凉处，怕冷怕热，隔绝道念。却不思性命为人生第一件大事，岂可因冷热之小事而误性命之大事乎？果是真为性命者，即生死关口，大难境界，亦要脱脱洒洒过去，至于寒暑冷热，何足在意？虽未成道之先，色身亦不可坏，但粗衣护体，将就过去便休，不必以冷热常挂心头。遇冷时亦须受冷，逢热时亦须受热，热之冷之，与时偕行而已。与时偕行，非是不该受冷一定教受冷，不该受热一定教受热，若不该受冷而必欲受冷，不该受热而必欲受热，此有心做作，亦是固执不通，枉自受罪，何益于事？大抵怕冷怕热，虽是小节，甚碍于道。倘有些儿冷热之见，便有无限邪思妄想生出，遇冷必设法要不冷，遇热必设法要不热，认假失真，岂不误了多也？

吾劝真心学道者，速将冷热关口打通，随时将就，到处安身，冷可也，热可也，不至冻死热死便休，万不因冷热而起无明。否则，有冷热在心，心有所恐惧，则不得其正，有所忧患，则不得其正，心且不得其正，妄想明道，难矣。

懒惰关

《易》曰:"不恒其德,或承之羞。"又曰:"天地之道,恒久而不已。"至圣曰:"君子遵道而行,半途而废,吾弗能已矣。"重阳帝君曰:"香从臭里出,甜向苦中来。"此皆言其学人须当猛勇精进,不可懒惰偷安也。

夫性命之学,为人生至大之事,又为天下至难之事,是在攻苦殷勤,志念坚固,愈久愈力,有始有终,方能进益。盖以恒久不易之大事,必赖恒久不已之大功而始成。或修桥补路以益人,或施药舍茶以济急,或修庙造观以劝善,或恤老怜贫以积德,或扶危救难以解厄;或教门出力,大起尘劳;或心地下功,全抛世事;或因正理不明而日穷夜究,或因明师不遇而东访西寻,或遇灾难困苦而志气倍加;见有一善而即为,见有一恶而即去,时时勉力,刻刻用功,寸阴是惜,不使时光一些空过,自然自卑登高,由浅入深,鹤立鸡群,终得高人顾盼。

世间糊涂学人,一功不立,一德不修,只图安乐,怕受辛苦,见出力之事而远避,遇行功之处而退步,饱食终日,无所用心,闲游浪荡,悬虚不实。即遇明师,妄想一言半语,大彻大悟,外妆老实,内藏盗心,又不肯细心穷理,又经不得陶冶磨炼,三朝两日,求诀不得,以为无缘,即便远去。更有一等造孽罪汉,不怨自己无志,反谤师尊吝啬,结仇于心,终身不释。如此行为,既无长久志气,又无学道真心,不但难上天堂,而且反堕地狱。

吾劝真心学道者,速将懒惰关口打通,广积阴德,量力行功,外而利物,内而炼己,朝斯夕斯,以性命为重;念兹在兹,以身心为事;步步出力,处处向前,至死不变,终久有个出头之日,得意之时。否则,逡畏不果,懒惰打混,虚度岁月,小苦小功不能行去,至于成仙作佛希有之大事,怎能行的?妄想明道,超越人天,出离苦海,难矣。

才智关

《易》曰:"劳谦,君子有终,吉。"至圣曰:"如有周公之才之美,使骄且吝,其余不足观也已。"老祖曰:"大成若缺,其用不弊。

大盈若冲，其用不穷。大直若屈，大巧若拙，大辩若讷。"此皆言有才不使，有智不用，方能成其才，全其智。

何为才？聪明技巧是也。何为智？谋虑变通是也。才者，世人之所珍重者也，特以功名非才智不能成，财货非才智不能得，应世接物皆以才智为先。然究其实，人人俱被才智丧其生，但人未之深思耳。盖用才智以求名利，日夜劳心，为名利所迷，只知进而不知退，只知福而不知祸，费精耗神，争强好胜，思虑过度，精液涸干，身躯衰败，甚至名利未得，而性命已丧。岂不是用才用智，反被才智所害乎？

世间糊涂学人，不知才智误事最大，一举一动，仗自己小聪明、假伶俐，便在人前夸能，自谓人莫我若。或恃才而目中无人，或用智而苟图衣食，或强辨是非而欺压尊长，或妖言邪语而作孽惑众，或记几宗公案而借取迷人，或作几句诗歌而自负有道，或学些扭捏工夫而以盲引盲。甚至胶执己见，以男女为阴阳，引人作孽而入于采取；以金丹为有形，耗人钱财而引人烧炼。只此皆是自恃才智，误用聪明，管窥蠡测，俱是黑夜里走路径，涸井中作生活。殊不知真正慕道之士，黜聪毁智，韬明养晦，不在尘缘中出头，不于俗事中争胜，一念纯真，万有不知，寻明师，访良友，以性命为一大事，老老实实，朴朴诚诚，一切假才假智，丝毫不用矣。

吾劝真心学道者，速将才智关口打通，扫去外用之假才智，就于内用之真才智，将诸般好强争胜、师心自用、妄猜私议、无而为有、虚而为盈等等偏病，一笔勾消，改头换面，以诚而入，以柔而用，庶乎学道有望。否则，予圣自雄，只知有己，不知有人，恃才用智，机谋诡诈，本欲向前，反落于后，妄想明道，难矣。

任性关

《道德经》曰："自见者不明，自是者不彰。"古经云："执着之者，不明道德。"《孟子》曰："反身而诚，乐莫大焉。强恕而行，求仁莫近焉。"《诗》曰："令德令色，小心翼翼。"此皆教人顺情顺理而行事，不可任性固执也。

　　夫人有生以后，秉其后天气质之性，贤愚善恶，清浊强弱，彼此不同。惟天纵之圣人，本性圆明，纯白无疵。其次中下之人，各有偏病在身，实为性命之大害。虽为大害，果能自知，亦能变化气质，反愚为贤，反恶为善，反浊为清，反弱为强。是在不任其性，亲近有道之士，虚心求教，借人之高明，以破我之迷网，借人之磨砺，以去我之瑕疵。盖他山之石，可以攻玉，渐习渐高，渐学渐好，虽愚必明，虽柔必强。何愁道之不明，修之不成乎？

　　世间糊涂学人，不知任性之害，既要学道，而又纵性，不肯学好；既想求道，而又任性，不重其道。或师尊指教而阳奉阴违，或朋友规过而面是心非，或与人同事而予圣自雄，或与人同居而争强好胜，或依自己学问而形人之短，或恃自己聪明而笑人之愚，或出言吐语而不肯让人，或磕着撞着而便生烦恼，或欺大压小而不能和众，或度量曲狭而不能容物，凡此皆任性之弊。不但外而取人嫌恶，而且内则自种阴毒。生平偏病，一件不去，自带愚气，一些不减，自以为是，不肯认错。以是学道，纵老君对面，释迦同居，何益于事？果是丈夫，一心在道，静坐常思己过，闲谭不论人非，事事谨慎，步步点检，顺人顺理，随方就圆，毋固毋我，以退步为进步，以不强为大强，焉有不深造而自得者？

　　吾劝真心学道者，速将任性关口打通，低头行事，柔弱安身，把已往一切固执偏病、自见自是条款，渐渐革去，学个无性道人，妆个愚痴聋哑呆汉，常在切身大事上留心，日久必有所得。否则，一味任性，刚而不柔，过而不改，虽在道门一世，妄想闻道，难矣。

患难关

　　《易》曰："困而不失其所，亨。其惟君子乎？"《中庸》曰："素患难，行乎患难。"长春真人曰："病即教他病，死即教他死，至死一着，抱道而亡。"此皆言其不可因患难而变其初志也。

　　夫道者，包罗天地，窃夺造化，出死入生，超凡入圣，作佛作仙。非有大勇大力、顶天立地之铁汉，脱尘超俗之金刚，知不得，载不起，拿不动。如何是大勇大力？富贵不能淫，贫贱不能移，威武不能屈，是大力；恩爱不能牵，名利不能诱，是大力；忧愁恐惧，一些不起，是大力；喜怒哀乐，截然放下，是大力。困苦危难，不动不摇，是大勇；疾病灾厄，顺其自然，是大勇；饥寒冻饿，至死不变，是大勇；羞耻凌辱，不识不知，是大勇。故释迦佛遇歌利王割身而不知，纯阳翁遇正阳祖十试而无弊，紫清喝骂教去而弗嗔，三丰衣破鞋穿而不悔，长真受人拳打而不争，长春折肋三次而不顾。以上圣贤，皆遇患难磨炼，受尽无限苦楚，所以终能闻大法，明大道，超凡入圣，成其希有之大事也。

世间糊涂学人，不知患难是修真大药，是成道炉锤，而反怕患难，避患难。或受些饥寒便生别法，或遇些疾病即起妄念，或逢些危险即思退步，或遭人凌辱即便争论。殊不知真金要在大火里炼出，荷花须从污泥中长成，非火不见金之明，非泥不见荷之净。患难何病？患难然后见人之身分高低，患难然后验人之志气真假。

吾劝真心学道者，速将患难关口打通，认定"性命"二字，生也是这个，死也是这个，一切大灾大难，大困大厄，大危大险，付之于天，皆以无心处之，日久自然化凶为吉，变祸为福。否则，遇患难而怕患难，心神不定，志念迁移，无患难而自致患难，小患难而变为大患难，妄想明道，难矣。

诡诈关

《易》曰："盥而不荐。"《诗》曰："神之格思，不可度思，矧可射思。"《玉枢经》曰："以诚而入。"《参同契》曰："孝子用心，感动皇极。"上阳子曰："天或虽违，当以财宝精诚求之。"此皆言其诚心用事，而不可稍有诡谲诈伪之心也。

夫学者学道，贵乎真心实意，自卑自下，方能感动真师，取信良友，受其益惠。盖我有真心，而师友即以真心待之；我有实意，而师友即以实意待之，此感彼应，一定不易之理。倘不能真心实意，反以诡谲诈伪为事，面是心非，自谓可以瞒哄高明，殊不知真师明鉴照远，一见即识真假，欺人实自欺，瞒人实自瞒，不但无益于事，而且反坏于事，诡诈奚为哉？

世间糊涂学人，糊涂出家，糊涂学道，将性命视为平常之物，将学道视为平常之事。遇真师即问玄关，见道朋自夸奥妙，并不知尊师之理，敬友之道。或谎言诡语而侮慢，或假意虚情而妆饰；或巧言令色，徒取人悦；或指东画西，诱人露话；或斜卧依靠而问难，或一头一饭而求诀，或对坐高谭而辨别；或稍有磨炼而怀恨，或偶遇苦事而躲避；或看经书而略观大义，一过即了；或听师言而不尝滋味，仅记话头；或外虽学道，心中又图谋别事；或既想修行，转身又缠染俗情。如此弊病，不一而足，如何感的真师指点、良友扶持？

吾劝真心学道者，速将诡诈关口打通，换出个至诚心肠，从实落处进步，万不可存丝毫诡谲之心，欺人欺己，误了前程。盖"诚"之一字，能以动天地，通鬼神，感人物，岂有师友而不能感动者乎？既能感动师友，则大道可冀。否则，稍有虚假诡诈之念，则心不诚，心不诚，方寸中亦生大病，不但不能求真，而且反昧其真，妄想明道，难矣。

猜议关

古经云："若无师指人知的，天上神仙无住处。"《悟真》云："饶君聪慧过颜闵，不遇真师莫强猜。"又云："要知口诀通玄处，须共神仙仔细论。"三丰真人云："月之圆，存乎口诀；时至子，妙在心传。"又云："拜明师，问方儿，下手速修犹太迟。"此皆言道须师传，非可妄猜私议而知也。

盖大道奥妙幽深，大则充满宇宙，小则细入毫端，其大无外，其小无内。人能修之，可以夺造化，出阴阳，了性命，成仙佛，与天地同长久，与日月共光明，先天而天弗违，后天而奉天时，非一切旁门外道可比。但是道也，有内阴阳，有外阴阳，有内五行，有外五行，有真有假，有真中之假，有假中之真，有真中之真，有假中之假。修持有火候，有次序，有有为，有无为，有始条理，有终条理，有采药，有合药，有结丹，有服丹，有结胎，有脱胎。其事多端，作法不一。苟非明师从头至尾，一一分别，细细指示，难以自知。虽以往群真，丹经子书，千方比喻，万样形容，药物火候，无不俱备，然道之玄妙，作之细微，有言之而言不出，论之而论不及者，况以有形喻无形，以有象指无象。加之后世盲汉，借祖师之名，妄作妄著，毁谤圣道，紊乱仙经，真伪相杂。若依自己识见，以为有得，再不印证于高明，一入网中，终身难出。纵有聪明良材，辨的是非邪正，略有会悟，亦是有头无尾，似是而非，何能真知确见，一了百当哉？

世间糊涂学人，不知道之深浅，不晓命之轻重，以萤火之明，而欲破迷天之网，不求真师，只求于己。或看旁门伪书，记些搬弄工夫，终身持守，牢不可破，耽误一生。亦有见祖师真正经书，日夜诵读，不究其意，只认其象。见药物炉鼎之说，疑是烧炼；见男女阴阳之说，猜为闺丹；见龙虎龟蛇之说，疑是心肾肝肺；见颠倒逆运之说，猜为后升前降；见宝珠之说，疑是有象之物；见圣胎之说，猜为气血凝结；见清静之说，疑是存神定息；见有为之说，猜为做作；见无为之说，猜为空寂。如此等类，不可枚举，皆打迷猜枚，终归虚妄。

吾劝真心学道者，速将猜议关口打通，把生平自负才能伎俩除去，寻求真师，开明奥义。万不可以自己假聪明，妄议猜量，自哄自也。否则，不证于人，只求于己，不是在外搜寻，便是身内做作，妄想修道，难矣。

悬虚关

儒曰："真履实践。"释曰："行深般若波罗蜜多时。"道曰："勇猛精进。"三教圣人皆以真心实用为贵，而不使悬虚作事也。

夫修真之道，穷理尽性至命之学也。穷理者，即穷此真也；尽性者，即尽此真也；至命者，即至此真也。穷之、尽之、至之，既皆是真，则不可有些子之假杂于其中也明矣。若有些子之假杂于其中，则心不专，其行不力，如何钻入理窟，见的真宝？如何感动真师喜悦，指点理路？故古之圣人"闻一善言，见一善行，若决江河，沛然莫之能御也"。

道门有三乘之法。务上乘者乃上智之人，易于会悟，一了百当，生而知，安而行也；务中乘者乃中智之人，因象会意，闻一知二，学而知，利而行也；务下乘者下智之人，极力研究，功深方得，困而学，勉强而行也。三乘之法，在人量力而行之。然虽分三等，俱要从实地上用工夫。若悬虚不实，略不关心，不但中下之人终无进益，即上智亦落于空亡。昔达摩长芦下功，少林冷坐；惠能黄梅服役，四会磨炼；丘祖龙门七载，磻溪六年，净身折肋，志气倍加。如诸圣贤，皆是真心实意作事，故能超凡入圣，了却大事。

世间糊涂学人，既入道门，不知所为何事，打混过日，常在衣食上打算，日在是非中出入；狐朋狗党，口说杂话，心思杂事；眼不看祖师法言，耳不听明人好话；即或诵读经书，亦是走马看花，绝不用心思搜寻深义；即或遇明师聆教，亦是秋风过耳，并不用工夫尝探滋味。更有一等口孽愚夫，以为丹经不留口诀，不屑观看，偶见明人，即欲顺手取道，取之不得，即便退步；今日求王，明日拜李，忽然学此，忽然学彼，主意不定，志念不长，何尝以性命为大事？往往在道门一世，终无所长，岂不可悲可叹！

吾劝真心学道者，速将悬虚关口打通，死心踏地，日日在性命上留心，时时在理义上着意，把一切悬虚不实行为，一一改过。先穷其理，再求其师，博学之，审问之，慎思之，明辨之，笃行之，何患大道不明，性命不了乎？否则，悬虚不实，行事荒唐，虚度年华，心不专，志不致，妄想明道，难矣。

妄想关

《悟真》曰："恍惚之中寻有象，杳冥之内觅真精。有无从此自相入，未见如何想得成。"又曰："契论经歌讲至真，不将火候着于文。要知口诀通玄处，须共神仙仔细论。"太虚真人曰："他人说的行不得，偏我行的说不的。"此皆言道必真知实行，非空空妄想而可得也。

盖道至尊至贵，极高极大，最深最幽，必须用工细辨，由浅及深，由近达远，深造自得，岂可妄想片言只语而能明，一步两步而即成者？特以至高至大之事业，还要至高至大之丈夫而后能做。道在天地之间，人人有分，人人不能。人人有分者，人人秉阴阳五行之气而生身，身中即有阴阳五行之理，为万物之首，理气俱备，谁无个道，谁无个性命？

有此道，有此性命，即可以了此道，全此性命，为圣为贤，作仙作佛，所以谓"人人有分"也。人人不能者，人为世情所迷，名利所惑，恩爱所牵，认假弃真，立不起志气，振不起精神，用不得功力，顺其所欲，一任识神作殃，方要向前，即便退后，方欲为善，却思作恶，所以谓"人人不能"也。

果是丈夫，以性命为重，认真办事，勇猛向前，终始如一，志念坚固，穷究道理，寻师访友，真履实践；走过一步是一步，行过一事了一事，昼夜匪懈，时刻用心；只尽自己之事，而不预期他人之事，积功累行，屈己尊人；至于明道成道，听其自然，随其天缘，绝不妄想；即今生无有功行，无有福分，大道难知，亦不怨天尤人，至死方休。如此存心立志，祖师暗中自有安排。

世之糊涂学人，自己身边事情未曾了的，打混过日，只图吃好的，穿好的，昼则浪荡闲游，夜则高眠稳睡，方便不行，功德不作，又不肯辨别道理，又不肯寻求明师，学些包皮话头，扭捏工夫，在一身上下做作，假充修行，妄想成仙。殊不知性命之学，有窃夺造化之功，扭转乾坤之法，必有心传，非可私猜，亦非可妄行。得其真者，持而修之，可以与天为徒，与地为配，岂是等闲而知，容易而晓？自古成真祖师，不知受尽多少苦楚，方遇真师；不知受尽多少磨炼，方能闻道；不知历过多少艰险，方能成道。岂是不做实事，空空妄想，而能知能成乎？空空妄想，只此一念，便是不能明道的孽根，道且不能明，更何望其成？

吾劝真心学道者，速将妄想关口打通，稳定脚根，不论学道行道，步步出力，时时用功，自然苦尽甜来，未闻道者即能闻道，已闻道者即能成道。否则，实事不作，言不顾行，行不顾言，妄想明道，难矣。

生死关

庄子曰："古之真人，不知悦生，不知恶死，其出不欣，其入不距，翛然而往，翛然而来而已矣。"至圣云："朝闻道，夕死可矣。"《悟真》后序曰："此道至妙至微，世人根性迷钝，执其有身而恶死悦生，卒难了悟。"此皆言不论学道修道，不可有贪生怕死之心也。

夫人生而有身，原是四大假合，无中生有，结此幻形，乃天地之委物，有生必有死，有成必有败，岂是真正不坏之物乎？既是有坏，则生死亦属于假。祖师教人了生死者，使其齐一生死，至于无生无死而后已。庄子所谓"摄精神而长生，忘精神而无生"，然则长生之道，犹非了性了命之极功，必至忘生无生，不生不灭，方是了的生死，而出乎生死造化之外矣。盖天地能役有形，不能役无形；能役有气，不能役无气；能役有心，不能役无心。无心则无气，无气则无形，无心于生死，而生死不能累，几于道矣。

世之糊涂学人，妄想成道者，皆由怕死也。怕死，即有求生之心。既有求生之心，或怕饿死，或怕冻死，或怕疾病而死，或怕夭折而死。或登大山，怕有狼虎来伤；或入茂林，怕有蟒虺来咬；或宿古坛，怕有鬼魅来侵。贪生怕死之心，存于宥密之中，惊悸不安，形虽存而心先丧，生气之苗已败，死气之根已栽，石固不化，柴草堆胸，机谋乱出，神头鬼面，千邪百怪，纷纷扰扰，削磨精神，真者俱失，假者皆发，日损夜伤，不死岂能之乎？

吾劝真心学道者，速将生死关口打通，将"生死"二字，置于度外，未死先学死，虽生不知生，生也由他，死也由他，饿死也由他，冻死也由他，狼虎来伤也由他，蟒蛇来咬也由他，鬼魅来侵也由他，即遇水火之灾也由他，即遭刀兵之害也由他，即生疾病而死也由他，犹如死人，不识不知，任凭天断。只有"道"之一字，常挂胸前，始始终终，久而不忘。祖师暗中护佑，不肯教真正学人苦坏。否则，贪生怕死，推前缩后，即此一关，紧锁牢封，寸步难移，妄想明道，难矣。

自满关

《易》曰："巽在床下，用史巫纷若，吉。"《道德经》曰："虚其心，实其腹。"上阳子曰："道有三戒：凡学道者，心虽慕向，而乃骄其富贵，不肯下问，似不介意，是谓奸谲，戒而弗与；次，学道者，略闻旁门小法，惟事强辨，以逞私慧，是谓夸眩，戒而弗与；三，学道者，疑信相半，不以生死为忧，重财轻身，是不知命，戒而弗与。"此皆言不满不盈，方能受益也。

　　夫圣贤大道，无穷无尽，无边无岸，有体有用，有本有末，层次细微，工程遥远，仰之弥高，钻之弥坚。一人知识有限，众人意见无穷，非能下于人者不能学，非能屈于人者不能知，非能示己之无者不能进，非能尊人之有者不能得。盖能下于人者，方能上于人；能屈于人者，方能高于人；能示己之无者，方能受人之有；能尊人之有者，方能济己之无。故曰：满则溢，洼则实，满不如虚之贵也。昔周公一沐三握而礼贤；淮南子遇八公，被发跣足以拜接；石杏林遇紫阳，解缰脱锁以供奉；长春祖初从王祖学道，后随马祖受教而全事；上阳子初遇缘督而有得，后求青城指点而完功。以上圣贤，皆从虚心而成大道。假令周公挟贵而不尊贤，焉能为圣？淮南自尊而不礼八公，焉能成仙？丘祖自满，不从马祖，焉能了事？上阳自足，不求青城，焉能大就？特以性命之学，一处不知一处迷，差之毫发，谬之千里，明的一事，行的一事，明的一法，做的一法。倘知体而不知用，知假而不知真，知性而不知命，知始而不知终，知收而不知放，知进而不知退，知急而不知缓，知吉而不知凶，知大而不知小，知本而不知末，知有为而不知无为，知下手而不知结果，皆不得谓明道。倘稍知门户而即自满自足，以为道即在此，目空四海，再不求人，何能彻始彻终，纵横逆顺，自由自专，无遮无拦，直达圣域哉？

　　世间糊涂学人，恃自己聪明，妄议猜量，自是而不求人。或仗自博学，高谈阔论，自满而不求人；或得些旁门小事，不辨是非，自负而不印证；或遭逢高人指点，知个入门，自足而不深进。更有一等势利之辈，书囊俗儒之流，拿起身份，高着胸膛，怕人笑话，不肯屈身卑下。如此之类，皆是以满为害，怎能听的真师奥语，入的通衢大道，进的圣贤堂室也？

　　吾劝真心学道者，速将自满关口打通，低心下气，作个不如人人的模样，不论老少贤愚，贵贱高低，恭敬一切，莫可分别；见人稍有一长，即便诚心求教，不可放过；博学审问，人人是我师，处处可以学，何患理不能明，道不能成乎？否则，自满自盈，无而为有，纵有真师，意欲指引，无隙可入，妄想明道，难矣。

畏难关

《易》曰："君子以顺德，积小以高大。"至圣曰："君子遵道而行，半途而废，吾弗能已矣。"丘祖曰："天下无难事，只怕有心人。"此皆言修道必须志念坚固，而不可有畏难之心也。

夫天下至难之事，必是至大之事。至大之事，必须下至大之功而方成，若至容至易，一作即成者，则事必小而不大矣。性命之学，大事也，其事包罗万有，超越人天，脱五行，出三界，先天地而立其体，后天地而发其用，为圣为仙为佛，其事顾不大哉？事大而欲修此大事，为永久不朽之业，岂不难哉？然知其难而不畏其难，以生死为一大事，立志坚固，一念不回，至死方休，可以明道，可以行道，则难者不难矣。倘知其难而畏其难，不以性命为大事，始勤终怠，志念不专，疑信各半，逡巡不前，不特不能行道，而且不能明道，则难者终难矣。昔神光断臂求法，即得达摩心传；杨中立立雪三尺，卒得伊川指示；丘祖净身折肋，感得神明报信。盖专心学道，诚一不二，且能感天地，通鬼神，而况于人乎？

世间糊涂学人，不知性命是人生第一大事，妄冀得个工夫，便要作仙；妄想学些小乘，即要不死；闻说圣道精奥，须深钻研，即便作难；闻说修道路远，要舍身拚命，饥寒不避，即便退步；闻说道有始终，功有层次，火有时刻，至细至微，即便坠志。如此学道，进退不果，四大无力，志气不振，怎能尝得道中滋味，岂不误了大事也？

吾劝真心学道者，速将畏难关口打通，另换一个铁石心肠，不避艰险，猛力前进，废寝忘飧，不管他得力不得力，见效不见效，愈久愈力，愈远愈勤，一心前行，终必有得，难而不难。否则，畏难不果，若存若亡，口说而身不行，欲前而即退后，妄想明道，难矣。

轻慢关

《中庸》曰："大哉圣人之道！洋洋乎！发育万物，峻极于天。优优大哉！礼仪三百，威仪三千。待其人而后行。"老祖曰："天上地下，惟道独尊。"《复命篇》曰:"有物先天地,无名本寂寥。能为万象主,不逐四时凋。"此皆言道之至大至尊,匪人弗行也。

夫道之为道,广大无际,高深莫测,至无而含至有,至虚而含至实,无形而能生有形,无象而能生万象,包罗天地,推迁日月,运行四时,育养人物,无处不有,无物不存。昔孔子得之而为儒教之圣,释迦得之而为诸佛之祖,老君得之而为群仙之宗,黄帝得之而跨龙升天,女娲得之而炼石补天,旌阳得之而拔宅飞升,天师得之而分人判鬼,五祖得之而位证天仙,七真得之而不生不灭。古今成道圣贤,历历有考,不可以数计。道之尊贵如此,岂可轻亵慢视乎?若以平常小事观之而轻亵慢视,则非载道之材,乃是背道之辈,尚可以语道哉?盖轻视乎道,则必以学道为容易知,而不能钻研深入;慢视乎道,则必以行道为不足为,而不能苦力前进。不能入,不能进,凭何修持以成天下希有之事耶?故学道者先要知的道是至尊至贵之物,非可容易而知、等闲而得,方能发的狠心,用的苦功,经久不怠,必至成道而后已。

世间糊涂学人,不知道为天地所秘,鬼神所宝,轻慢小视,绝无诚心。或仗自己小聪明,以为能以会悟;或记几句野狐禅,以为道即在此;或捉风捕影,以为实有所知;或指鹿为马,以为实有所见;或遇明人询问,大言不惭而绝无诚心;或逢同道考究,强辩自是而略无忌惮。又有一等口孽魔头,闻人言道而便毁谤,见人看书而便憎嫌;以圣贤经典科论为包皮外象,以志士积功累行为下乘小事;偶遇高人,不肯低头,而反以高人自居;即能暂时低头,又耐不得年月,受不得磨磋。殊不知学道求人,所以求人救我之性命耳,求人救性命,必象个惜性命之人,然后能明则感动真师指引,暗则感动鬼神扶持。若不象惜性命之人,便是不以大道为尊贵,既不尊贵大道,如何得闻大道?岂不愚之甚哉!

吾劝真心学道者,速将轻慢关口打通,信道笃实,郑重性命,奉师诚敬,小心谨慎,兢兢业业,脚跟着地,不敢稍有轻视慢亵之心,如登高山,步步出力,如渡大江,刻刻防险,何患不能登于道岸也?否则,不知道之高低贵贱,当有如无,懈怠为事,牧羊拾柴,妄想明道,难矣。

懦弱关

《中庸》曰："道不远人，人之为道而远人，不可以为道。"至圣曰："有能一日用其力于仁矣乎？我未见力不足者。"《悟真》曰："大药不求争得遇？遇之不炼是愚痴。"古经云："道不虚行，待人而行。"此皆言修道必须勇猛精进，而不可懦弱懈怠也。

夫人秉天地阴阳五行之正气而生，为万物之首，不论贵贱贤愚，刚柔强弱，皆具天地之全功，即可以载天地之大道。故"夫妇之愚，可以与知焉"，"夫妇之不肖，可以能行焉"，是在有志无志之间耳。有志，则柔弱者可变为刚强，刚强即可以渐登道岸；无志，则刚强者亦变为柔弱，柔弱便不能超出苦海。所谓志者，刚决也，果断也。有此刚决果断之志，则世事不能染，恩爱不能牵，私欲不能起，名利不能诱，富贵不能淫，贫贱不能移，患难不能动；只知有道，不知有他，只顾性命，不顾别事，一切身外之物，俱不能碍的，可以闻道，可以修道。无刚决果断之志，世事看不破，恩爱摆不脱，私欲扫不去，见富贵而动心，处贫贱而移志，遇患难而不受，日在假境而不识其假，身在苦海而不知其苦，总有一时道心发现，刚气不振，旋生旋灭；前怕狼，后怕虎，又怕饿着，又怕冻着，又恐劳碌身体，又恐学道不成，担误现在，推委不前，主意不定，懦弱畏缩：凭何而学道，凭何而闻道，凭何而行道？

世间糊涂学人，虽名学道，并不象学道之人；妄想闻道，并不作想道之事。一日十二时中，何尝有一时在身心性命上着意？只是讲衣食，说是非，图热闹，争胜负，一举一动，与世人一般，或作或为，与俗人无异。见有利处，钻头觅缝，遇行功处，藏身退步，苦中作乐，梦里行事。弄虚头浑身是刚，作正事四大无力。绝不思身穿道衣，头顶道巾，吃了十方脂膏，与自己作正经事，岂不是大便宜之事？而反懈怠不力，虚度岁月，挪账累债，无功受禄，如何开消？况此修真之事，又不要你身躯出什么大力气，做什么莽活路，不过是心头一点长久念头，刚决志气，便能有造。释迦佛不是天上降下的，李老君不是地下长出的，孔夫子不是风中化成的，同人耳目，同人皮肉，皆系先尽人功，而后得证圣位。故孟子曰："尧舜与人同耳。"盖以圣贤仙佛，皆自人修而成，人人可以为圣贤，人人可以为仙佛，特患懦弱无能，不肯自立刚志耳。

吾劝真心学道者，速将懦弱关口打通，稳定柱杖子，发勇猛志，坚长久心，举步向前，单刀直入，时时刻刻在性命上留心，行行步步在道理上穷究，不知而必强求知，不明而必苦力明。如遇明师，只是一味诚心去参学，亦不妄想口诀，亦不急问心传，就是教苦即去苦，教死亦要死，教饿亦要饿，至于打骂磋磨，通皆喜受，绝无一点嗔恨，方能济事。特以受人之所不能受，始能得人之所不能得；苦人之所不能苦，始能知人之所不能知。否则，一味懦弱，刚气不振，便是无有力量，如何载的大道？妄想闻道，难矣。

不久关

《易》曰："不恒其德，或承之羞。"至圣曰："人而无恒，不可以作巫医。"子思曰："苟不至德，至道不凝焉。"孟子曰："君子深造之以道，欲其自得之也。"缘督子曰："学全真者，得师略指门径，而不知逐节事条；知神气相依，而不知铅汞交姤；知铅汞交姤，而不知性命混合；妄拟火候，进退不知，此皆无成。"古经曰："言语不通非眷属，工夫不到不方圆。"此皆言修道立德，必须有长久之志也。

夫修真之道，穷理尽性至命之学也。穷理，必穷至于无一毫有疑，无一毫不知，方是大彻大悟，知之真，见之的，而理始明矣。尽性，必尽至于无一些气质，无一些私欲，方能空空洞洞，明不昧，暗不迷，而性始尽矣。至命，必至于脱离阴阳，跳出五行，方谓功力悉化，不动不摇，自由自专，而命始立矣。然穷理尽性至命之事，非一朝一夕之功，必要立长久之志，行长久之功，方能明的理，尽的性，立的命，处乎造化之中，而不为造化所拘。特以经久不易之大事，必须经久不已之大功而方成。已往群真，那个不是立长久之志，用长久之功而成者？试观世间小巧技艺，亦必专心致志，听师指教，多年工夫，方能得心应手，因材造作，况此性命大事，岂是无恒心者所能知？

世间糊涂学人，不知理是何理，学些着空执相事务，即谓明理；不知性是何性，或疑性在天谷囟门，神存头上，即谓修性；不知命是何命，或疑命在丹田气海，意定下元，即谓修命。噫！以此谓理、谓性、谓命，妄想超脱，以冀不死，如缘木求鱼，捏目生花，有何实济？理与性命且不能知，何可望仙？即有一二学人，分的邪正，辨的是非，却又妄想速得，急欲见效，日久懈怠，无长久之心，少坚固之念，忽进忽退，忽行忽止，方欲向前，却又缩后，悬虚不实，恍惚不定。如此等类，怎能见的堂奥真物？

吾劝真心学道者，速将不久关口打通，立长久志念，下永远工夫，莫要三心二意，半途而废，愈久愈力，愈难愈苦，终久有个得意之时。否则，始勤终怠，言行不顾，妄想闻道，难矣。

暴弃关

至圣曰："朝闻道，夕死可矣。"颜子曰："舜何人也？予何人也？有为者亦若是。"孟子曰："自暴者，不可与有言也；自弃者，不可与有为也。"老祖曰："吾非圣人，学而得之。"上阳子曰："释迦文佛闻半偈而欲舍其身；黄帝顺下风膝行而进，问广成子治身'奈何而可以长生'。"此皆言自贵自重，而不可自暴自弃也。

夫人秉天地五行之气而生身，有气而即有性，有性而即有命，是理气性命即寓于一身之中，不论贤愚高低，同此一理气，同此一性命，凡夫圣贤，原无分别。惟能了性命者，即是圣贤；不能了性命者，即是凡夫。孟子所谓"人之所以异于禽兽者几希，庶民去之，君子存之"者是也。《仙传》云"自古飞升者三千，拔宅者八百，坐脱立亡者不计其数"，凡此皆是学而知，苦而成，未有不学不苦而能知能成者。世间生知者有数，学知者居多，虽云生知，翻个觔斗，即有迷处，不学不成，学而方成。故释迦亦必然灯，孔子亦必师项橐，老子亦必师元始，至如玉、钟、吕、刘、王、张、石、薛、陈、白，诸位祖师，皆是脉脉相续，口口相授。可知能学即能成，不学不能成，学之功力，岂小焉哉？

世间糊涂学人，不将自己性命看重，不将自己身心修持，身在道中而不知自己有道，身居宝林而不知现在有宝，认假弃真，以虚为实。或曰性命长短，乃有定数，非人所能胜；或曰仙圣是天生，非凡人所能学；或曰大道至深至奥，非等闲所能知。于是自暴自弃，自画其限，甘居苦海，蹈于沉沦，枉为人类矣。殊不知既在人类，负阴抱阳，即有天地之造化，人人可以为圣贤，人人可以成仙佛，但要至诚进步，屈己求人，由近达远，经久不怠耳。试观山中狐狸猿鹿，乃畜类耳，存神养气，静处于窟穴，年久功深，亦能隐形变化，延年益寿，而况人为万物之灵，焉有修道不成者？如曰人不能成道，岂乃兽之不如乎？

吾劝真心学道者，速将暴弃关口打通，立不易方，把有生以后气质偏病，习染累赘，一齐扫去，专心慕道，从艰难困苦中磨炼出去，不知者必欲学而知，不能者必欲学而能，迁善改过，存诚去妄，始终如一，永无更变，大道可冀。否则，自暴自弃，不以性命为重，不以道义为贵，打混过日，醉生梦死，空空一世，一失人身万劫难矣。

累债关

至圣曰："士志于道，而耻恶衣恶食者，未足与议也。"丘祖曰："粒米文钱，皆农夫之血膏，岂无功而可受？"此皆言学者须当以道为重，而不可苟图衣食也。

夫修道者，所以为性命也，此身未离尘世，虽衣食不能废，但不因衣食而误性命大事。自古祖师教人"素位而行"，"素富贵，行乎富贵；素贫贱，行乎贫贱"，不必一定乞衣食于十方。因其上智少而中下多，故行持有安勉之分，难易之别，教人量力行之耳。盖上智者有大身分，有大力量，不妨在市居朝，处于富贵场中，而能做出不染富贵之事，不待借人之力，直登道岸。若中下者，身分低，力量小，不能一了百当，居富贵便为富贵所累，有妨大事，故教脱离富贵，忍辱乞化，随缘度日，困心衡虑，磨炼性气，从实地上做事业，在艰难处用工夫。亦有上智之人，不爱富贵，摆脱恩爱而甘受贫淡，一衲一瓢，游食护口，潜修密炼，使人不识，易于为功。凡此皆不在衣食上留心，但不过借十方之力，暂以养此皮囊耳。

世间糊涂学人，不知十方血汗非可轻易空受，舍其性命大事，乃以衣食为重，东募西化，饱食暖衣，正事不干，闲游浪荡，绝不思出家所为何事。既不能报父母养育之恩，又不能报皇王水土之恩，累下十方账债，怎的消化？更有一等作孽汉，头顶道冠，心藏盗跖，苟图衣食，设法哄骗，或借烧炼而窃人财物，或妆高明而受人供养，或借修庙而善中生机，今日入善人之家而化钱，明日寻学好之人而乞米，东拐西骗，耍钱赌博，吃酒咽肉，挪下十方口债，将何抵挡？丘祖所谓"两只角或有或无，一条尾千定万定"者是也。

吾劝真心学道者，速将累债关口打通，随缘护口，澹泊养身，一丝一线，当思来处不易，一饮一食，须知成就惟艰，时时努力，步步加功，期必至于道成德备而后已。果能到道成德备之时，不但消化十方债账，即无始劫以来宿孽，皆一笔勾消，方且衣天衣，食天禄，而况尘世之物乎？否则，只知累债，不知消债，只知挪账，不知还账，无功无行，罪积如山，妄想知道，难矣。

高大关

《道德经》曰："刚强者，死之徒；柔弱者，生之徒。"孟子曰："敬人者，人恒敬之；爱人者，人恒爱之。"谚云："自小天下去的，刚强寸步难移。"此皆言其人宜自卑自下，而不可有自高自大之心也。

夫所谓高大者，予圣自雄，刚强好胜，有己无人也。惟不自高者，终必至于高；不自大者，终必至于大。何言之？不自高者能卑于人，不自大者能小于人，能卑能小，有若无，实若虚，有才而不使，有智而不用，藏其所能，示其无能，本自有知，示其无知，以之应世而世人皆喜，以之学道而师友皆悦。昔禹"闻善言则拜"，子路"人告之以有过则喜"，皆是自卑自下，而不自高自大，故为大圣大贤而万古不没也。但不自高自大之事，须要真心实意行去，方有所济，倘外而勉强卑小，内而傲气暗藏，是伏戒于莽，内外不应，其心不真，其行不远。外恭而内不敬，所谓"巧言令色，鲜矣仁"，不但不能去高大之病，而反增其窝祸之病。故不自高必至于不知有高，不自大必至于不知有大，才是高大之病悉化矣。历代祖师，已往群真，俱在自卑自小路上修道立德，久而不怠，是以大成其事，终为人人之所不能及也。

世间糊涂学人，在俗者，或有富贵势利，而不肯卑小于人；或恃才能学问，而不肯卑小于人；或仗年老齿尊，而不肯卑小于人。在道者，或记几卷丹经，自谓有得，而不肯卑小于人；或学几段工夫，自负抱道，而不肯卑小于人；或随心任性，高傲无忌，而不肯卑小于人；或急欲速得，不耐久长，而不肯卑小于人。更有一等诡诈之徒，罔知诚心受教，而反窃取祖师法言，东挪西扯，混说乱讲，引诱露话；或师心自用，捉风扑影，班门弄斧，称能夸长。如此等类，皆是自高自大，不能自卑自小、以性命为大事也。殊不知性命大道，为世间希有之事，岂可以自高自大而妄想，又岂可以自高自大而轻得乎？

吾劝真心学道者，速将高大关口打通，把一切自满自足傲气雄心，一笔勾消，从至卑至小处下脚步，实实落落学去，不但应世无祸无灾，而且学道必多受益。否则，自高自大，不能卑小于人，谁肯以高大之事来说？妄想明道，难矣。

妆饰关

《道德经》曰："田甚芜，仓甚虚，服文采，带利剑，厌饮食，财货有余，是为道夸。非道哉！"《南华经》曰："凡外重者内拙。"孟子曰："令闻广誉施于身，所以不愿人之文绣也。"凡此皆言其修道者，决不可务外失内，弃真以从假也。

盖性命之学，真着实用之事，一些虚假入不得，一毫做作用不着，稍有虚假做作，不但不能修性命，而反有以坏心地。故自古修真上士，以性命为重，一衲一瓢，蓬头跣足，随缘度日，不爱华美，并无些儿妆饰，大智若愚，大巧若拙，和光同尘，与庸俗为伍，使俗眼不识耳。昔慧能大士隐于四会猎人之中，道光禅师弃僧还俗以了大事，重阳帝君歇宿于活死人墓，长春大起尘劳，紫清把茅盖顶，三丰衣破鞋穿，皆系为性命大事，置色身于度外，而不在色身上打点妆饰也。又如咸阳张疯仙隐迹于农夫之内，涅中张睡仙身卧于冰滩之旁，白石梁仙翁打水运浆以混俗，我仙留老师背河打橛以磨炼。以上群真，无非明里攻苦，暗中用功，何尝庄严身体，修饰外貌？特以所重者在内，所轻者在外，顾其真而弃其假也。

世间糊涂学人，所重者在外，所轻者在内，认其假而弃其真，事事与古人相反。或怕人笑话，而必衣巾华美；或恐惧冻着，而必多衣多服；或妆模做样，丫髻铜箍；或衲缘异样，大摇大摆；或耀人耳目，哄人供养；或坐圜闭关，沽名钓誉。如此行藏，只在假事中作工夫，何尝在性命上用心思？认其假而务其假，妄冀得真，如海底捞月，镜中摘花，终落于空。

吾劝真心学道者，速将妆饰关口打通，敛华就实，粗衣破裳，本本分分，澹澹泊泊，以性命为重，以道德为贵，反邪归正，事事落实，方有进益。否则，以无为有，以虚为实，务外失内，弃真从假，妄想明道，难矣。

假知关

至圣曰："知之为知之，不知为不知，是知也。"老祖曰："知不知，上；不知知，病。"紫阳真人曰："纵识朱砂与黑铅，不知火候也如闲。大都全藉修持力，毫发差殊不结丹。"缘督子曰："学道之士，得内外药物之真，两段作用之全，合大造化，方得所传。苟有毫发差殊，未免天地悬隔。"此皆言学道必要真知确见，而不可以不知为知，有误大事也。

夫学人寻师访友者，以其不知而欲求其知也。求知必要知其何者是性，何者是命，何者是阴阳，何者是五行，何者是先天，何者是后天，何者是下手，何者是休歇，何者是有为，何者是无为，何者是煅炼，何者是温养，何者是接命，何者是了性，自始至终，大彻大悟，绝无一点疑惑，方是四通八达，真知确见，而行持无差矣。倘知性不知命，知命不知性，知阴阳而不知五行，知后天而不知先天，知下手而不知休歇，知有为而不知无为，知煅炼而不知温养，知接命而不知了性，总不谓之知道。既不知道，焉能行道？盖性命之学，知的一分，行的一分，知的十分，行的十分，未有不知而能行者。是以修道者，贵乎先求其知也。但求知须要先知的自己有知有不知，果是实实知的此一件事，方可云已知之；若稍有些儿疑惑，似是而非，不谓是知，再当求人开明，心地豁亮，疑惑尽释，方谓是知。万不可以不知为知，担误自己。

世间糊涂学人，不知性命是甚么，修行是怎样，学些旁门做作，曲径摆弄，糊里糊涂，自谓知道，冒然下手，非徒无益，而反受害。更有一等造孽汉，以无为有，以虚为盈，不辨是非，不究邪正，以假作真，自己受伤，明知有错，尚妆高人，更将错路又去教人，使人又错，阴恶尤甚。亦有亲近明师，耳听几句话头，不晓细尝滋味，以记话头为知，便在人前卖弄。或有看过几卷丹经，循行数墨，随心猜量，无头无尾，亦谓有知，纵有明师在前，不求印证。如此等类，俱是以不知为知，是谓假知，而非真知。古今学人蹈此辙者，不可枚举。呜呼！性命之事为何事，而乃如是荒唐，自欺欺人耶？殊不知，知彻方能行彻，竭力审辩，细心追求，犹恐知之不到，行之不通，必要求师，而况不知自妆其知者乎？

吾劝真心学道者，速将假知关口打通，把自作聪明心肠扫去，未知者急求其知，已知者更求深知。性命事大，至道幽微，必须极深研几，愈知愈入，必到水尽山穷，见得底落而后已。若假妆高明，以性命为儿戏，未知者终不知，稍知者难深知，妄想明道，难矣。

阴恶关

《易》曰："同人于野，亨。"至圣曰："躬自厚而薄责于人，则远怨矣。"老祖曰："道冲而用之，或不盈。"此皆言持身应世，须要性情和平，而不可暗藏阴恶，有妨于道也。

夫学道之人，原因不好欲学好，有恶欲去恶也。但学好去恶，尤贵无心，最忌有心。无心则无我，无我则无人，无人无我，人即是我，我即是人，人我两忘。虽人有凌辱也不知，人来欺哄也不知，人来戏谑也不知，人故加害也不知，耳闻毁谤也不知，身遭大难也不知，一切外遇逆顺境界，皆以无心应之，不结仇结冤，处于无事而已。即如同堂学事，善恶贤愚不一，一人一性，百人百性，怎合我意？或言语有伤，或行事有伪，耳闻如不闻，眼见如不见，皆当随人应过而不计较。又如师尊教训指摘斥喝，必有过犯，更宜急速改去，加倍留心。况真师教人，拣选良材，果是志士，分外磨炼，以添志气；若是废材，听其自便，置于不问而已。故学道者，不论应世从学，皆要不起私心，常存公心，方有进益。

世间糊涂学人，只要人顺己，自不去顺人，只要人奉承，不喜人直言，稍有触犯，即便不快，忘人大恩，记人小怨，阴毒藏于心胸，累年积月不能放过，虽外而巧言令色，内而暗伏锋芒，不至报复而不已。即或自有过咎，师友指摘规戒，不知自悔，明则强辩是非，暗则毁谤结冤，阴毒无比，便是匪人。绝不思性命大道，岂许匪人所知，阴毒所得？所谓"嗔不除，态不改，堕入生死轮回海"，可不悲哉！

吾劝真心学道者，速将阴恶关口打通，把生平嗔恨毒气，昏愚恶念，一概除去，和平应物，事事让人，担的重，受的辱，从大火坑中煅炼，在争胜场内挣出，万有皆空，一毫不纳，终久得遇真师，提出苦海。否则，一言一语，不能受的，磕着撞着，便生烦恼，蛇蝎积胸，蜂虿满肚，妄想闻道，难矣。

贪酒关

孟子曰："禹恶旨酒而好善言。"吕祖曰："酒色财气四堵墙，人人俱在里边藏。有人跳出墙儿外，便是长生不老方。"此皆教人不可贪酒而坏正事也。

盖酒为四害之首，一贪于酒，酒醉性迷，色心于此而起，财念于此而生，气性于此而发，财色与气，皆由酒起，丧德败行，亦因于酒。甚至任性乱行，蹈于水火而不知，陷于刀兵而不晓。古来多少聪明良材，英雄豪杰，往往皆遭此难，自丧性命。亦有性格良善，自有把持，贪酒不至乱，色与财气不能染者，虽不乱不染，而神昏气促，湿热熏蒸，津液涸而气血伤，无益有损。故佛家以酒为首戒，盖因为害最大也。

世间糊涂学人，借祖师"酒肉穿肠道在心"之语，"不忌腥荤不断酒"之言，而便贪酒无厌，日在醉乡，昏昏沉沉，颠颠倒倒，纵性而行。或酒醉而失言伤人，或酒醉而记仇闹事，或酒醉而拿刀弄棒；或酒醉而赤身露体，信口乱说；或酒醉而倒街卧巷，廉耻不顾；或酒醉而呕吐伤气，神魂不安；甚至日久造作成病，饮食不入，至死不忌。亦有专心慕道，诸多偏病皆能去的，惟于此糟粕之味却不能戒。噫！修真之士，务要拔去历劫根尘轮回种子，酒不过口头滋味，外来之物，不是历劫带来之根，于此小病，终身且不能去的，如何能拔去历劫轮回种子？如此之辈，岂不是以小害大，自寻死路耶？况此酒之一物，不比饮食汤水，饮食数日不进，即便饿坏，若酒终身不用，有何伤事？如曰解渴，汤水甚便，何必用酒？到底是贪酒之病深沉，不肯医治耳。

吾劝真心学道者，速将贪酒关口打通，把好酒的一番意念，用在尽心穷理工夫上，莫被曲魔搅挠。虽酒为小节，能坏大事，狠力除去，其益甚多。否则，贪酒无厌，醉生梦死，日在混沌之乡，常居迷闷之网，妄想明道，难矣。

怕苦关

《中庸》曰："人一能之，己百之；人十能之，己千之。果能此道矣，虽愚必明，虽柔必强。"太古曰："睡了一时，死了一时；睡了一日，死了一日。日日有功无睡，千日便了事也。"谚云："不下苦中苦，难为人上人。"此皆言大好之事，必须勤苦而后成也。

夫天下最大之事，须最苦之功，日久而方成，特以苦之大，成之大也。而况性命大事，岂有不苦而成者哉？"苦"之一字，为修道者治病之良药，惟能苦的，方能磨炼的身心，方能调治的大病。故必外而积功行，内而炼意念。劳其筋骨，饿其体肤，空乏其身，处处行功，事事努力，修桥补路，损己益人，忍辱受垢，随地方便，人好的我不好，人爱的我不爱，人难受的我能受，人难过的我能过，把有生以来习染事务，一概决去，此外苦也；内而整顿精神，坚固志气，除去情欲，扫却妄念，诸般烦恼，一切无明，狠力剿灭，不能去而必欲去，不能除而必欲除，只是一个求道的真心在内，须臾不离，其余皆不受纳，是内苦也。如此苦去，内外如一，方是真苦，方能治的大病。昔释迦雪山修炼，六祖四会用功，丘祖磻溪磨性，如诸圣贤，皆天纵之姿，还要在大苦中度出，而况后世学人皆中下之流，岂有不苦而成者哉？

世间糊涂学人，不知苦中生甜之乐，要自在得宝，安闲成道。闻说下苦，即便生愁；闻说力劳，即便作难；日间惜力养膘，饱食闲浪；夜里绵被厚褥，长眠大睡。一些利人之事不做，一点用力之处不行，无数毛病不改。或看几部丹书，或念几卷经典，虚妆有道；或云游乞化，饱食暖衣，即为本事；或坐寺居观，住持焚修，不受饥寒，以为消交。如此等类，绝不思抛离父母、丢弃妻子，所为何事。若以出家为衣食，与俗人何异？何必累十方债账，岂不多此一事？

吾劝真心学道者，速将怕苦关口打通，立一个苦死不回头的念头，脚踏实地，勇猛前进，把"性命"二字，贴在额颅上，时时刻刻留心，大凡有益之事尽力做去，大凡无益之事尽力弃去；自己苦行以外，听师指教，一一如命，莫生怠心，日夜勤劳，久而不废，终得实惠。否则，惧怕辛苦，逡巡不果，苟延岁月，妄想闻道，难矣。

不信关

《道德经》曰："上士闻道，勤而行之；中士闻道，若存若亡；下士闻道，大笑之。"《金刚经》曰："善男子，善女人，发阿耨多罗三藐三菩提心，应如是住，如是降伏其心。"阿耨多罗三藐三菩提心，即华言"无上正等正觉心"，乃信心也。《易》曰："中孚，豚鱼吉。"《中庸》曰："诚者物之终始，不诚无物。是故君子诚之为贵。"三教圣人垂训，皆以诚信为修道之本也。

夫信者，非言语之信，非信息之信，乃真心实意之信。"信"之一字，其理最真，其力最大，能以感天地，通神明，转生杀，扭生死，为圣为贤，作佛作仙，为修道者第一至宝。学者认定此一字，紧抱心胸，须臾不离，则大本已立。不动不摇，不更不变，从此进步，可以闻道，可以行道，可以了性，可以了命。古来仙真，那个不从信中着脚，那个不从信中成道？但信不是悬虚妄想，不是打伙讲谭，乃是一心在道，别无二意，念兹在兹，朝斯夕斯，时刻不忘之义。非视性命为一大事者不能信，非视天下如敝蹝者不能信，非富贵不能淫、贫贱不能移、威武不能屈者不能信，非俯视一切、万有皆空者不能信，非至死不变、吉凶患难置于度外者不能信。若方寸之中稍有一毫疑虑，稍有一些懈怠，俱不为之信。可知真信是诚一不二，与日俱进，与时偕行之功。能如此者，日有所进；若反此者，枉度岁月。但信又要辨其是非，分其邪正。世间有误入旁门外道，持守终身，固执不化，至死不变者，何尝不是信？然信之非正，反为信害。故学道者贵乎信，尤贵乎信得其正，方是真信于道矣。

世间糊涂学人，信道不笃，一日十二时中，万起万灭，任其群魔反乱，未尝一刻把道放在心上。或无事之时，忽然想起翻弄书卷，未曾玩味，却又想起别事，被鬼怪将心扯去。亦有学人，一时整顿刚气，勇猛精进，辨别理义，寻师访友，久而不遇，便生怠心。或有稍闻些子香风，不见速效，便生疑惑，逡巡不前。或有入于歧路，造作成病，不悔自错，反以丹经为虚妄。如此等类，不可枚举，不能信道，焉能知道？

吾劝真心学道者，速将疑二不信关口打通，认定性命，一概邪心邪事扫去，另立起个金刚志气，实实落落向前，不管他得力不得力，学成学不成，至死方休，暗中自有鬼神扶持，终有好事。否则，今日作此，明日作彼，忽然而前，忽然而后，或信或疑，主宰不定，妄想明道，难矣。

无主关

《易》曰："拟之而后言，议之而后动，拟议以成其变化。"《中庸》曰："言前定则不踣，事前定则不困，行前定则不疚，道前定则不穷。"皆言凡有作为，贵乎先有主宰定见也。

夫学道之人，先要自己有主宰。有主宰，认定性命，则真心发现。真心发现，自然世事不能染，恩爱不去恋，名利不去贪，一切身外之事不挂胸怀，专心致志，艰难也能受，困苦也不知，以之穷理而理可穷，以之聆教而教可聆。盖以主宰在内，而外物不能惑也。但立主宰，须辨得真假两途，真主宰有益于性命，假主宰有害于性命，若不分真假，误蹰旁门，入于假途，索隐行怪，百般做作，无益有害，究是无主宰，不名有主宰。故必先细心辨别，实实认得正路，然后在正路上立定主宰，一心一意行去，步步有益，日日见功。所谓"能谨于始，自全于终"也。《易》曰："不出户庭，无咎。"盖言预有定见耳。

世间糊涂学人，虽曰为性命，其实不知重性命，亦不知性命之事是何事。看得轻，视得易，模模糊糊，直然要了性命。没有一定主宰，只听梆声，今日学此，明日学彼，朝去拜李，暮去拜王，装下一肚皮古董杂货，随意做作，及至受伤，无法医治，悔之晚矣。或有见些幻景假象，认为效验，不辨是非，误了前程。或遇真师，无有长久念头，忽来忽去。原其故，皆是无有真正主宰，所以悬虚不实，虚度岁月，空空一世。

吾劝真心学道者，速将无主关口打通，拿定主宰，先穷其理，日夜用心，钻研实义，尝探趣味，不拘年月，愈久愈力，钻研来，钻研去，钻研出个眉眼，确有所知，自然主宰愈牢，智慧愈开。从此捉定这个主宰，时刻不放，再求师印证，细拨火候，指示运用，方能得真。即或误入歧途，做的不妥，心有疑惑，不妨求教高明，直告无隐，审问破疑，虽不得真，亦可免祸。否则，无有真正主宰，乃乱乃萃，不识邪正，不分真假，无有一定主宰，本欲求生，反而促死，妄想成道，难矣。

速效关

圣经曰："格物而后知至，知至而后意诚，意诚而后心正，心正而后身修。"《道德经》曰："大器晚成。"上阳子曰："大修行人，尽将平时忧愁思虑艰苦之心，执着贪爱之念，倏然脱去，无一毫牵挂之念。直要形如枯木，心若死灰。"古仙曰："言语不通非眷属，工夫不到不方圆。"又曰："还丹在一时，炼己须十月。"此皆言修道必须循序而进，渐次用功，日久方得，不可躐等而求，急欲见效也。

夫性命之学，长生久视之道。长生久视，必须有长久之念，长久之行，年深日远，功力不废，方能济事，非一朝一夕而能成。盖以人从无始劫以来，罪积如山，孽深似海，现世带来劫劫根尘轮回种子，与夫秉受后天五行偏气习染尘垢，千妖百怪，乱乱纷纷，迷我元神，耗我元气，盗我元精，将先天真物消化将尽，一身纯阴，所存者一些微阳，亦隐而不彰；若欲拔尽历劫轮回根尘种子，化去后天五行偏气积习旧染，非耐的年月，下的苦功，而不能见效。盖以"一毫阳气不尽，不死；一毫阴气不尽，不仙"。故祖师设返还之道，教学者从实地上做工夫，步步出力，时时勤行，渐次用功，期必至于阴气化尽，阳气纯全而后已。所谓阴气者，即根尘偏气习染之阴；所谓阳气者，即元神元气元精之阳。试思：去此阴，还此阳，岂是容易而能去，等闲而能还哉？是道也，不但行持维艰，即欲明的阴阳，亦非易事。

世间糊涂学人，方入门户，即想口诀，未曾学事，即想成道，经书不究，功德不行，即遇明师，妄想顺手取宝。殊不知连城之璧非可易得，子母之珠最难寻求，修真妙道如璧如珠，必须下得工夫，耐得年月，方能见效，岂可傥然而得？亦有傥然而得者，不是旁门，必是曲径。旁门曲径见效易而成功难，久而必受其害。若夫真正大道，修的是先天无形之气，见效难而成功易，久而必得其益。况闻道者小圣人，成道者大圣人，欲作圣人，必要祖上有大德，自己前劫有功行，今生早遇明师，得闻大道；若祖上缺德，自己少行，如何得闻圣人之道，如何得到圣人之位？然既为学人，须当先尽人事，志诚下苦，真心聆教，行的一步有一步之益，行的十步有十步之益，即或今生今世于大事不明，宿根已栽，来生可望。

吾劝真心学道者，速将速效关口打通，立起经久不已之志，闻一善言，见一善行，即便留心采取，习玩丹经，亲近明师，在切身现在处下工夫学去。纵然不能完成大道，却异常人，不于苦海作活计矣。否则，不立长久志，不存永远心，急欲见功，轻视懈怠，本欲上天，反坠于坑，妄想知道，难矣。

粗心关

至圣曰："学而不思则罔,思而不学则殆。"又曰:"温故而知新。"
孟子曰:"心之官则思,思则得之,不思则不得。"《悟真》曰:"俗
语常言合圣道,宜从其内细寻讨。若将日用颠倒求,大地尘沙尽成宝。"
古经云:"识得一,万事毕;使的二,去处是;认得三,不索参。"
此皆教学者细心穷理,必须真知灼见,而不可粗心了事也。

性命之学至重至大,不比世间寻常小事可以将就而作,稍有差错,
欲求长生,反而促死,岂可轻易?故欲了性命,先要究明性命之理,
然后好作性命之事。性命之理,非身内有形有质之物,亦非身外至重
至浊之物。说到此处,诸天及人皆当惊疑。其惊疑者,"非身内","非
身外",将在何处捉摸乎?

自古旁门三千六百,曲径三百六十,各分枝叶,自拈门户,以讹
传讹,以盲引盲,分枝楂叶,愈久愈多,奇奇怪怪,满耳梆铃,罩眼蜂虻。
有绝不经见,绝难想到,出人意外之事。有绝不似道者,仅可以哄愚迷,
而不能哄明智。至于似是而非,似乎道而不是道,不是道而却似乎道,
不但愚迷者信之,即明智者亦被瞒过,一入网中,终身难出。即如丹
书所言阴阳五行、元精元气等语,采战家以阴阳为男女,愚迷者信之,
明智者必不信;工夫家以气之一呼者为阳,一吸者为阴,愚迷、明智
者皆信之;有人言五行是心肝脾肺肾,愚迷者信之,明智者必不信;
有人言五行是精神魂魄意,愚迷、明智者皆信之;有人言元神是思虑
之神,元气是呼吸之气,元精是交感之精,愚迷者信之,明智者必不信;
有人言元神居天谷,元气在气海,元精在丹田,愚迷、明智者皆信之。
又如丹书所言性命、玄牝、黄庭等象,有人言肾气为命,心神为性,
愚迷者信之,明智者必不信;有人言穷通寿夭为命,贤愚善恶为性,
愚迷、明智者皆信之;有人言玄牝在生门,黄庭在头脑,愚迷者信之,
明智者必不信;有人言玄牝是咽喉,黄庭在脐轮,愚迷、明智者皆信之。
又如丹书所言清净虚无、煅炼金丹之说,有人言修炼内丹必须清清净
净空虚无物,外丹必须采取药物煅炼熟成,内丹修养以了性,外丹服

食以接命，不论愚迷、明智者皆信之。凡此似是而非之旁门，最易惑人。古今多少聪明良材英雄志士，皆被瞒过，碌碌一生，终无归结。

殊不知，修真大道所修者，先天真一之祖气。此气恍惚杳冥，曰希、曰夷、曰微，视之不见，听之不闻，搏之不得。然虽不见不闻不得，其实至无而含至有，至虚而含至实，生天地，含阴阳，包五行，万理具备，万象皆该，非可于身内求，非可于身外寻，乃在虚无中来者。性命于此寓，生死于此寄，仙佛于此成，炉鼎于此安，药物于此采，火候于此运，四象于此和，五行于此攒，金丹于此成，圣胎于此结。逆运阴阳在此，窃夺造化在此，超凡入圣在此，至于玄牝门、玄关窍、黄庭、土釜无不在此。所谓"得其一而万事毕"者即此。这一些天机秘密，天地鬼神不可得而测度，岂是等闲而知，容易而晓？惟有大智大慧者方能知，惟有大功大德者方能晓，惟有大力大苦者方能学，惟有大志大量者方能进，惟有细心追求、耐得久远、下得工夫者方能得。况修持有法则，作用有火候，工程有次序，节节不一，随时变通，虽要自己钻研，还求明师指点；至若丹经万卷，多是以有象比无象，以有形喻无形，岂是粗心可以会悟，大意能以见真哉？

世间糊涂学人，用不得心思，下不得苦功，耐不得年月，一言半语，即要通彻；似是而非，便欲成道；认其比象而不究实意，记其话头而不细尝滋味。无怪乎见伪书即作伪事，遇旁门即走旁路，不辨真假，不论是非，只说门门有道，书书演真，冒作乱为，自招其祸。凡此皆是粗心而不细心之故。

吾劝真心学道者，速将粗心关口打通，细心钻研，把道理拨去一层入一层，悟了一条进一条，须要分开邪正，辨出是非，见的理之精髓，知的道之肯綮，自己心中了然，实实信得过，一理贯通，见的天上地下万事万物皆是如此，左之右之，前之后之，道气盈满，方是真知真见，大悟大彻，不被执相着空之事所惑矣。否则，不能细心钻研，粗心了事，知的如此而实未见的如此，犹在恍惚疑似之间，妄想直登道岸，难矣。

虚度关

　　至圣云："后生可畏，焉知来者之不如今也？四十五十而无闻焉，斯亦不足畏也已。"紫阳真人曰："嗟夫！人身难得，光阴易迁，罔测修短，安逃孽报？不自及早醒悟，惟只甘分待终。若临歧一念有差，堕于三途恶趣，则动经尘劫，无有出期。"三丰真人曰："拜明师，问方儿，下手速修犹太迟。"此皆言学者须当年少时及早勤学，而不可虚度岁月也。

　　夫日月易逝，光阴似箭，百年岁月，倏忽间耳。世间万般皆假，惟有性命是真。重性命者，须当逞年少力强之时，立定主意，勇猛向前，一念纯真，寻师访友，志诚学去，寻出个救命良方，以了出世因缘。莫待气败神昏，筋骨衰疲，还不得元，复不得本，待时大化，岂不枉来世间一场！盖年少力强之时，东奔西走，饥寒困苦能以受的，神足气旺，易于为力，前程悠远，可以有造，万不可虚度岁月，打混过日，有误性命。故古人寸阴是惜，朝乾夕惕，不使一时空空放过也。

　　世间糊涂学人，不知立志修持，贪恋世事，看不开名利，放不过衣禄，认假弃真，日谋夜算，醉生梦死，自惹烦恼，自生苦楚。喜怒哀乐而俱有，贪嗔痴爱而皆全，无益处偏去用心，有益处反不着意。既不在圣贤经书上辨理，又不于明师良友处聆教，只图丰衣足食，打伙成群，口说杂话，心生杂念，身行杂事，枉自错过时光。异日阎王老子讨要饭钱，将何支持？绝不思岁不我与，一过不来，不以性命大事为重，而反干身外伤身害命之事，是以有用之岁月，置于无用之地，岂不可悲哉！

　　吾劝真心学道者，速将虚度关口打通，将性命时时刻刻放在心上，一举一动，一言一语，不可忘了。遇师受教，逢友参学，即或大道不明，亦不蹉跎岁月，终得成个好人，免造罪孽。若果专心致志，能受大苦，立大功，神明默佑，真师鉴赏，大道可冀。否则，不重性命，志气不振，空过年华，妄想仙道，难矣。

退志关

《易》曰："硕果不食，君子得舆，小人剥庐。"古仙云："七十八十，一息若存，尚能还丹。"三丰真人曰："梅寄榔，桑接梨，传与修真作样儿。自古神仙栽接法，人老原来有药医。"此皆言年老者不可灰心退志半途而废，必须耄而好学，愈老愈勤，至死方休也。

夫金丹之道，归根复命，返老还童，重复接命之道也。返老还童，非是易形变像、容颜如童之说，乃是归根复命，返还于神全气足、无亏无欠娘生本来面目也。本来面目不难返还，特患人无志气恒心耳。虽年老力衰，而先天灵根未曾全泯，但不过为后天客气消磨亏伤矣，若遇明师，诚求栽接之法，用功修持，增其阳气，损其阴气，增之又增，损之又损，增损到无可增损处，亏者而仍圆，无者而复有，依然当年囵囵囫囫、完完成成一个原本。此便是归根复命，此便是返老还童，此便是接命之法。接得命住，我命由我不由天，再做向上事业，直达圣域，老何病乎？昔葛仙翁六十岁闻道，位证灵霄卿相；吕祖五十四岁闻道，修成大罗天仙；紫清六十四岁闻道，修成不坏真身；三丰七十余岁闻道，修成十极大罗真人。以上祖师皆是年老成道，修道何拘老少乎？然则有志者虽年老亦成道，无志者虽年少不成道，志之为功大矣哉！

世间糊涂学人，当年少之时，既不下肯心，虚度岁月，及其年老，心灰意冷，即思退步，别务事业；或有早遇明师，得闻香风，自己下不得攻苦，若存若亡，迟延至老，自委无力可办，即便歇足不前。凡此皆是始勤终怠，自误前程，将谁咎乎？殊不知先尽人事，后待天命，走过一步少一步，作的一事了一事，立定至死方休的念头，纵然今生不能直登千峰顶头，能上半山，较之山下之人，不啻云泥之异。若因年老退志，四大平放，不肯向前，自画其限，所谓"阎王不叫，自送其死"也。

吾劝真心学道者，速将退志关口打通，须要年老志强，诚心办事，间或大事不成，宿根已栽，后世来生一出头来，便异于人，决能成道。如有大德大力，不惧生死，现世即能了事。否则，委于年老，不肯努力，自退志念，到的回头一着，手忙脚乱，无处归宿，难矣。

夸扬关

老祖曰："多言数穷，不如守中。"至圣曰："君子欲讷于言而敏于行。"《玉枢经》曰："以诚而入。"古仙曰："知者不言，言者不知。"此皆教人诚实用功，而不可虚张声势也。

夫修真之道，至精至细，最详最深，必须审问慎思，极深研几，功力日久，而后见真；必须志念坚固，脚踏实地，愈久愈勤，而后得真。非可以似是而非，隔靴搔痒，草草了事；非可以轻薄自满，空搭虚桥而已。若明道稍有些儿恍惚，行道稍有些儿悬虚，不但不能行，而且不能知。故学道者，期必至于真知确见、真履实践为贵欤！

世间糊涂学人，学下几个工夫，自负有道，数黄道白，人前混说乱讲；做过几日搬弄，见的有些效验，自谓得道，妆模做样，目中无人。凡此皆是卖弄精神，以不知为知，以不是为是，自夸其能，虚沽其名。殊不知性命之学，原是为己，非是为人，原是顾内，非是顾外。当未闻道之时，急欲求其知，须要细心辨别以穷理；及其闻道之后，急欲求其行，须当潜修密炼以用功。始终一味，诚心办事，别无二念，所谓"用志不分，乃凝于神"。更何有闲暇工夫在人前夸能喧扬、沽名钓誉哉？

吾劝真心学道者，速将夸扬关口打通，如愚如讷，谨言慎行，莫恃己长，莫图虚名，以性命为重，真心实意前行，未闻道者低头学道，已闻道者低头修道。若到功果完满之时，至诚前知，神通广大，自不夸而人俱夸，自不扬而人皆扬，方且百世而后，说者称奖，闻者仰慕，永传不朽，何须自夸自扬以图虚名哉？否则，无而为有，虚而为盈，自是自足，欺己欺人，妄想成道，难矣。

幻景关

《悟真》曰："不移一步到西天，端坐诸方在眼前。项后有光犹是幻，云生足下未为仙。"又曰："女子着青衣，郎君披素练。见之不可用，用之不可见。"三丰曰："空即色，色即空，识破真空在色中。了了真空无色相，法相长存不落空。"此皆言大道无形无象，不着于幻景也。

夫性命之道，真常之道也。真常之道，不怪诞，不奇异，无形色，无做作，无勉强，自自然然，平平常常。故老君谓之"自然"，孔圣谓之"中庸"，释迦谓之"无住"，特人在道中而不知道耳。只因有生以后，气质性发，落于后天造化，顺其阴阳陶冶，内而妄念纷纷，外而六门勾引，内外交攻，本来自然者变为不自然，中庸者变为不中庸，无住者变为有所住，真者潜而假者发，失其本来面目矣。是以祖师设以术延命之法，从有为而入无为，由渐修而至顿悟，仍返还于自然、中庸、无住，真常永久不坏耳。未尝于自然、中庸、无住、真常之外，别有增减也。虽云夺造化、转生杀、逆阴阳、扭气机、结金丹、凝圣胎、身外有身等事，只是完的一个真常物事，岂有借取一切有形有质非类杂物乎？既云真常，有何景象？若有景象，则非真常而不自然、不中庸、不无住矣。

世间糊涂学人，闻金丹之说，疑其必有丹之景象；闻蟾光之说，疑其必有光之景象；闻偃月之说，疑其必有月之景象；闻霞光之说，疑其必有霞之景象；闻红光之说，疑其必有红之景象；闻结胎之说，疑其必有胎之景象；闻玄关一窍之说，疑其必有关之景象；闻玄牝之门之说，疑其必有门之景象。更有旁门外道之徒，行内观之功而见五脏，自谓见了景象；或坐定心之功，耳闻仙乐，目见光华，自谓坐出景象；或行住想之功，神游仙境洞天，见有龙凤楼台，自谓有真景象；或眼视一处，久而眼光外散，忽明忽暗，自谓有了景象；或默朝上帝，久而神不守室，云来雾去，觉在空中，自谓道成景象；或运气逆升，觉得上下轮转，骨节冲透，自谓开关景象；或服气飡霞，觉得腹中响动，丹田有物，自谓结丹景象。如此等类，皆是认其幻景，以假为真，轻则受其病患，重则伤其性命。殊不知真常之道，非色非空，无形无象，岂有奇奇怪怪之幻景乎？至于大道完成，身外有身，形神俱妙，与道合真，无形生出真形，无象生出实象，聚则成形，散则化气，有仍是无，无而实有，有无不立，与虚空同体，有何景象？不特旁门外道幻景不是道，即修持正道，功深日久，识神作殃，亦现出奇怪幻景来败吾道，或报吉凶，或化鬼怪，或化美女仙童，或化虎豹狼蛇等等异形，若稍着意，铅飞汞走，大事坏矣。大抵正道没幻景，幻景非正道，总而言之，不认幻景为妙。

吾劝真心学道者，速将幻景关口打通，把一切执相空寂等事扫去，从自然真常处留心穷究，自有个无象之象、空而不空之实理，可以了性，可以了命。否则，以幻景为真，不但旁门固坏事，即正道亦大坏事，而欲成道，难矣。

耻辱关

《道德经》曰："江海能为百谷王者，以其善下之。"《金刚经》曰："忍辱波罗蜜。"傅大士曰："频经五百劫，前后极时长。承仙忍辱力，今乃证真常。"此皆言修道者贵乎能受耻辱也。

夫载道之人，其心如山，其量似海。山之为物，云来雾去随他，林遮雪盖随他，风吹火热随他，而山之本体，不动不摇，万古如此。学道者志念坚固，遇贫穷而不知，逢灾患而不晓，其心亦是如此。海之为物，混浊甜苦之水来也容的，九江八河之水入也容的，鼋鼍蛟蜃潜藏也容的，而海之本量，不增不减，永久如此。学道者能忍辱受垢，遇逆事而不争，处卑下而不耻，其量亦是如此。特以为性命者，能受人之所不能受，方能载人之所不能载。故仲夫子衣敝缊袍，与衣狐貉者立而不耻；颜子一箪食，一瓢饮，在陋巷，人不堪其忧，颜子不改其乐；曾子缊袍无表，颜色肿哙，三日不举火，十年不制衣，正冠而缨绝，捉衿而见肘，纳屦而踵决，曳踵而歌《商颂》，声出金石；长真受恶人拳打，顺受而不争；紫清被横逆喝骂，喜纳而不校。以上圣贤，皆是中之所谋者大，而身外一切不顺之境、非礼之加，俱所不计也。

世间糊涂学人，纵性而行，由心而作，身处贫寒，见富贵者而羞愧；自不多事，遇横逆者即动火；磕着撞着，便起无明；言语稍犯，即要争辩。更有一等愚人，妄想学道而又不尊重道，或挟贵而问，或挟贤而问，或挟长而问，或挟有勋劳而问，或挟故而问，不肯虚心诚求。或在众人触目之地，拿起身份，大模大样，不能低头，怕人笑话。殊不知自大者终不大，自尊者终不尊，如此举止，纵有祖师对面，神仙同室，何益于事？

吾劝真心学道者，速将耻辱关口打通，把一切世事上假耻假辱置之度外，另取出个不能明道、不能成道之真耻真辱，立定志念，努力前行，自有无限好事来临。否则，以不耻为耻，以不辱为辱，好强自胜，只欲人服我，我不去服人，只知高于人，不知下于人，妄想闻道，难矣。

因果关

《易》曰："积善之家，必有余庆；积不善之家，必有余殃。"《书》曰："作善，降之百祥；作不善，降之百殃。"又曰："天作孽，犹可违；自作孽，不可活。"《参同》曰："初正则终修，干立末可持。"正阳翁曰："种麻即得麻，种黍即得黍。"此皆言有因必有果，凡事谨之于始，自能全之于终也。

盖天地间一切大小事务，皆有因果。善有善之因果，恶有恶之因果，为善者必有善报，为恶者必有恶报。为善者，善之因也；善报者，善之果也。为恶者，恶之因也；恶报者，恶之果也。善恶之报，如影随形，毫发不爽。故君子戒慎乎其所不睹，恐惧乎其所不闻，念念归善，不使有一些恶念生于方寸之中；非礼不履，非义不行，行行皆善，不使有一件恶行见于日用之间。念念善，行行善，因善而果未有不善者也。试观世间杀人者偿人命，救人者人报恩，感以善，应以善，感以恶，应以恶，此感彼应，有因有果，自然而然。所谓"一念之善便是天堂，一念之恶便是地狱"，天堂地狱，惟人自造。孟子曰："祸福无不自己求之者。"老子曰："祸福无门，惟人自招。"观此，而因果之理岂不显然易见哉？

世间糊涂学人，不信因果，损人利己，伤天害理，无所不为。或骗化十方，以为得计；或假妆有道，以哄愚迷；或借黄白假术，而破人家产；或以闺丹邪事，而引人作恶；或枉口嚼舌，而毁谤高明；或阴谋暗箭，而坏人好事。诸如此类，皆是不信因果。殊不知作善作恶，是修结果之路，修成善路，异日造物者送你善路上去享福；修成恶路，异日造物者送你恶路上去受罪。谚云："要知前世事，今生受者是。要知后世事，今生作者是。"此言真实不虚。不信来世，试观现世：现世少年作善者，老年受福；少年作恶者，老年受罪。此人人共知共见者也。

吾劝真心学道者，速将因果关口打通，一念一事，须要谨慎，一动一静，不可忽略，先学一个不作孽不造罪的好人，然后理会大事，以图上进，庶乎有造。若因果不论，既要学道，又要作孽，明知明昧，罪上加罪，妄想闻道，难矣。

书魔关

《悟真》曰："契论经歌讲至真，不将火候著于文。要知口诀通玄处，须共神仙仔细论。"又云："卦中设象本仪形，得象忘言意自明。举世迷徒惟执象，却行卦气望飞升。"上阳子曰："大道从来是强名，《阴符》《道德》始存经。神仙次第丹经续，口诀安能纸上明？"此皆言读经书而不可偏执经书也。

夫经书典论，千比万喻，所以为后世学人开明路，指大道，劈邪示正。其中药物真假、作用是非、工程次序、修性修命无一不备，但其言幽隐，其理深奥，以有形比无形，以有象喻无象，非可以粗阅而知，亦非可以私猜而晓。况性命之学，不比世间有形有象之物能以显言明书，至于性命之所以然，大道之所以妙，议之则非，言之则失。丹经子书虽极力形容，有言之而言不及，书之而书不出，其能言能书，亦大略耳。学者用心钻研，会的大略，便能识的门户，分的邪正，从此再求明师，方有进益。若执经书以意猜度，依己偏见，自谓道即在是，再不就证于有道，误之甚矣。故弃经书全不理论，固是大错；若执经书再不求人，更是大错。弃书执书皆非也。

世间糊涂学人，看过几卷丹书，见有铅汞砂银之说，不入于服食，便归于烧茅；见有男女彼我之说，不入于闺丹，便归于采取；见龙虎龟蛇之说，不疑为肝肺，便认为心肾；见颠倒逆运之说，不疑为后升，便认为前提；见清静无为之说，不疑为空寂，便猜为存想；见以术有为之说，不疑为搬运，便误为扭捏；见泥丸、黄庭、玄关、众妙门、昆仑顶等说，便疑为色身有方有所之穴窍；见谷神、婴儿、圣胎、金丹、法身等说，便疑为身内有气有血之结聚。如此之类，不一而足。各凭己见，自拈门户，以假为真，碌碌一生，终无所成，不但无益，而且有损。原其故，皆由执书为道，不求明师，中了书魔，误了大事。圣人云"博学之，审问之"，若只博学而不审问，所谓"饶君聪慧过颜闵，不遇真师莫强猜"者是也。

吾劝真心学道者，速将书魔关口打通，不要为书所误。先须细玩经书，辨别邪正，认定门户，访求明师，以证是非，万不可自作聪明，似是而非，草草了事。否则，执书为道，自以为得，妄想成道，难矣。

着空关

佛曰："发阿耨多罗三藐三菩提心者，于法不说断灭相。"智者禅师曰："法法生妙法，空空体不空。断灭不断灭，智觉悟深宗。"《心经》云："舍利子，色不异空，空不异色，色即是空，空即是色。"《悟真》曰："饶君了悟真如性，未免抛身却入身。何似更兼修大药，顿超无漏作真人。"缘督子曰："今人学道者不得正传，不悟平叔'未炼还丹莫入山'之语，惟欲避喧求静，遁世远人，出妻屏子，离尘绝俗，穷谷深山，独居孤处，以为自高，如此则弃世间法也。"三丰子曰："再休夸，清静无为也得还丹。"此皆言大道真空不空，而非顽空寂灭之学也。

夫道也者，至无而含至有，至虚而含至实，空而不空，不空而空，乃法财两用，有无一致，无为而无不为。试观天地无为而万物生，日月无为而四时运，圣人无为而天下治，是无为之中而有为，非空空无为之说。若以空空无为为道，则道为死物，非天地日月圣人之道，乃木雕泥塑无用之道，何足以为道哉？夫所谓道者，径路也。人通行者为径路，无人行者非径路。可知性命之学，必先求其知，而后力其行，知所以为行，行所以全知。况修真者，修行也，空寂之学，何云修行？谓之守空则可，谓之修行则不可。故顽空事务，古人有"磨砖作镜"之讥，"积雪为粮"之讽，盖因其虚而不实也。

世间糊涂学人，不究道之源流，不辨理之是非，或灰心止念，忘物忘形；或空谷守静，一尘不染；或守定一窍，养气存神；或目注顶上，一意不散；或对镜定视，冀望出神；或念存明堂，想象赤珠。如此等类，皆是顽空断灭之事，非是修道，实是昧道。如何能复初归根，了性了命，形神俱妙，与道合真，超出乎阴阳造化之外哉？况人自有生以来，受后天阴阳五行之偏气，又带无始劫以来轮回根尘之杂气，若无点化群阴之大法，扭转造化之本领，只以空空无为毕其事，怎能返阴为阳，拔去历劫孽苦种子乎？

吾劝真心学道者，速将着空关口打通，急访明师，另求个起死回生实落事务，早下工夫，莫要捉风捕影，望梅止渴，担误路程，空过岁月。否则，空空无为，无捉无拿，有何实济？妄想成道，难矣。

执相关

《金刚经》曰："不可以三十二相见如来。"《圆觉经》曰："我今此身，四大假合。"《悟真》曰："阳里阴精质不刚，独修一物转赢尪。劳形按影皆非道，服气飧霞总是狂。"又《后序》云："今之学人，取铅汞为二气，指脏腑为五行，分心肾为坎离，以肝肺为龙虎，以神气为子母，执津液为铅汞。不识浮沉，宁分主宾？何异认他财为己物，呼别姓为亲儿？"古仙云："莫执此身云是道，此身之外有真身。"此皆言不执色身以为道也。

夫修真之道，先天之道。先天之道，能以无形化有形，能以无象生实象，能以夺造化，窃阴阳，逆气机，了生死，非同一切在色身上作工夫者可比。色身为四大假合之物，外而眼耳鼻舌口，内而心肝脾肺肾，与夫骨节穴窍，皆是假物，那有一件是真？大限一到，一堆朽骨臭肉。若执此身而修，如何了得性命，出得生死？故老祖云："吾之所以有大患者，为吾有身。及吾无身，吾有何患？"可知色身为人生之大患。因其是大患，故祖师留金丹大道，教人修持性命，去假保真，脱此大患也。脱去大患，自有无患者存。无患者，真身也。真身又名法身，又名阳神，此身修成，入水不溺，入火不焚，入金石无碍，阴阳不能铸，造化不能拘，与天地同长久，与日月同光明。修色身者，焉能到此地位？

世间糊涂学人，不辨是非真假，乱学冒做，如夜间走路，梦中作事。或摇骨而摆髓，或推前而运后，或拆东而补西，或运气撞顶门，或逼精而上脑，或行八段锦以活骨，或运六字诀以提气，或以两肾中间为玄关，或以肾前脐后为黄庭，或以口鼻为玄牝，或以丹田为命根，或以天谷为性地，或以心肾为婴儿姹女，或以肝肺为青龙白虎，或吸气过脐轮至丹田为胎息，或运气撞三关至脑后为开关，更有拭目咽津、纳清吐浊、摸脐勒便等等摆弄作为，不可枚举。皆谓之执相，皆是在肉皮囊上做事业，破插袋内弄虚头，与先天性命之道天地悬隔，到的年满月尽，一无所恃，可不伤哉！

吾劝真心学道者，速将执相关口打通，把"性命"二字着实下个工夫，追究出个下落。如何是性，如何是命？性于何处存，命于何处寄？果然将"性命"二字辨得分明，认得真确，即知性命不在眼耳鼻舌身，不在心肝脾肺肾，不在三百六十骨节，不在四肢百脉血液，别有个无方无所、无形无象的秘密物事，不在内，不在外，正在虚无寂寥之境。从此进步，便有着落，不至认假失真，为旁门所误。否则，不知性命是何物，在一身上下乱摸揣，有形有质处乱做作，妄想成道，难矣。

闺丹关

老祖曰："万恶淫为首。"《悟真》云："房中空闭尾闾穴，误杀阎浮多少人。"古经云："若说三峰采战，直教九祖沉沦。"此皆言御女闺丹，不但无益于性命，而且大损于阴德也。

夫所谓金丹者，原本也。此丹此本，人人具足，个个圆成，处圣不增，处凡不减，本来性命一家，阴阳混合，五行同气，亦无可修，亦无可证。只因先天阳极，后天阴生，性命两处，阴阳相隔，五行错乱，足者有亏，圆者有缺，日复一日，年复一年，亏者愈亏，缺者愈缺，而固有原本全失，埋没不彰。故祖师设金丹返还之道，使人重复修持，返之还之，仍归于具足圆成、无亏无缺原本而后已。返还之道，即返还于性命一家、阴阳混合、五行同气耳。返还之法，仍是在阴阳五行中修持，故有男女彼我、婴儿姹女、金公木母、女子郎君、黄婆媒聘等等法象。千方比喻，万样形容，总以明和合阴阳、攒簇五行耳。故吕祖云："效男女之生，必发天机而作泄天之机。"盖道法与世间男女生人之道无异，其所异者，借凡父凡母而生色身，借灵父圣母而生法身，圣凡之间，一逆一顺，天地悬隔，三丰所谓"顺为凡，逆为仙，只在中间颠倒颠"者是也。然其事虽与世间男女生人之道同，并不着于世间男女幻相。丹书所谓阴阳者，即灵父圣母也，即吾身中之真阴真阳也。真阴真阳，亦非身中后天有形有质之阴阳，乃无形无质之阴阳。一身后天之阴阳且用不得，而况身外男女阴阳乎？

世间糊涂学人，不思性命乃无形无象、无方无所之物事，误听盲师邪说淫词，于世间男女肉皮囊上作事务。或弄三峰采战，或行九浅一深，或度九女为九鼎九转，或采首经按前后三，或摘首经梅子为服人参果，或取经后鲜血为吞真红铅，或神交而体不交，或隔帘而口吸气，或男下女上为颠倒阴阳，或男抽女气为依坤种乾，或服妇乳为接补，或御少女为炼剑。如此等类，不可胜数，出丑百端，秽污不堪，寡廉鲜耻，行同禽兽，道至如此，尚忍言哉！更有一等愚而又愚、罪上加罪之造孽头，借祖师之名，作淫邪伪书，传流后世，引人为恶；或以闺丹注解古经，紊乱圣道，如彭好古、知几子，自欺欺人。学者误入笼中，终身难出，岂不可惧可怕？噫！性命之道，乃至清至洁、至尊至贵、真阴真阳二气交感，在虚无中凝结成象，名曰圣胎，又谓"男儿有孕"。虽曰胎孕，非血气有形之物，乃精粹清阳之气凝聚而成。若取少女之浊血浊气而凝结成胎，不但不是上天堂之圣胎，适以成入地狱之鬼胎，求其为人而不可得，何敢望仙乎？

吾劝真心学道者，速将闺丹关口打通，将淫欲等等门路，扫个干净，另寻出个真阴真阳，打成一片，自然有一点灵苗于中生出，可以作仙，可以作佛，与天地同长久。否则，淫欲作恶，损人伤德，天良已坏，妄想成道，难矣。

炉火关

徐真人曰："杂性不同类，安肯合体居？"淳于真人曰："同类易施功兮，非种难为巧。"紫阳真人曰："休炼三黄及四神，若寻众草更非真。阴阳得类归交感，二八相当自合亲。潭底日红阴怪灭，山头月白药苗新。时人要识真铅汞，不是凡砂及水银。"又云："休泥丹灶费工夫，炼药须寻偃月炉。自有天然真火候，不须柴炭及吹嘘。"三丰真人曰："五金八石皆是假，万草千方总是差。金虾蟆，玉老鸦，认得真的是作家。"此皆言金丹大道非炉火烧炼之术也。

夫所谓金丹者，金取其坚刚不坏之义，丹取其圆成无亏之义，坚刚圆成，故名金丹，即本来先天真一之灵宝。一名先天真一之气，一名生物之祖气，一名先天灵根，一名元始宝珠，总而言之，曰真灵至精之气。此气在儒则曰"太极"，在释则曰"圆觉"，在道则曰"金丹"，无形无象，非色非空。然虽无形而能生有形，无象而能生实象，非色而能生妙色，非空而却是真空。本于先天，藏于后天，为性命之根、仙佛之种、圣贤之基。知而修之，可以脱生死，出造化，超凡入圣，不生不灭。但人认不得这个根本种子，所以当面错过。若欲认的，非可妄猜私议，必求明师口传心授，方能见真。又要明师细指药物真假、火候是非、工程次序、作用法则，方可进步。古来仙经，演说细微，形容奥妙，其理其法，无一不备。其如千变万化，方便立名，随物取象，杂物撰德，以有象比无象，以有形喻无形，分散辩论，各指一理；一法而论，其意幽隐。内藏天机，难以显言，教学人得象忘言，得意忘象，自穷自究，自会自悟耳。穷之不得，究之不明，就证有道，由博而约，自疑而悟，非是即书即道也。其实祖师一言一语，皆是性命切近妙用，身心分内实学，并非舍近求远，借用世间滓质之物也。

世间糊涂学人，道在迩而求诸远，事在易而求诸难，不究其意，但认其象，不穷其理，仅记其言，猜枚打谜，各出己见。见有大小金丹之说，而即疑为有形有质之物；见金鼎玉炉之说，而即疑为泥灶铜铁之具；见铅汞药物之说，而即疑为水银黑锡之凡物；见黄芽白雪之说，而即疑为烧炼升打之灵霜；见文烹武炼之说，而即疑为柴炭吹嘘之凡火。以金石草木之浊物，煅炼服食，妄想接无形之性命。殊不知"竹破须将竹补宜，抱鸡当用卵为之"，世间凡物与我性命非类，安能接得性命？

又有一等痴迷汉，借祖师"金丹入口，点化凡躯"之说，或借"信道金丹一粒，蛇吞立变成龙，鸡飧亦乃化鸾鹏"之句，而遂烹炼金石砂汞、三黄四神之药，妄想吞服飞升，变形易像。绝不思浊肉浊骨，金石之药怎能点化变形飞升？愚之甚矣。况金石之药本来有毒，加之火煅，药毒火毒结于一处，其毒愈大，服之而烂肠坏肤，未有不丧其命者。昔九江张尚书信服食，吕祖点化不悟，题诗于门曰："可惜九江张尚书，服药失明神气枯。不知还丹本无质，谬饵金石何太愚。"后果失明。可知金石之药不能济事，反而坏事，古今受此症者，可不胜数。

更有一等贪财作孽之辈，借祖师"欲求天上宝，须要世间财"之语，以为买鼎办药，非财不成，而遂东觅外护，西寻巨富，哄骗愚人，肥肉美酒，混吃混喝。或用增银之法，或去红铜之血，或烧铅点汞，或烧茅炼铜，凡此等类，皆是假物，怎能成真？甚至盗去真物，换出假物，拐人资财，败人家产，忍心狠心，如同贼寇，其恶其毒，尚可言哉！昔正阳祖师传与吕祖黄白之术，利人济物，吕祖因三千年以后还元，恐害后人，不愿为之，其居心为何如？炉火迷徒，不知积德而反伤德，服祖师之服，背祖师之行，大丧天良，纵然人容，天岂能容哉？

吾劝真心学道者，速将炉火关口打通，把一切烧炼丹药、烹煎茅法等等不善事务扫去，在身心性命上细心钻研，寻出个乾坤炉鼎，找出个乌兔药物，运三昧真火，煅炼成宝，方有实济。否则，以金石为点心，以毒药为命宝，无益有损，妄想成道，难矣。

以上五十条，皆学人要命关口、阻路大魔，须要关关打通，方好进步。若有一关不通，即被此一关挡住，任尔盖世英雄、拔山烈汉，寸步难行。学者须要认得真，信得过，虽不能遽然皆通，渐次着力，终有打通之日。倘认不真，信不过，终在关内而不能出于关外，欲上大路，除是插翅而飞、腾云而过，岂不误了前程？一切学人，将这些关口略不经意，看为小可，舍近求远，舍易求难，自己病根不去，妄想他人家业，自己人事不尽，妄想他人天宝。谁肯将家业交于病汉，谁肯将天宝付于匪人？夫性命之道，天下第一件大事，天下第一件难事，非大力量大功德之大丈夫，载不起，作不成。果能打通诸般关口，便是大力量、大功德、大丈夫，若遇明师一点，大道在望，直登彼岸，纵横顺逆没遮拦，步步见功，何愁道之难成乎？

编后语

　　我是一个从马啣山脚下走出来的山里娃，承载着大山的重托和父辈的厚望步入了我的人生旅途。我降生在土地改革时期，经历了大跃进、三年灾荒、社教运动、文化大革命、知识青年上山下乡等风云；推荐工农兵上大学时我进入甘肃师范大学音乐系学习，任过中学音乐教师、文化馆文艺辅导干部，在榆中县政协、县文化馆、县秦剧团等多个工作岗位上担任和兼任过不少职务，但总的来说，我是一个文化工作者，在榆中县的文化传承和弘扬历程中，虽没有惊天动地之创举，却也轰轰烈烈活一生。

　　在我的少年时代，生产队派我父亲和几位社员到栖云山自在窝藏板洞背来了很多悟元子刘一明的经书刻板，我亲眼目睹了有的刻板背面被写上"忠"字和毛主席语录挂在农户的门首当标语牌，有的农户把经板剥去文字当切菜板，有的经板背面被雕刻成冥币印板。从那时起悟元子刘一明就深深地印在了我的脑海中。

　　1978年，我调入县文化馆工作，那时候，栖云山自在窝藏板洞刘一明著述的所有经书刻板、藏经洞所有经书均惨遭毁灭，刘老夫子新庄沟的墓葬也未能幸免。文化馆、图书馆办公的房屋就是拆除兴隆山庙宇的木料建起来的。光阴荏苒，岁月流逝，我以匆匆的脚步、忙碌的身影度过了三十多年的文化工作生涯，其间，榆中的一些有志之士在挖掘整理悟元子刘一明的文化遗存，由于工作任务繁重，我自己无暇顾及，只是间接地支持和参与过这些活动。1996年，我任县政府驻北京办事处主任时受金耀东等先生的委托，从北京代购了多部悟元子刘一明的《道书十二种》。我自己也购买了一部，因为忙碌也未仔细详读。

　　2010年，我光荣退休，对于我这个奉行"以事为本""以情为重"

做人做事原则忙碌了大半生的文化老兵来说，寻求和打造第二次辉煌人生成为我晚年奋斗的目标。上班时我有幸受榆中乡人、企业家贾仲瑚先生的重托，在他的家乡榆中县新营乡沿川湖由我亲自督造、监理、施工修建了马寒宝山平西龙王庙仿古建筑群，这里有华夏第一的露天舞台、元代大书法家赵孟頫楷书《道德经》石刻影壁等经典工程，因而奠定了我退休后搞古建工程的基础。我的第二人生创建了甘肃铭丰园林古建工程有限公司，修建了榆中县城金龙庙、金家圈金氏祠堂、金崖永丰大雄宝殿、九州仿古四合院等仿古建筑精品工程。这些流传后世的古建工程凝结着我这个文化老兵传承古建文化的夙愿，延续着我的文化使命。

我儿子丁国琛从小受祖辈传统的教育和文化的熏陶，也是一位有文化追求的热血青年，他对我说："爸，你干了一辈子的文化工作，兴隆山是陇右名山，我们是从兴隆山后走出来的人，能不能为兴隆山做些事？"我不假思索地回应：在兴隆山要做就做刘一明的事。我儿子静静地听我讲述：刘一明是道教界一代宗师，他在兴隆山建庙著述修炼课徒不仅使我们兴隆山成为道教名山，他更是中国道教界的一座里程碑，也是世界级的一位文化名人，在德国、日本、美国、新加坡等国家、香港地区和台湾等地有专门研究刘一明的文化研究会，在波兰、瑞士还举行过刘一明哲学研讨会；在国内有不少仁人志士专门研究刘一明和出版他的著述，有些大学还开设研究刘一明哲学思想的课程。但在我们榆中县多少年来除了一些仁人志士和一些宗教人士研究传承刘一明文化、组织过纪念活动之外，可惜的是并没有搭建起一个传承和研究刘一明文化的平台。纵观榆中县传承研究刘一明文化的人士，有的谢世、有的年老体弱，后继乏人，我们应该搭建一个平台。儿子接过我的话说："爸，我看传承刘一明文化责无旁贷的又成了你的历史使命，你就牵起这个头，儿子支持你，做你的坚强后盾。"我们父子一拍即合，于2014年成立了榆中县刘一明文化研究会。刘正云先生是一位年轻的企业家、崇尚文化的热心人士，与我儿子是知心好友，为弘扬传承刘一明文化和我们结为同道，担任刘一明文化研究会副会长，和我们共同出资搭建平台，在兴隆山名园酒店创建刘一明文化研究会办公基地和刘一明文化展览中心。

研究会成立后，我们首先迈出了挖掘搜集整理刘一明文化遗存的步伐。

第一个走访对象是原县文化馆老馆长——榆中县外事旅游局局长单进仓老先生，当单进仓老先生把一盒装有刘一明四部药书、《栖云笔记》、唐琏绘制刘一明36幅画像的照片及已故道士吕信道为画传作的注释，还有吕信道历时十年撰写、单进仓书写的刘一明兴隆山道脉传承源流觅考、吕信道撰写的兴隆山原貌回忆录打印稿等资料送到我面前时，我受到了深深得震撼：一是单进仓老先生和吕信道道长对这些事所做出的巨大努力使我震撼；二是吕信道道长已经羽化，单老先生也已75岁高龄，我若不及时来寻，这些宝贵资料失传的可能性很大，如若这些资料遗失，将会是刘一明文化传承和兴隆山历史印记无法挽回的损失。经过和单老先生多次交谈，我邀请他担任了刘一明文化研究会的副会长，他又翻箱倒柜找出了他拍摄和珍藏的兴隆山老照片。在采访兴隆山著名导游黄伟先生时，他告知我吕信道写的兴隆山原貌回忆录由兴隆山旅游管理处蒋婷霞女士助力打印并收藏。我和蒋婷霞女士联系此事时，她说吕信道道长在世时有嘱托：他的这些资料不要轻易给人，如有缘人和有志之士来寻方可提供。蒋婷霞又请示了吕信道的学生单进仓老先生，遂将兴隆山原貌回忆录电子版和唐琏绘制刘一明36幅画像的电子版送给了我们。

单老先生曾担任榆中县外事旅游局局长在兴隆山工作多年，东西两山洒下了他辛劳的汗水，恢复修建的不少宫观庙宇都是他心血的结晶。2015年，我和单老先生相约共同赴兴龙、栖云东西两山实地考察，因他的夫人瘫痪在床多年都是他亲自照料，他说再等一个月假日期间他的女儿来照顾她母亲时方能和我一同前往。怎奈天有不测风云，单老先生因心脏病突然辞世，给我们留下了无法弥补的遗憾和重大损失。

第二个走访对象是原榆中县道教协会秘书长孙永乐老先生，孙永乐老先生已是77岁高龄，因患脑中风身体不好，当他老人家听到我成立刘一明文化研究会、搭建平台传承和弘扬刘一明文化并请他出山当顾问时，激动不已。他说："我是兰大中文系毕业，当了半辈子的教师，后又从事党史办文史研究整理工作，我非常尊崇悟元子刘一明老先生，可以说我花了毕生的精力学习研究和传承他的文化、精神，我和吕信道、单进仓汇编了《刘一明兴隆山楹联集锦》、《世人评刘爷》，我自己评注出版了刘一明《栖云笔记》，还写了很多读书笔记和文章。多年前，我们也搞过刘一明诞辰等纪念活动，也曾想成立刘一明文化研究会，但未能如愿。现在我已是风烛残年，很多时候我在想，榆中还有谁来继承我们的意愿？我曾经也想到过只有你能做这件事，因为你是一个真正的有思想的文化人、能干成事的人、很有爱心的热心人，我评注出版《栖云笔记》时你帮过我很大忙。但你是个大忙人，做的事很多，恐怕没时间专门去做。你今天来找我说这件事，我非常开心，真是天将降大任于斯人也，非你莫属。"他用颤抖的双手捧出了他珍藏多年的自在窝刻板《金刚经解目》、《道德经会义》、《道德经要义》、《心经解蕴》等书，和他担任榆中县道教协会秘书长时收集整理的刘一明兴建兴龙、栖云两山道观资料，1952 年、1963 年兴隆山住山道士名单以及榆中县道教协会史料等珍贵资料。

好事顺天意，善举达人心。在搜集整理编撰《刘一明与兴隆山》一书的历程中，得到了国家级自然保护区兴隆山管理局、兴隆山旅游管理中心、县民政局、文广局、档案局、县文化馆、博物馆、图书馆等单位和李永欣、黄宗伟、孙峻岩、白宗忠、刘继宏、罗诚一、吕贵平、李常洲、白毅志、梁卫忠、陈亮、黄伟、蒋婷霞、金源洲、冯康喜等仁人志士、社会贤达的大力支持和帮助。

我们的第三个重点采访对象是 95 岁高寿的赵学俭老先生。赵老先生是全真教正一派俗家弟子，他饱读诗书、博闻善记，是榆中县的百宝箱、兴隆山的活地图。少年时拜兴隆山道士全真教龙门派第二十代弟子胡明清道长为师，潜心学道，尤其尊崇悟元子刘一明，熟读他的著作，《栖云笔记》他能背诵如流，对栖云、兴龙两山刘一明所建的道观了如指掌，每座道观里所供神像尊号以及楹联、匾额皆能背诵，还能讲述出处和撰书之人。尤为甚者，赵老先生对刘一明养生之道的传承有独到之处，四十多年他坚持每天早晚按摩腿脚，至今他的双腿能扳"朝天蹬"，他用刘一明的验方治感冒、拉肚子并传授给他的弟子和家人。95 岁高寿的他能吃能睡，思维敏捷，撰联作对无人能比。

　　20 世纪 80 年代，兴隆山恢复修建时，赵老先生就做出了巨大的贡献。我们邀请他登栖云勘察道观遗址，爬兴龙寻访悟元墓地，95 岁高寿的他登山爬坡身板硬朗，追溯东西两山道观庙宇遗址如数家珍。他对《刘一明兴隆山楹联集锦》、《兴隆山道脉传承源流觅考》、《兴隆山原貌回忆录》一一校对，查漏补缺，增补了珍贵的历史史料。

　　寻觅珍宝走城乡，征集史料访贤达。我们走访了原甘肃省文物考古研究所研究员 82 岁的张宝玺老先生。我们走进他在兰州的家门时，他早已准备好了多年前拍摄的兴隆山老照片，并热情地给我们沏茶倒水，深情地讲述了 1964 年他在兴隆山全省文物普查时遇到的情景：那一年他 30 岁，正是 1964 年 3 月下旬，天气冷得很，山中的雪还没有消。进了山，在兴隆山调查了两三天，有几个比较大的收获，看到了不少字画，其中一批古字画比较有价值，有陇上名家王了望的作品，就是不知道现在保存下来了没有。3 月 25 日，他们到山上做古建筑调查。来到一座庙观，看见道士正在表演道教乐舞，道士们穿着道袍、戴着道冠跳舞，中间也掺杂着一些信徒。跳舞的道士、信徒，看见他们这些干部模样的人来了，就偃旗息鼓匆匆结束，慌慌张张离开了。他说遗憾的是，直到今天也没有看到关于兴隆山道教乐舞的报道或者研究文章。或许，1964 年的乐舞表演就是兴隆山道教乐舞最后的几次表演了。虽然和道教乐舞擦肩而过，但他在山上拍摄了一组庙观建筑照片，一直保存到了今天。其中有三官殿、娘娘庙、三官殿大殿、无量殿塑像、栖云山混元阁大殿、娘娘庙大殿等古建筑。张宝玺老先生述说的兴隆山道教乐舞和兴隆山的不少珍贵史料的遗失为我们留下了深深的遗憾。

　　黄宗伟先生是一位人民教师，任过小学校长，当他知道我们征集刘一明文化遗存时亲自给农户做工作，领着我们到城关镇南坡湾村将截为三截用作农户打土基的刘一明墓碑捐赠给我们。马坡乡上庄村农民赵祥田、赵祥彪、赵忠贤将他们珍藏的刘一明经书刻板捐赠给刘一明文化研究会。栖云山朝元观 70 多岁的王诚德老道长在兴隆山现住山道士中是文化程度最高的,出家 40 多年,他对兴隆山的文物古迹有强烈的保护意识。改革开放后,他住栖云山朝元观时得知刘一明书写的"寿"字石碑被峡口村的农户截为三截用作打土基的基石,他从峡口村农户的猪圈墙上分三次将石碑背到了栖云山朝元观珍藏起来;还有"通天柱"碑刻也是从峡口村农户家背到了自在窝;刘一明题写"朝元观"三字石刻是他从修建的地基里捡出来珍藏。我们在走访他时,他将自己珍藏的所有刘一明文化遗存全部捐赠给我们刘一明文化研究会,并语重心长地嘱托:"悟元祖师给我们留下的瑰宝已经屈指可数,我珍藏的这些文物交给你们我就放心了。你当过县博物馆馆长,保护文物你应该比我强。"

兴隆山旅游管理处冯康喜先生热情厚道,给我们提供了他收藏的刘一明史料,还在栖云山拍摄了刘一明三台岭、面壁石、寂静岩等崖壁石刻。悟元子刘一明不仅著作等身,他的书法绘画艺术更是精到,兴龙山"枕流"石刻,栖云山"白云窝""熊耳石""谭道石"等十多处崖壁石刻不仅是刘一明文化遗存,更是传承兴隆山厚重历史的珍贵文物。更为感动的是,已经羽化的吕信道道长生前潜心研究刘一明文化,花数十年心血走访武宗贤等老道长及兴隆山附近的老人搜集资料,撰写了《刘一明兴隆山道脉传承源流觅考》、《兴隆山原貌回忆录》,为我们留下了珍贵的史料。是他用虔诚和热情感动了兰州的仁人志士何大宏先生,由何大宏先生全力协调,兴隆山管理局旅游管理中心出资从省博物馆拍摄了唐琏绘刘一明 36 幅画传——《悟元恩师云游记》,吕信道还煞费苦心地为 36 幅画传作了注释。更为难得的是,在他辞世之前将自己整理的《觅考》等史料委托他的学生收藏传世。还有一些珍贵的文物和实物交付兴隆山旅游中心保管,并亲自写好几份清单嘱托如遇有缘人便转赠传承下去。吕信道道长的乡友、学生李永欣先生崇尚刘一明文化,联系黄宗伟先生捐赠石碑,将他保管的吕信道遗物清单提供给我们,又领我们到峡口村吕信道家中会面其三个儿子,并将吕信道道长留在家中的书籍遗物等交给我们。段有仁先生是一位老木匠、热心人，他生在兴隆山下，熟悉山上的一草一木，吕信道道长在编撰《刘一明兴隆山道脉传承源流觅考》、《兴隆山原貌回忆录》时得到了他的参与和帮助，我们在勘察寻觅兴隆山道观建筑时，邀请他赴栖云、兴龙两山同寻遗址，获益颇多。

张文玲先生是榆中县刘一明文化研究者之一，20世纪90年代，他研究编撰出版了《道学家刘一明》一书，在榆中文史研究、兴隆山史料整理诸方面颇有建树。我们走访他时，他非常支持刘一明文化研究并给予我们诸多指导，《道学家刘一明》作为我们编著此书的参考资料之一，我们从中汲取了部分史料汇编到《刘一明与兴隆山》一书中。

道不同不相为谋，志不同不相为友。金耀东老先生堪称我的挚友和同道，他担任过榆中县政协文史资料委员会主任，编辑整理了榆中县诸多文史资料。在他担任县政协文史资料委员会主任时，我和他有过多次合作。我发动榆中回族马星成、马正武等仁人志士捐资，我和金耀东将担任过榆中县朱家沟小学校长的平凉人李锦堂（回族）先生挖掘整理的遗作《伊斯兰在榆中》编辑刊印，作为榆中宝贵的文史资料。我在担任榆中县秦剧团团长时请他指导编辑刊印了榆中秦腔传承发展史《秦韵秦情》一书，为榆中文化写下了重重一笔。金耀东先生在担任县政协文史资料委员会主任期间和吕信道、单进仓等为整理挖掘刘一明文化遗存做了不少努力。他编辑校注刘一明弟子张阳志撰写的《悟元老师本末》由县政协刊印成册，他还撰写了多篇研究刘一明的文章，他是榆中县传承刘一明文化的主力军，我们成立刘一明文化研究会请他担任副会长，他为研究会出谋划策、搜集资料、修订文稿等做了大量工作。他常常提醒我：做事不能留有太多遗憾。因为我在担任榆中县文化馆、图书馆、博物馆三馆馆长期间挖掘整理编写《榆中县文化志》，他提醒我一定要抓紧，我认为在我的任内一定能完成，结果没想到我提前两年退休，使《榆中县文化志》未能问世，至今成为榆中县唯一没有编辑刊印的行业志书，无人问津，成为我的一大憾事。

长江后浪推前浪，世上新人换旧人。悟元子刘一明是兴隆山的建造者，兴隆山经过两百多年的风雨侵蚀，又经历非常时期，山上建筑和刘一明文化遗存惨遭毁坏，所幸改革开放后张宗义接替了刘一明的衣钵为传承兴隆山道教文化做了诸多努力。现在兴隆山住山道士均是张宗义的徒子徒孙。岳信清道长是道教全真教龙门派第二十五代弟子，是张宗义道长的徒孙，榆中县道教协会会长、兴隆山东西两山宫观管委会主任，他为兴隆山刘一明道教文化的传承和发展又扬起了风帆。我们在挖掘搜集和寻觅兴隆山刘一明文化遗存多次赴山考察时得到了他的大力支持和帮助，从中也了解到改革开放三十多年来，他住兴隆山为恢复修建庙宇、传承刘一明文化、发展兴隆山道教文化事业做出了很大贡献，栖云、兴龙东西两山恢复修建的三十余座庙观都洒下了他的汗水，凝结着他的心血；同时岳信清道长提供了他收集整理的兴隆山近年修建庙宇和住山道士名单等珍贵史料，使吕信道道长撰写的刘一明兴隆山道脉传承源流觅考更加完善。

成就金玉书，幸遇有缘人。2009年，孙永乐先生评注编撰《刘一明栖云笔记》一书时，我助其网络传递书稿，有缘结识宁波广播电视大学外语系教授蒋门马先生，未曾谋面只通过电话，知蒋门马先生也是传承刘一明文化的同道。谁知2015年天津商业大学理学院教师滕树军先生给我打来电话说：他近年来修订编辑出版了悟元子刘一明的多部著作，想给孙永乐老先生送一本留念，但无法联系到孙先生，他从宁波蒋门马先生处寻得我的电话，由此结缘。滕老师潜心研究刘一明文化，给我和孙永乐老先生寄来了他编辑出版的刘一明著作汇编《悟元汇宗》、《西游原旨》、《易道阐真》三书。我们至今未曾谋面，电话信息交流非常投缘，因而我将自己编撰的《刘一明与兴隆山》一书请他给予指导和修正。滕老师将我的书稿认真修改并提出很高的要求和指导意见，他帮我四次修改书稿，才使得《刘一明与兴隆山》一书得以精益求精更加完善。

综上所述，《刘一明与兴隆山》一书的搜集挖掘整理编撰过程是一项浩大的工程，虽然今天我们编撰此书起步迟，但为时还不算太晚，所幸还有一些老人尚在，一些谢世老人遗留的史料尚存。《刘一明与兴隆山》一书凝聚着先贤的厚望、历史的使命、社会贤达和仁人志士的重托，该书集史料的厚重性、公众的可读性、刘一明创建兴隆山丰功伟绩的完整性、兴隆山文化遗存和文物普查的全面性于一体。

　　榆中县兴隆山是刘一明文化的发祥地，我们创建刘一明文化研究会搭建平台，旨在弘扬刘一明文化，推动兴隆山大景区旅游事业的发展。编撰《刘一明与兴隆山》一书是我们迈出的第一步，后面的路还很长，任务还很艰巨。我们特邀请甘肃文理学院经济管理学院副院长马隆平先生担任刘一明文化研究会秘书长，为刘一明文化研究会做出了详细规划，依托兴隆山丰富的自然资源和刘一明文化资源，我们将打造刘一明文化传承基地，建设刘一明文化博物馆、刘一明文化旅游养生基地、道家文化交流中心、刘一明文化艺术展览中心、道家文化博览中心、道家武术健身基地、刘一明医药传播中心、休闲娱乐饮食中心等；恢复修缮和保护兴隆山刘一明修建的73座道教宫观庙宇和文化景点，根据我们搜集挖掘的兴隆山历史文物遗存资料，由榆中县人民政府将兴隆山崖壁石刻、古建筑、道教洞窟等先公布为县级文物保护单位再行晋级提高保护级别，以增加兴隆山历史文化的厚重。

　　悟元子刘一明住兴隆山42年，所著释道、哲学、艺文、医药著作自在窝刻板印书传承后世，从清代嘉庆、道光、光绪、民国以来多次刊印，并被翻印成十多个国家的文字走向世界。我们榆中县刘一明文化研究会提出宏伟设想，将搜集整理出版《刘一明著述全集》作为我们的奋斗目标。两百多年来，研究刘一明著述、哲学思想、医药成就等方面的专家很多，我们研究会的另一奋斗目标是搜集整理世界及国内众多学者研究刘一明文化的成果汇集成册，在兴隆山下搭建平台，邀请国内外专家学者定期不定期的举办刘一明文化研讨会，将研究成果结集出版以推动刘一明文化的弘扬和发展。

　　悟元子刘一明是中国道教界全真教龙门派一代宗师，他抛却自己巨商之家的荣华，将他的人生推向了另一崇高境界，刘一明文化是我们中华民族几千年灿烂文化的组成部分，他的著作和精神与世长存，为兴隆增辉，为榆中增光！

　　《刘一明与兴隆山》一书的编撰经过近三年的艰苦努力得以成书，但由于我们编撰者水平有限，不足之处势所难免，还望专家学者和广大读者指正！

丁述学

丙申年菊月于兴隆山